東京 わざわざ行きたい 街の文具屋さん

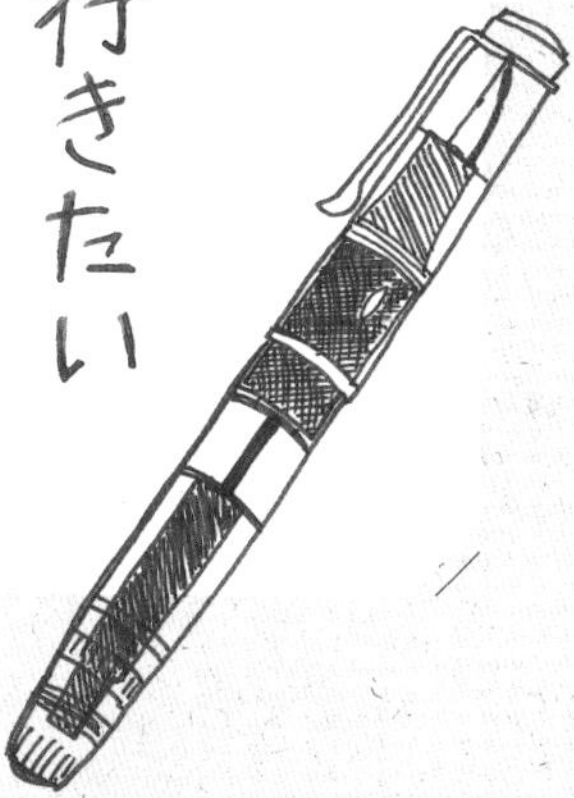

著 ハヤテノコウジ

GB

ハヤテノ流

文具屋さんの楽しみ方

文具屋めぐりの成果を味わう
イイネー実にイイ。

帰宅後の密かな楽しみ

文具屋さんをワクワクしながらめぐっていたら、文具屋本を書くことになりました。

ちょっと寄道

新商品チェック

アイテム補充

同好の出会い

世間話から文具トレンド、お互いのお気に入り文具なども店員さんとトークする

行きつけの文具屋との交流

書き味とフォルムが良い!
お店で実際に触れる

売り場で一目惚れする機会

ピンと来た!!

愛用品との出会い

こんなの知らなかった! 面白い。
良い。
これも良い。

「自分好みの文具と出会う場所がある」という発見

あなたはどんな文具をお持ちですか？　その文具は、どこで買いましたか？

文具マニアのイラストレーターである私は、仕事でもプライベートでも〝街の文具屋さん〟に、とてもお世話になっています。

100年を超える老舗の画材店や新進のデザインショップ、デザイナーやバイヤーによる新規参入組……東京には魅力あふれる文具屋が点在しています。それぞれに、売り場展開やオリジナルグッズの制作など、こだわりや工夫がたくさん。

そんなお店に足を運び、気になった文具に触れると、その魅力にどっぷり浸かってしまいます。店長や店員さんとの文具トークも、お店を訪ねる楽しみのひとつですね。

本書によって「文具屋に行きたい」という気持ちが芽生えてくれたら幸いです。

1

文具屋さんの楽しみ方

見て、触れて、世界観を満喫する。

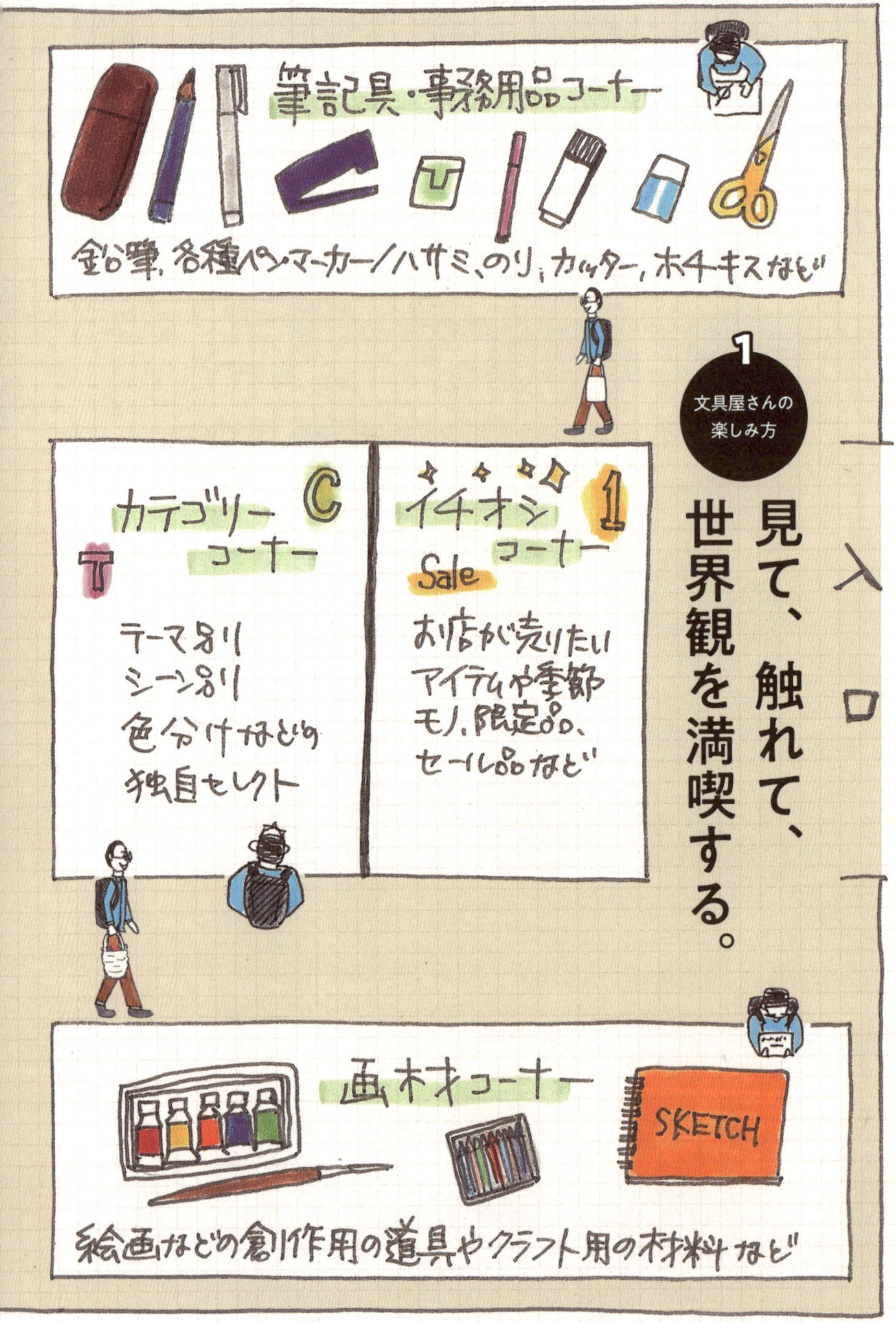
筆記具・事務用品コーナー
鉛筆、各種ペン・マーカー／ハサミ、のり、カッター、ホチキスなど
カテゴリーコーナー
テーマ別
シーン別
色分けなどの
独自セレクト
イチオシコーナー
Sale
お店が売りたい
アイテムや季節
モノ、限定品、
セール品など
入口
画材コーナー
SKETCH
絵画などの創作用の道具やクラフト用の材料など

文具屋に入ったら、まずは商品のレイアウトや店内の雰囲気を見ましょう。多くの店は、テーマごとにコーナーが分かれていると思います。どのようなテーマがあり、どのような商品をおすすめしているのかをチェック。

什器《じゅうき》や装飾品も見逃せません。オーダーメイドで作ったこだわりの棚やテーブル、世界観を表現する装飾品などを利用し、それぞれ店の空間作りに工夫を凝らしています。そこから店のコンセプトが得られ、自分に合っているかどうかを感じることができます。

気になるものがあれば、店が用意した商品の紹介文を読んだり、お試し用のサンプルを使って実際に商品に触れたりしましょう。気に入った文具屋には定期的に訪ねて、商品の入れ替わりをチェックしたり、気になる文具情報を得たりして楽しんでほしいと思います。

文具屋の特徴を、訪ねる前に知ることができれば便利ですよね。売り場では店主やバイヤーの意向によって商品が選ばれ、コーナーが作られています。

特に要チェックなのは、オリジナルグッズのコーナー。ここに並んでいる商品を見れば、その店が力を入れているテーマがわかります。

オリジナル以外では、国産メーカーの文具と海外メーカーの文具がありますが、店によってはコンセプトに沿って、あえて混ぜて並べていることもあります。スケッチが趣味の人のために画材を用意したり、ノートなどをカスタマイズできたりする店も。店内にカフェスペースがある場合は、買い物の前後にそこで休憩するのもいいですね。

本書では店の特徴を表した6つのアイコンを、それぞれのページに掲載していますので、ぜひ確認してみてください。

2 文具屋さんの楽しみ方

特徴を知って お気に入りを見つける。

カスタマイズできる
好きなパーツを選んで文具が作れるサービスや、文具への名入れサービスを行っている店
カスタマイズ
オリジナルグッズ
オリジナルグッズがある
オリジナルの文具や雑貨を制作・販売している店
6種類のアイコン

国内メーカーの文具を扱う

国内の文具メーカーの商品を仕入れて販売している店、または国内メーカーの直営店

海外メーカーの文具を扱う

海外の文具メーカーの商品を仕入れて販売している店、または海外メーカーの直営店

飲食できる

ドリンクコーナーやカフェを併設している店

画材を扱う

絵の具やパレット、スケッチブック、筆などの美術用品を扱っている店

CONTENTS

Chapter 01

銀座

銀座 伊東屋　本店 …… 014

TOUCH＆FLOW 東急プラザ銀座店 …… 016

MARK'STYLE TOKYO GINZA SIX店 …… 018

G.C.PRESS …… 019

東京鳩居堂 銀座本店 …… 020

月光荘画材店 …… 022

カランダッシュ 銀座ブティック …… 024

京橋

モリイチ 京橋店 …… 025

POSTALCO 京橋店 …… 026

Chapter 02

丸の内

ANGERS bureau KITTE 丸の内店 …… 030

DELFONICS 丸の内 …… 032

Neustadt brüder グランスタ店 …… 034

TRAINIART TOKYO グランスタ店 …… 035

Neue グランスタ 丸の内店 …… 036

TRAVELER'S FACTORY STATION …… 037

大手町

Neustadt brüder 大手町店 …… 038

Chapter 03

新宿

世界堂 新宿本店 …… 042
Tools 新宿店 …… 044
Smith ルミネ新宿1 …… 046
ÉDITO365 新宿ミロード店 …… 048
エイトボール …… 049
WRITE&DRAW. …… 050

Chapter 04

神保町

文房堂 神田店 …… 054
PRIMART …… 056

谷中

Biscuit …… 058
GOAT …… 060

御茶ノ水

yuruliku …… 062

神楽坂

相馬屋源四郎商店 …… 064

Chapter 05

蔵前

カキモリ〈蔵前〉 …… 068
KONCENT Kuramae …… 070

浅草

ČEDOKzakkastore …… 072

上野

ANGERS bureau ecute上野店 …… 074
GRAPHIA アトレ上野店 …… 076

Chapter 06

中野

旅屋 …… 080

高円寺

ハチマクラ …… 082

西荻窪

トナリノ …… 084

Chapter 07

表参道

MoMA Design Store 表参道 …… 098

ペン・ブティック書斎館 …… 099

Spiral Market …… 100

文房具カフェ …… 102

BUNGUBOX 表参道店 …… 104

Winged Wheel 表参道 …… 106

LAMY Tokyo Aoyama …… 108

原宿

フライハイト in Sis. art and craft …… 109

PAPIER LABO. …… 110

&note 神宮前店 …… 112

THINK OF THINGS …… 113

渋谷

WRAPPLE wrapping and D.I.Y.+cafe …… 114

吉祥寺

Giovanni …… 085

36 Sublo …… 086

PAPERMESSAGE 吉祥寺店 …… 088

三鷹

山田文具店 …… 090

武蔵小金井

中村文具店 …… 092

国立

Tour de Brain 国立店 …… 093

つくし文具店 …… 094

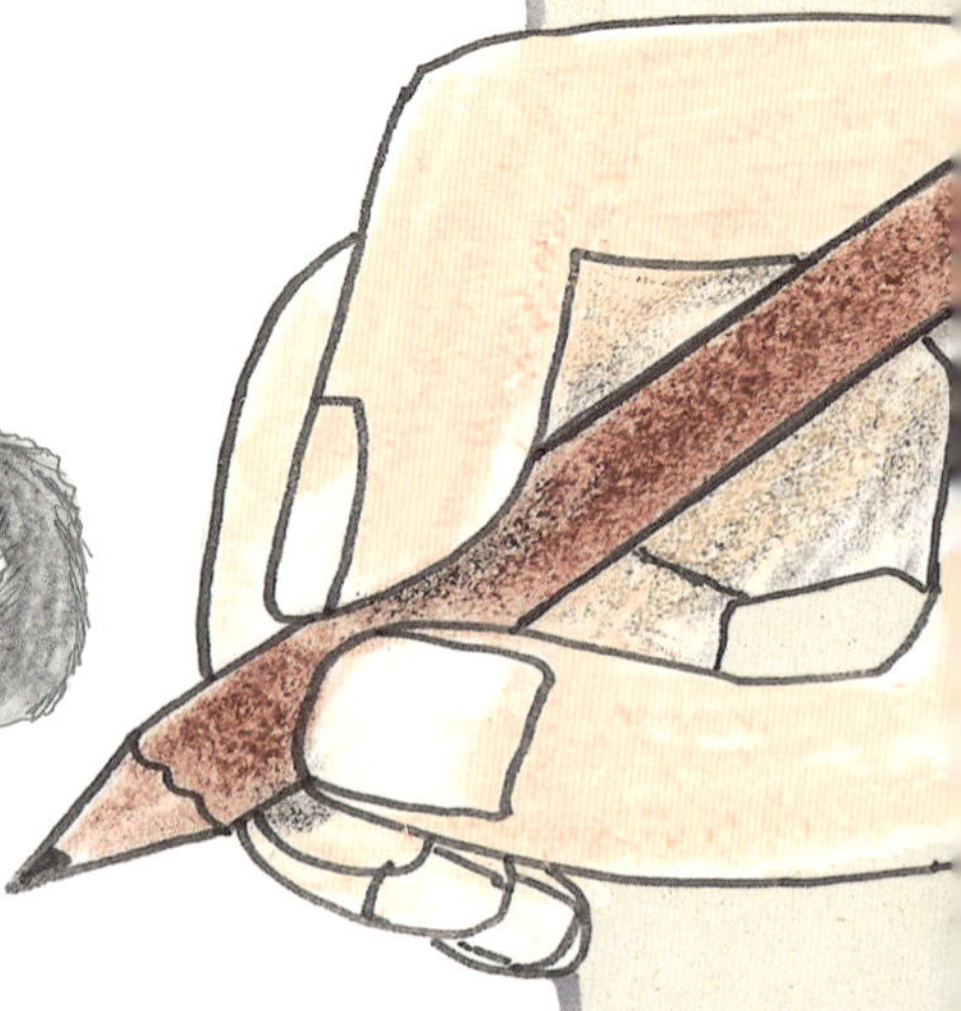

代官山

STÁLOGY LABORATORY TOKYO …… 115

中目黒

TRAVELER'S FACTORY NAKAMEGURO …… 116

Chapter 08

東京23区内・その他

etranger dicostarica 六本木AXIS店 …… 120

Faber-Castell 東京ミッドタウン …… 121

LIVING MOTIF …… 122

six …… 124

Roundabout …… 126

HININE NOTE …… 127

ハルカゼ舎 …… 128

たがみ文具店 …… 129

SOUVENIR FROM TOKYO …… 130

Forma アトレ大井町店 …… 131

PAPIER TIGRE …… 132

Chapter 09

東京23区外・近郊

コトリ …… 136

TUZURU …… 138

ink 港北 TOKYUS.C.店 …… 140

コーチャンフォー 若葉台店 …… 141

ぶんぷく堂 …… 142

Chapter 10

大型店

丸善 …… 146

無印良品 上野マルイ …… 148

Village Vanguard お茶の水店 …… 150

東急ハンズ 池袋店 …… 152

ロフト …… 154

※各ページの店舗情報に記載している定休日は「年末年始」「夏季」を除いたものです。詳細は各店舗のホームページなどをご確認ください。

※本書掲載の写真は2018年取材時のものです。イベントの内容などは変わることがあります。

※本書の情報は2018年取材時のものです。本書の発売後、予告なく変更される場合がございますのでご了承ください。

Chapter 01

銀座・京橋

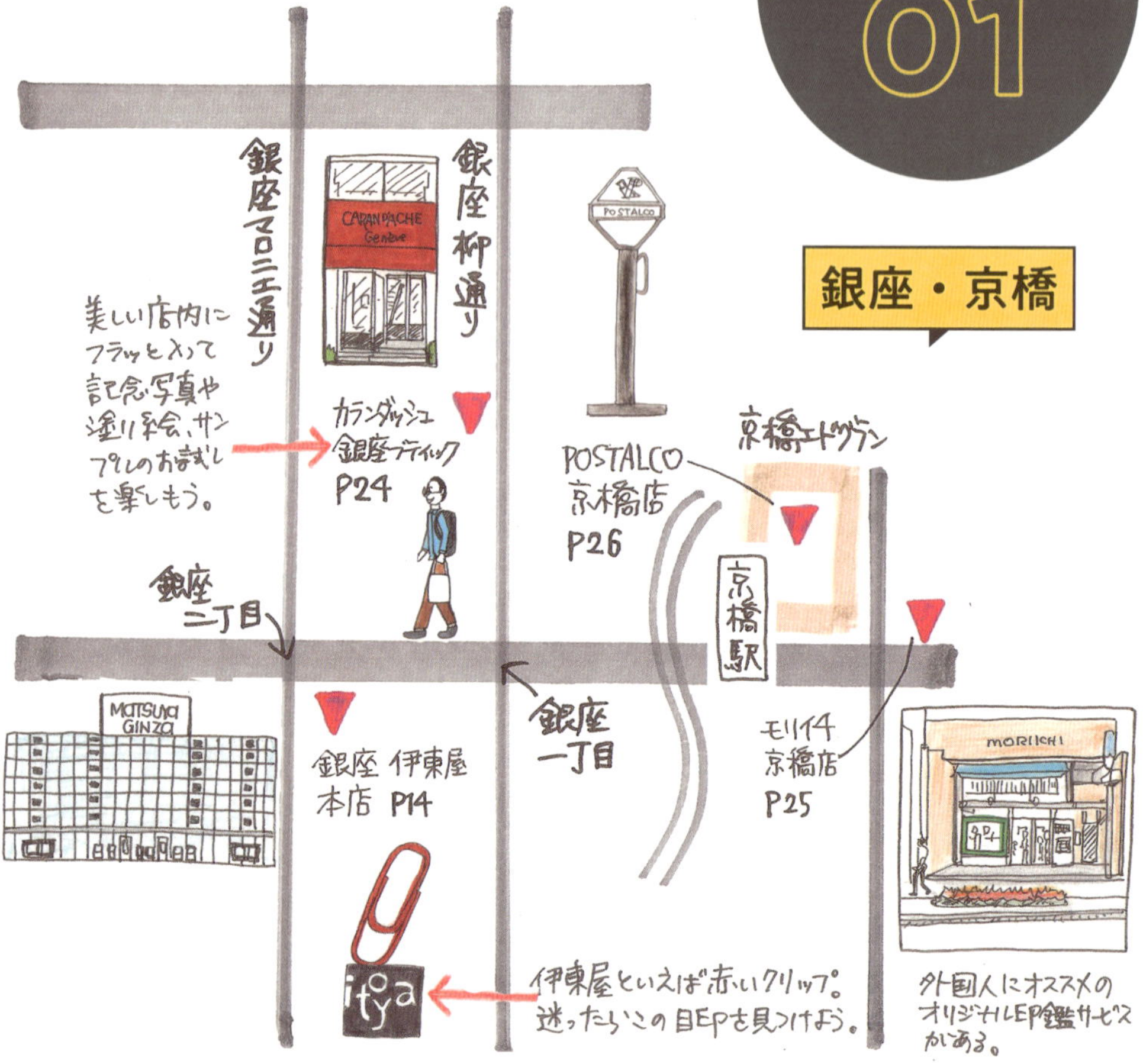

百貨店やブランド路面店、アンテナショップなど、銀座の文具屋はバラエティに富んでいる。老舗が多いエリアなので、店の歴史を調べてから訪れるのもいいだろう。銀ブラに、ぜひ文具屋めぐりも加えてほしい。

私はよく、銀座の文具屋を訪ねる。それはプライベートの楽しみでもあるが、外国人観光客の多いこのエリアの文具屋を訪ねるのは、日本の文具への関心を知る機会にもなるからだ。

お気に入りは、『銀座 伊東屋本店』から『東京鳩居堂 銀座本店』を経て、『月光荘画材店』に至るコース。実用文具・高級万年筆・画材など、文具需要のすべてを見つけることができる。

スタート地点の文具屋を決めたら、銀座から京橋まで時間が許す限りめぐろう。

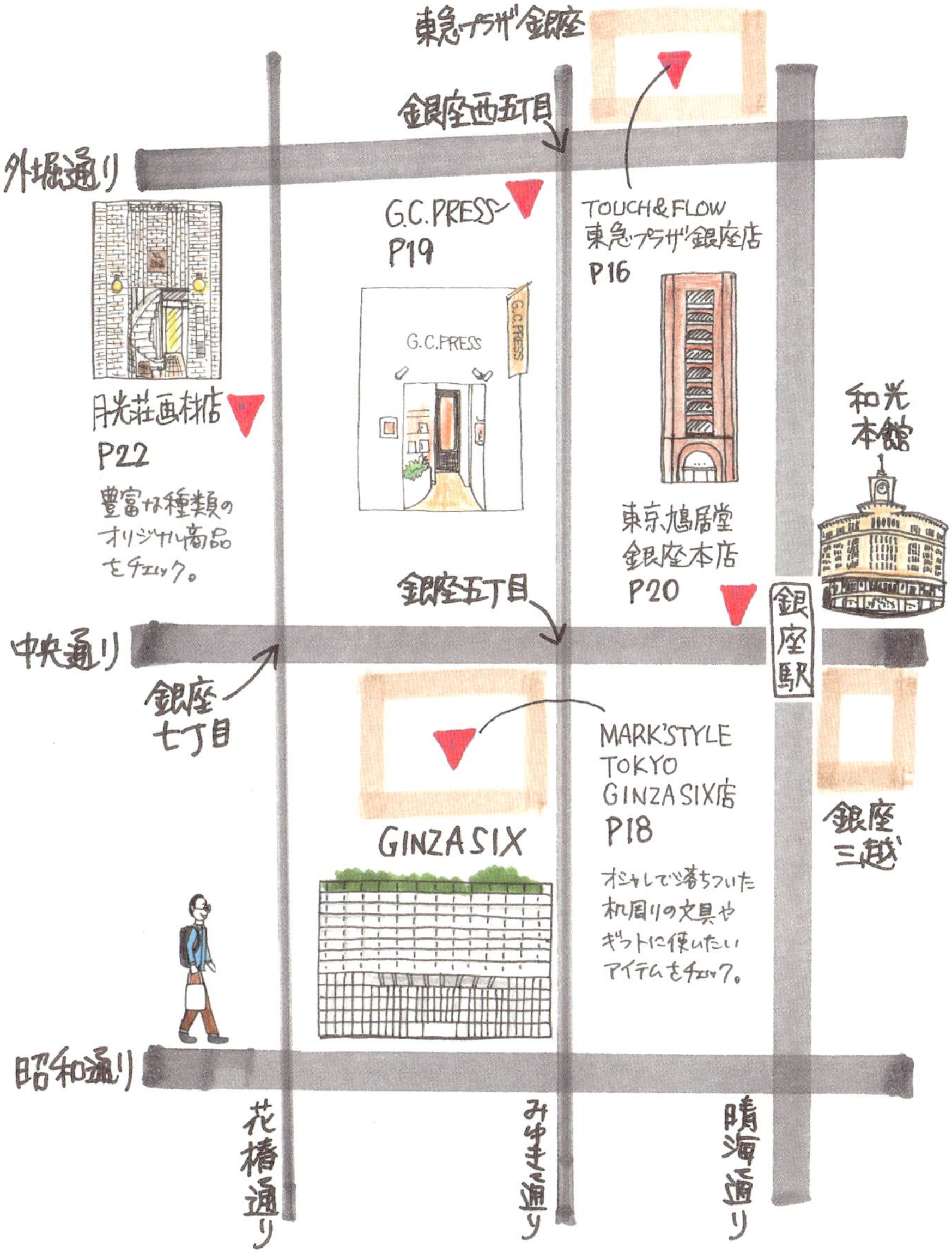

歩き疲れたら喫茶店で休憩しましょう

上がったり下りたり
1日中、過ごせる文具空間

銀座 伊東屋 本店

ギンザ イトウヤ　ホンテン

営業 10:00〜20:00、日・祝／〜19:00
休み 無休
URL https://www.ito-ya.co.jp
住所 中央区銀座2-7-15
電話 03-3561-8311
駅 東京メトロ各線銀座駅A12出口から徒歩3分

明治37年創業の文房具専門店、伊東屋。赤いクリップのマークでもおなじみだ。「銀座に用事があるなら伊東屋に寄ろう」。私の脳内で銀座と伊東屋はいつもセットになっている。

1階ドリンクバーのフレッシュなレモネードはおすすめ。2階の手紙コーナーでは万年筆の貸し出しや、手紙・ハガキが投函できるポストがある。3階では高級筆記具、4階では気になる手帳を実際に触れて選べる。

7階の竹尾見本帖で、カラフルな見本帳をバックに写真を撮るのもいいだろう。12階の景色がいいカフェレストランも人気だ。11階ではカフェレストランで提供される野菜の栽培工場を見学できる。忘れてはならないのがB1フロア。魅力的な文具イベントがよく開催されるので、催事情報はぜひチェックしよう。

SHOP COMMENT

2Fではオリジナルデザインの切手を販売、11Fには創業当時の店舗の模型が飾られています。
本店のテーマは「買う場所から過ごす場所へ」。館内でどうぞゆったりとお過ごしください。

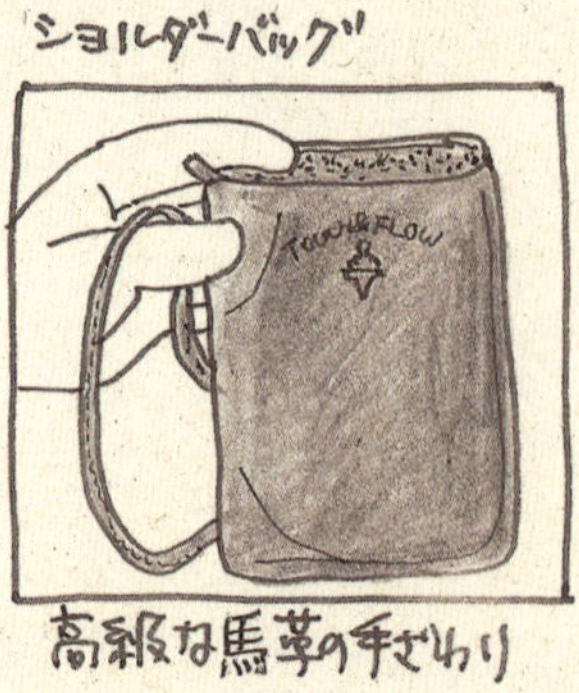

引き出しを開けて出会う
マイファースト文具

TOUCH＆FLOW 東急プラザ銀座店

タッチ＆フロー トウキュウプラザギンザテン

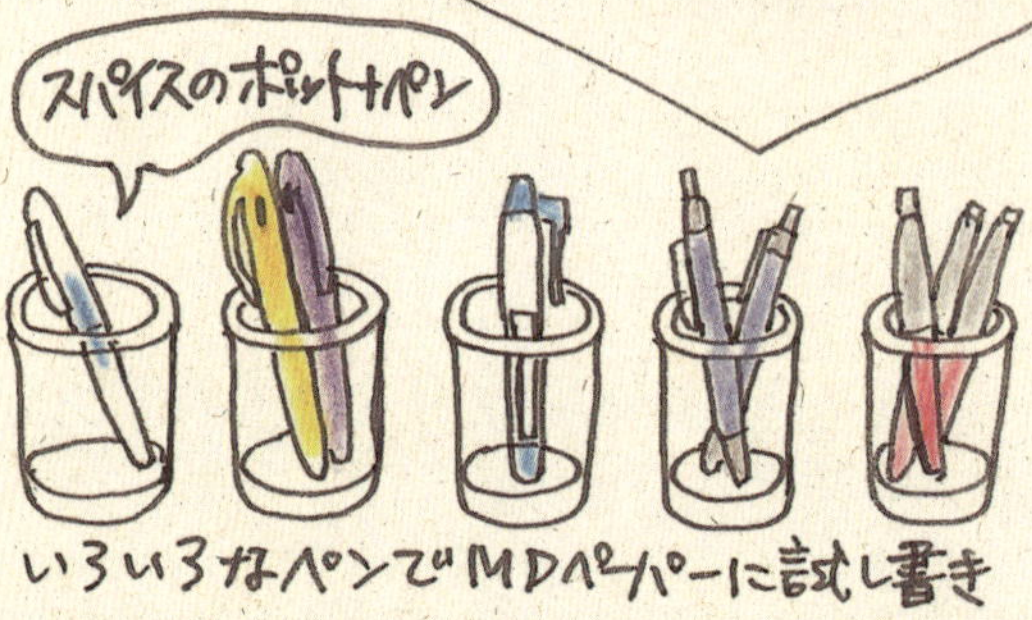

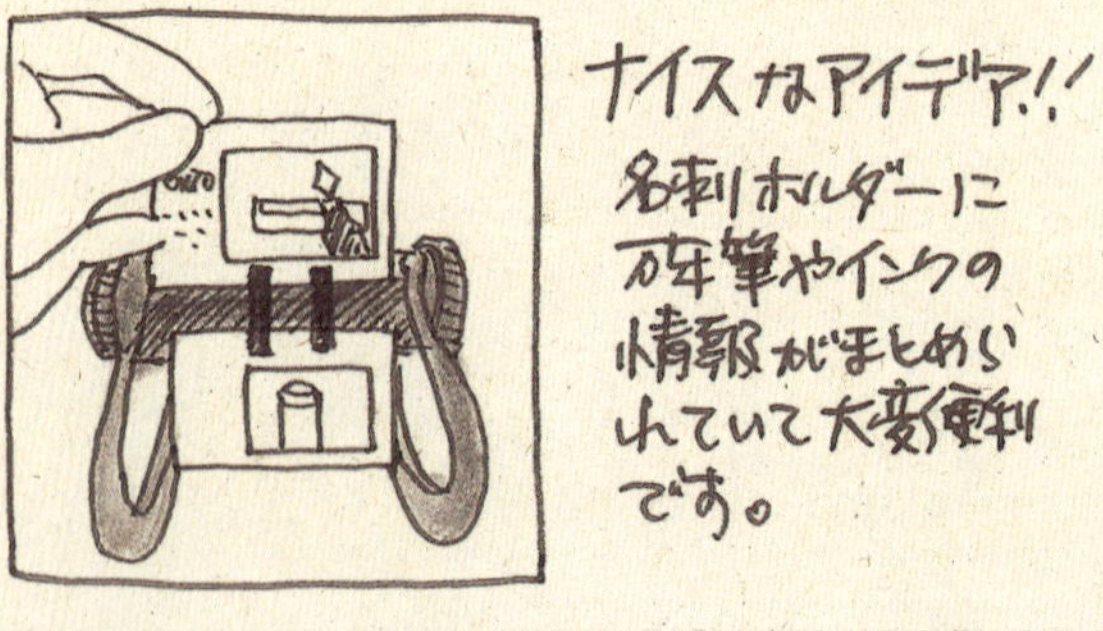

営業 11:00～21:00
休み 不定休（東急プラザ銀座に準ずる）
URL https://www.touch-and-flow.jp
住所 中央区銀座5-2-1 東急プラザ銀座B1F
電話 03-6280-6640
駅 東京メトロ各線銀座駅C2出口から徒歩1分

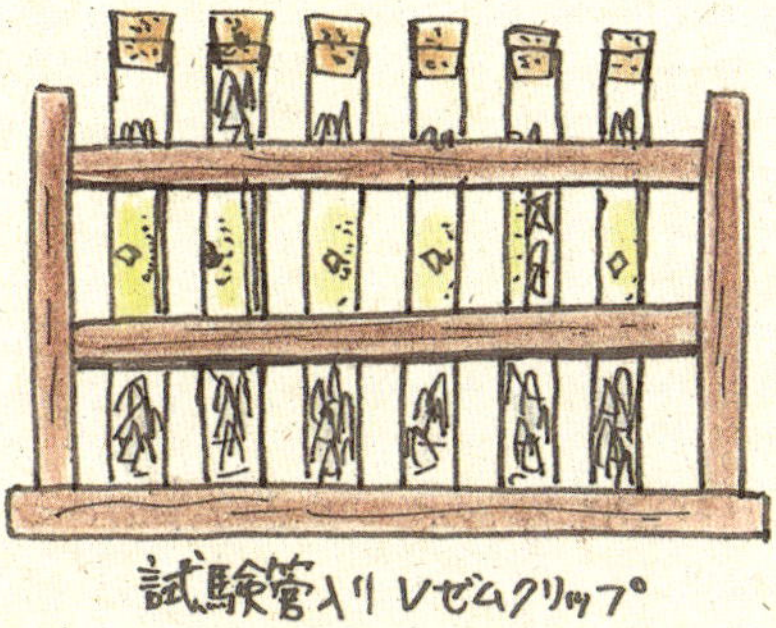

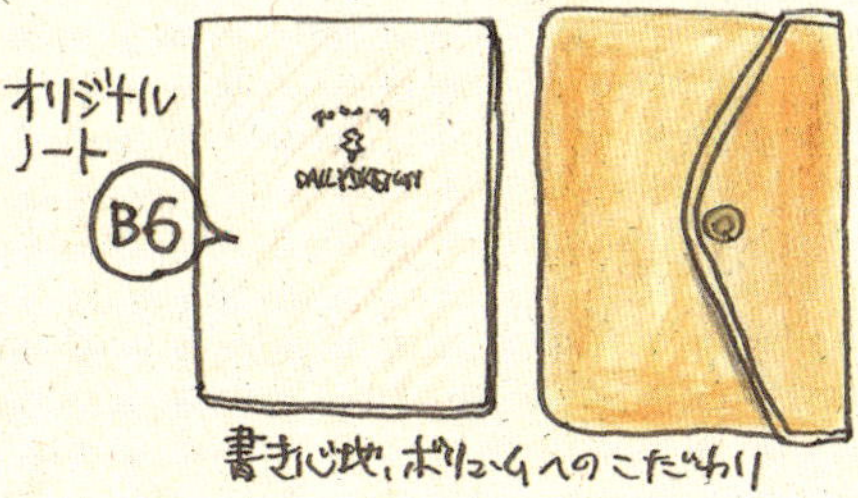

新しいライフスタイルを提案する会社、デザインフィルが手掛ける大人向けの文具店。明るい店内で最も目立つのが、長さ5メートルのカウンター什器。この引き出しを開けると、美しく陳列されたこだわりの商品がどんどん発見できる。他にも常時50種類以上の筆記具を、書き心地のいいMD用紙に試し書きできるコーナーなどがある。

店員さんが作った万年筆インクの見本帳や、ノートブックの記述例のサンプルも参考になる。ぜひ店員さんとおしゃべりして、使い方のコツを聞いてほしい。

オリジナルノートはバッグに収納しやすいB6サイズで、書き心地やボリュームがいい。ここで選んだ筆記具を使って、「ちょっとスケッチを描いてみようかな」という気分になる。

SHOP COMMENT
文具が好きな方はもちろん、普段なじみのない方でも楽しめる店作りになっています。
季節限定のオリジナル包装紙などもご用意していますので、大切な方へのギフトにもぜひ。

定番から最新アイテムまで
話題のデザイン文具が集結

MARK'STYLE TOKYO GINZA SIX店

マークスタイル トーキョー ギンザ シックステン

正面の雰囲気がステキ

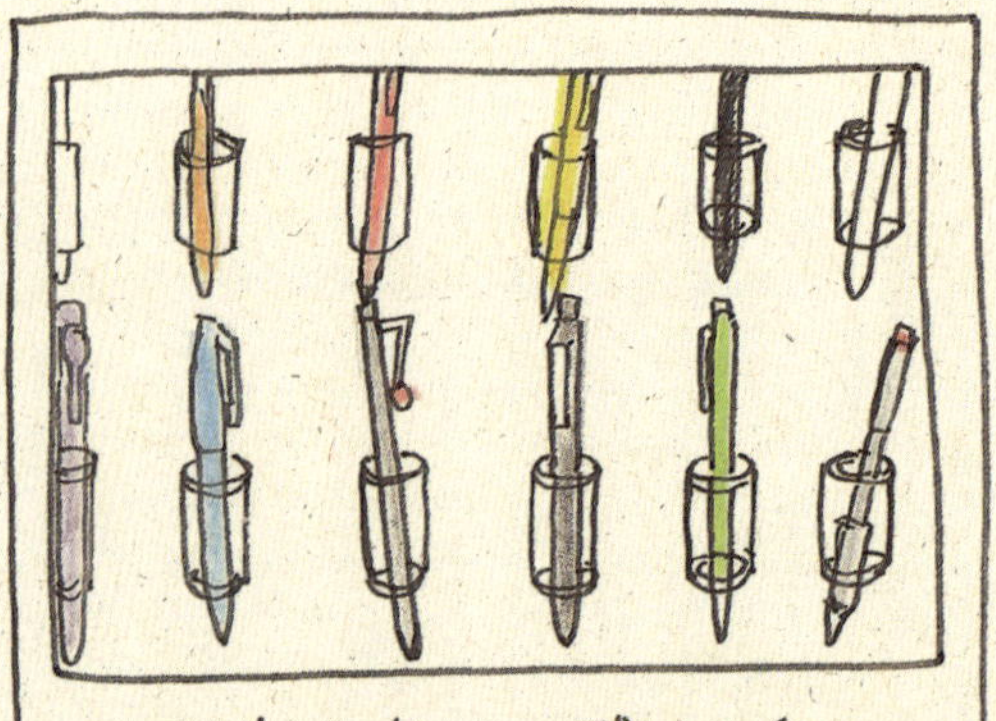

セットされたペンのディスプレイ

マークスのプロダクトもたっぷり

お店のこだわりを聞いた

雑貨メーカー・マークスの直営店では、オリジナルの手帳やノート、マスキングテープなど、机周りの文具がそろう。

機能性とデザイン性にこだわったアイテムの数々が、縦横にたっぷりディスプレイされている。店舗の手前を新しいコンセプトの商品、奥に進むにつれて伝統的な商品を並べるなど、工夫を凝らした陳列も魅力だ。

文具王として知られる高畑正幸氏がセレクトした文具コーナーもあり、6か月ごとに新商品が加わるのでチェックしたい。

営業 10:30～20:30
休み 無休（GINZA SIXに準ずる）
URL https://www.marks.jp/shop/markstyle-tokyo
住所 中央区銀座6-10-1 GINZA SIX 5F
電話 03-6280-6776
駅 東京メトロ各線銀座駅A2・A3出口から徒歩2分

12種のラッキーモチーフ 紙文具でギフトを用意

G.C.PRESS

ジー・シー・プレス

自社製造のペーパーステーショナリーを販売する店内は、銀座らしい落ち着いた雰囲気が漂う。

注目は〝幸運のモチーフ〟が箔エンボス加工で印刷されたアイテム。二つ折カード・メッセージカード・レターチャーム・シール・便箋などに、太陽・バラ・ウサギなどがデザインされている。

モチーフはもちろん、お便りやお知らせ、ギフトに添えるメッセージなど相手とシーンに合わせて選びたい。

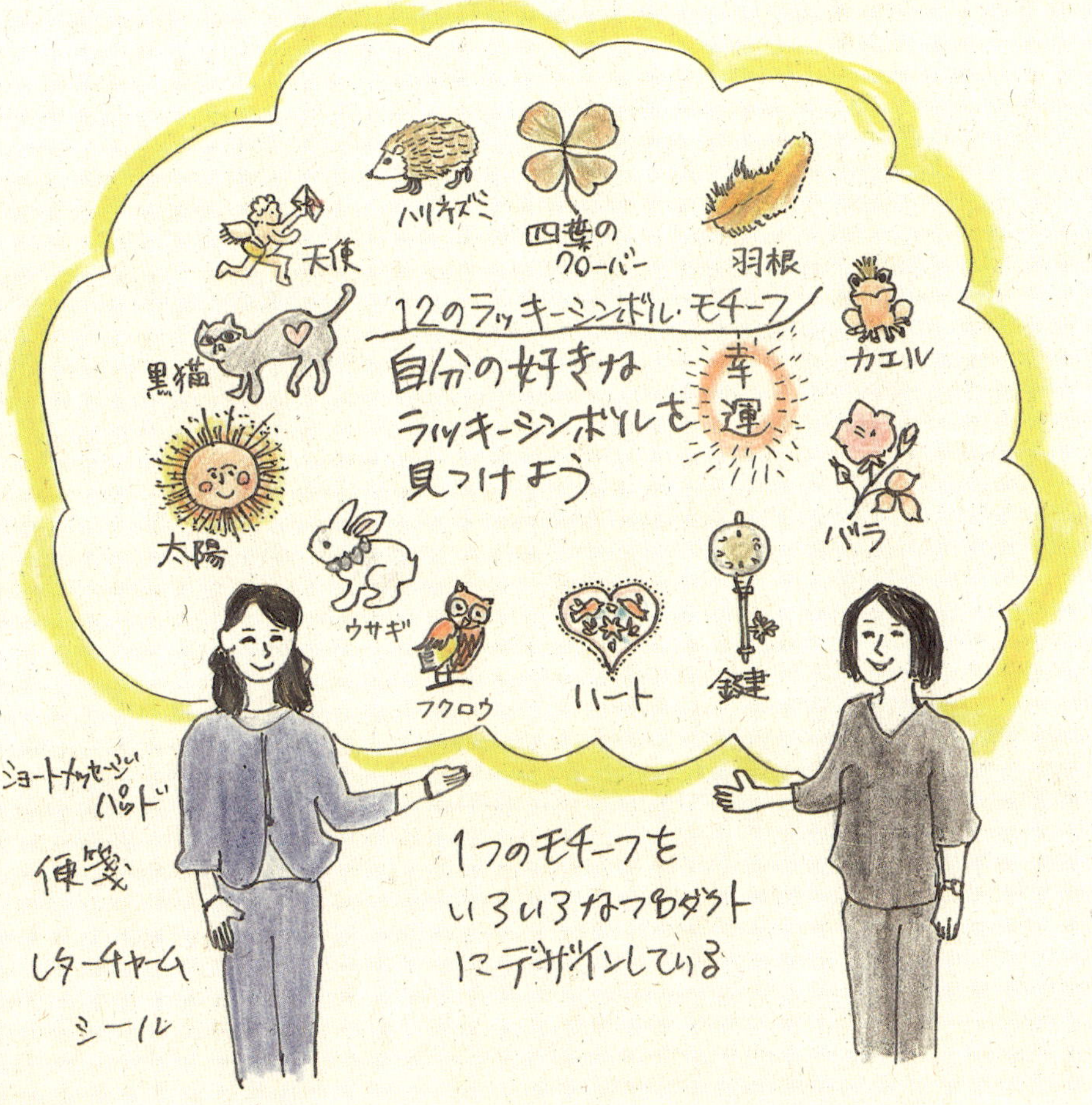

営業 12:00～20:00、日・祝／～18:00
休み 月（祝日の場合は営業）
URL https://gc-press.co.jp

住所 中央区銀座6-5-16 三楽ビル1F・B1F
電話 03-6280-6720
駅 東京メトロ各線銀座駅B7・B9出口から徒歩2分

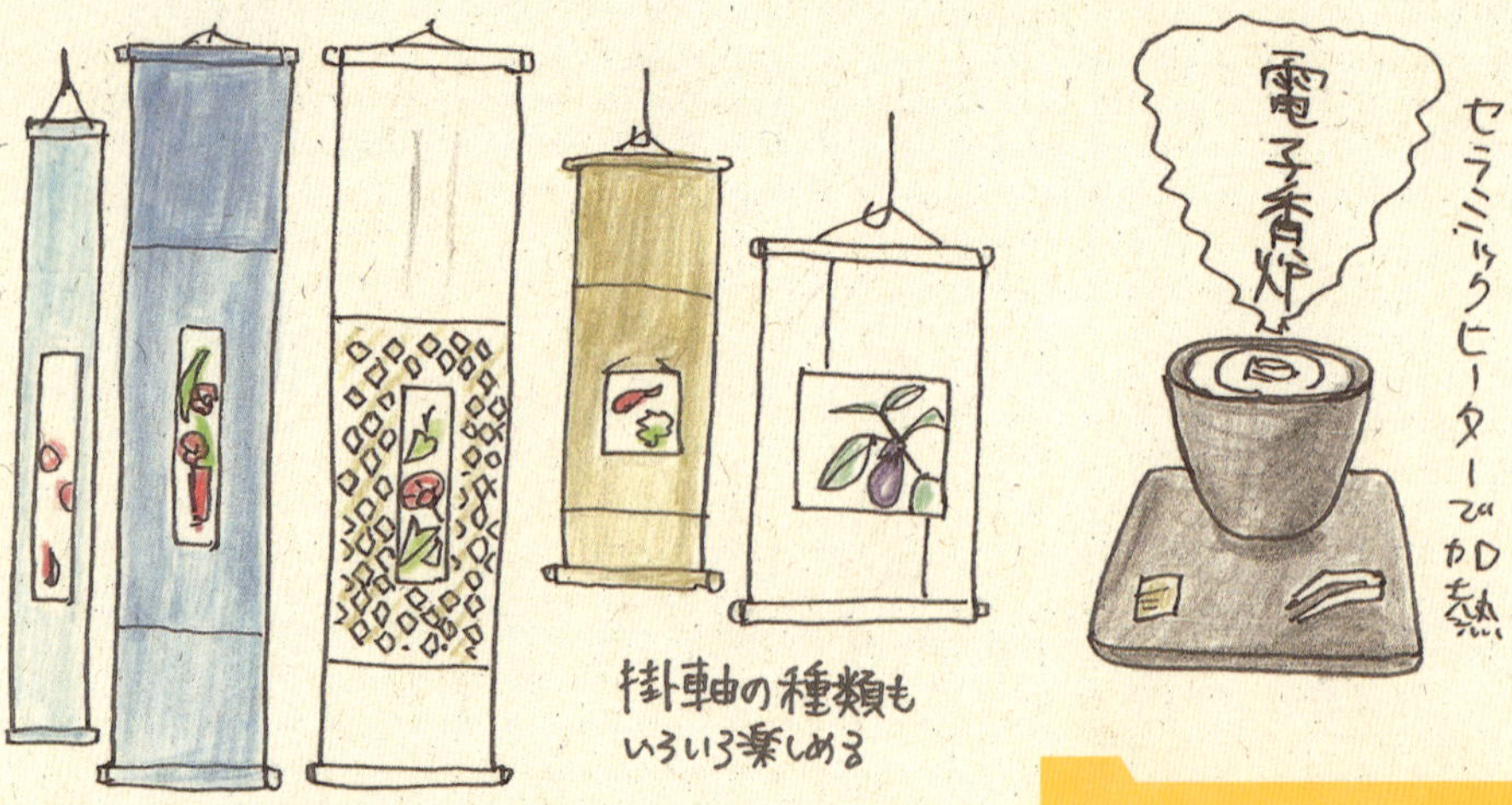
電子香炉
セラミックヒーターで加熱
掛軸の種類もいろいろ楽しめる

銀座の中心で触れる
和のしきたりと和の文具

東京鳩居堂 銀座本店

トウキョウキュウキョドウ ギンザホンテン

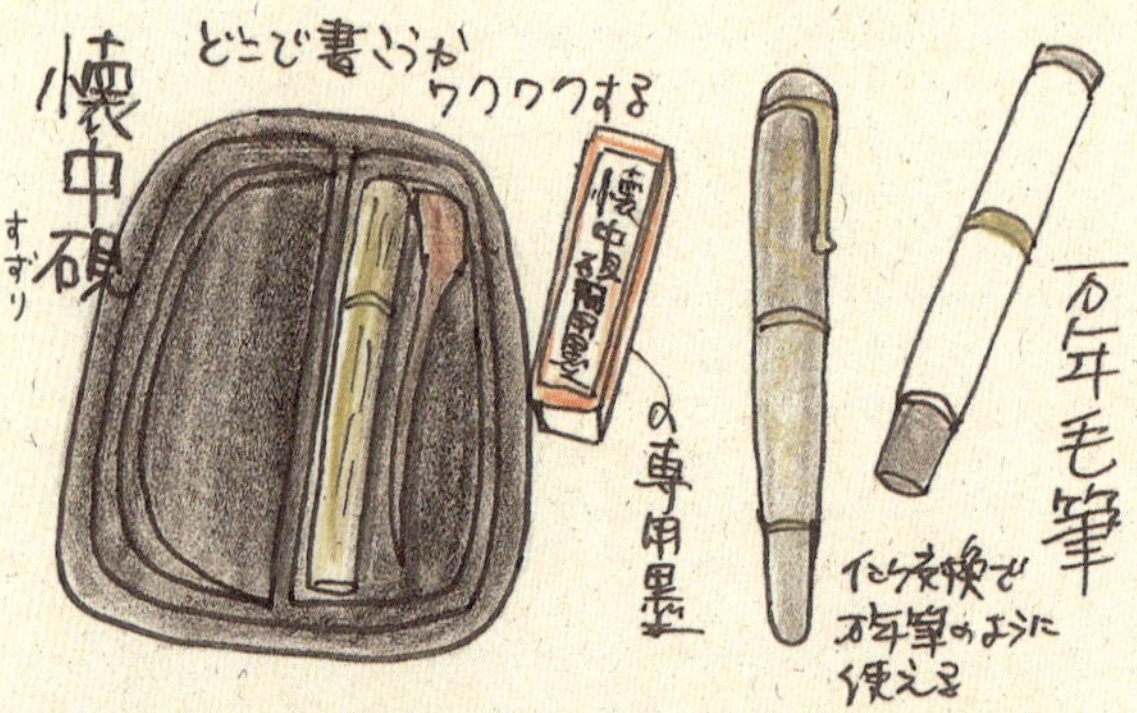
懐中硯
すずり
どこで書こうかワクワクする
懐中硯専用墨
の専用墨
万年毛筆
インク交換で万年筆のように使える

虫よけ匂袋
鳩居堂
虫よけ匂袋
虫よけ香
大正時代の調香法でつくってある
虫よけシリーズ
季節限定
進化にびっくり!!
姫巻物
自由な発想で使う
2階フロアで和の道具をたっぷり味わおう

営業 10:00～19:00、日・祝／11:00～
休み 無休
URL http://www.kyukyodo.co.jp

住所 中央区銀座5-7-4
電話 03-3571-4429
駅 東京メトロ各線銀座駅A2出口から徒歩1分

和の文具が必要となった時、訪れたい店がある。観光客で賑わう銀座四丁目交差点、そこからほど近い場所にある東京鳩居堂だ。

1663年に京都で創業した同店は、東京遷都をきっかけに銀座に出店。現在の建物が完成したのは1982年頃である。

店内で温かく迎えてくれるのは、和についての知識やしきたりに詳しい店員さん。老舗の安定感もあって、買い物のついでに店員さんに色々相談するという人も多い。お客さんがどういう目的でその商品を必要としているのか、事情を聞いてから丁寧にアドバイスを行う。

とくに書道や香道など和の習い事をする人にとって、同店はとても頼もしい存在だ。日本らしいお土産を求め、わざわざ訪れる外国人観光客も多い。

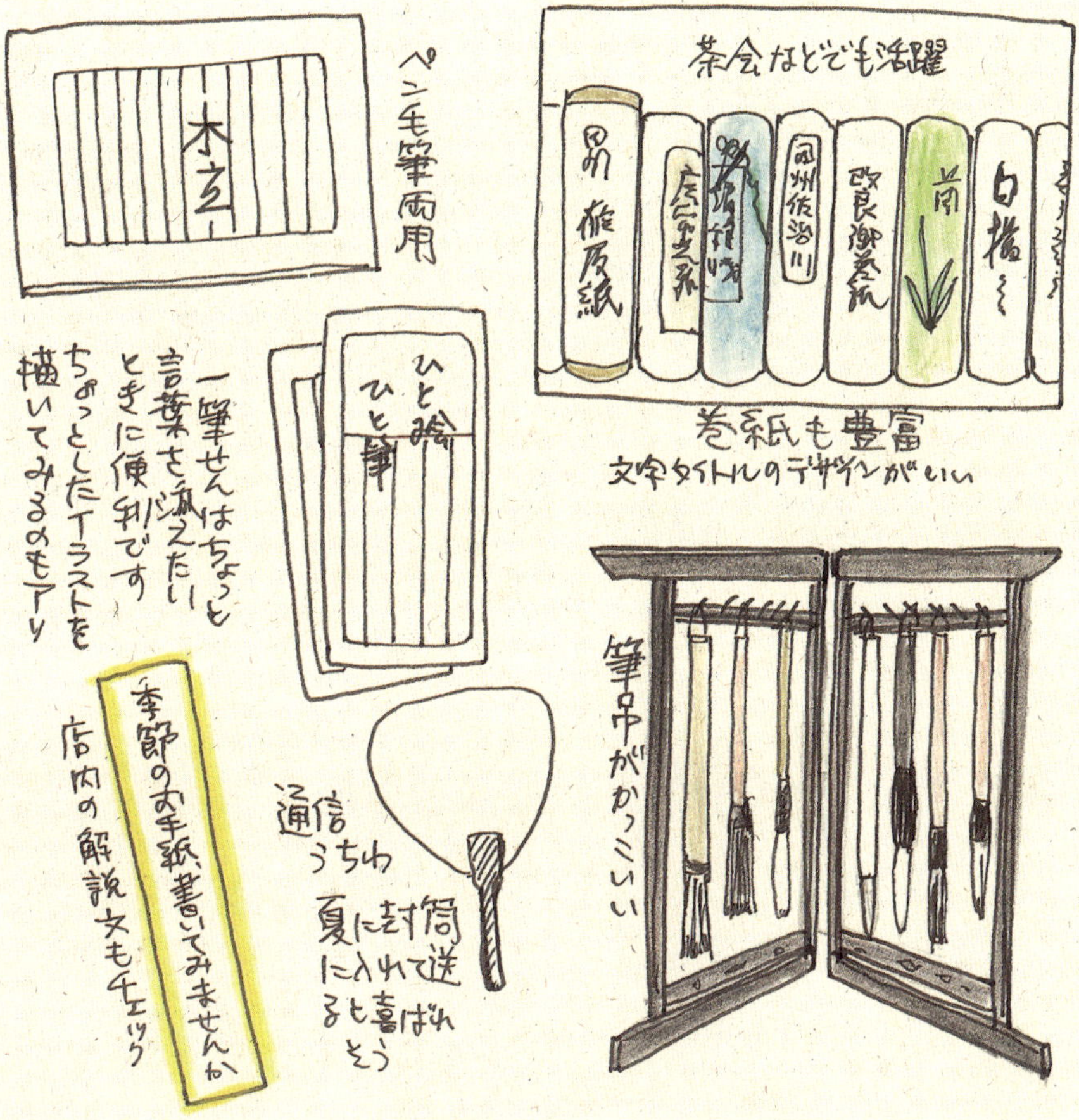
茶会などでも活躍
巻紙も豊富
文字タイトルのデザインがいい
ペン毛筆両用
一筆せんはちょっと言葉を添えたいときに便利です
ちょっとしたイラストを描いてみるのもアリ
ひと言
ひと筆
筆吊がかっこいい
通信うちわ
夏に封筒に入れて送ると喜ばれそう
季節のお手紙、書いてみませんか
店内の解説文もチェック

SHOP COMMENT お香や書画用品、便箋、ハガキなどの和紙製品を、専門店ならではの品ぞろえでご用意しています。日本独特の華やかさを感じさせる和小物も人気です。

アクリルガッシュ12色セット
使いやすいチューブがありがたい

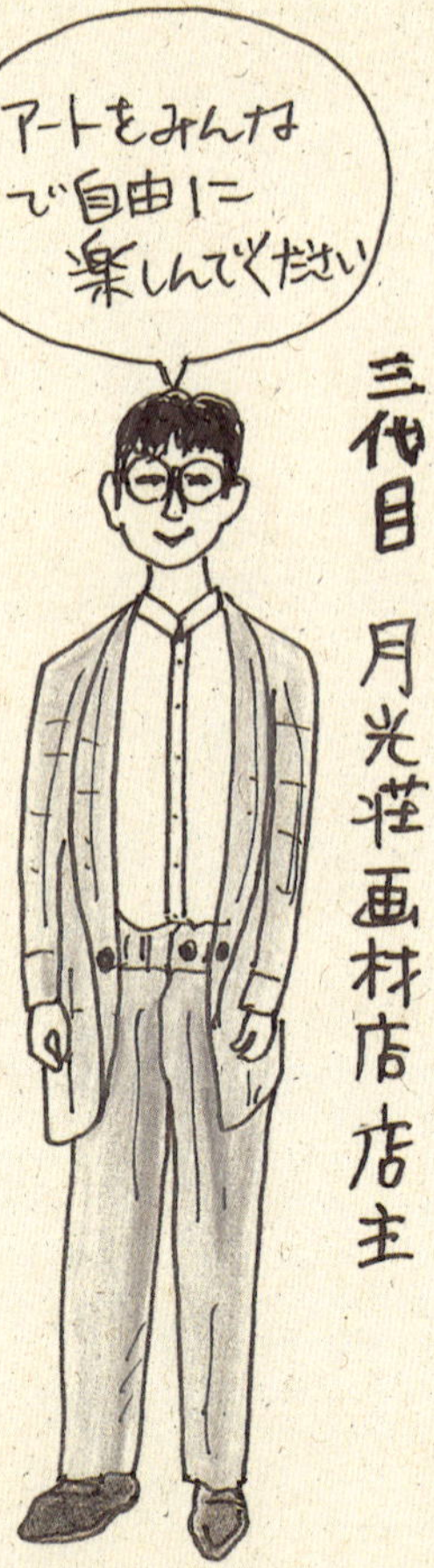
アートをみんなで自由に楽しんでください
三代目 月光荘画材店店主

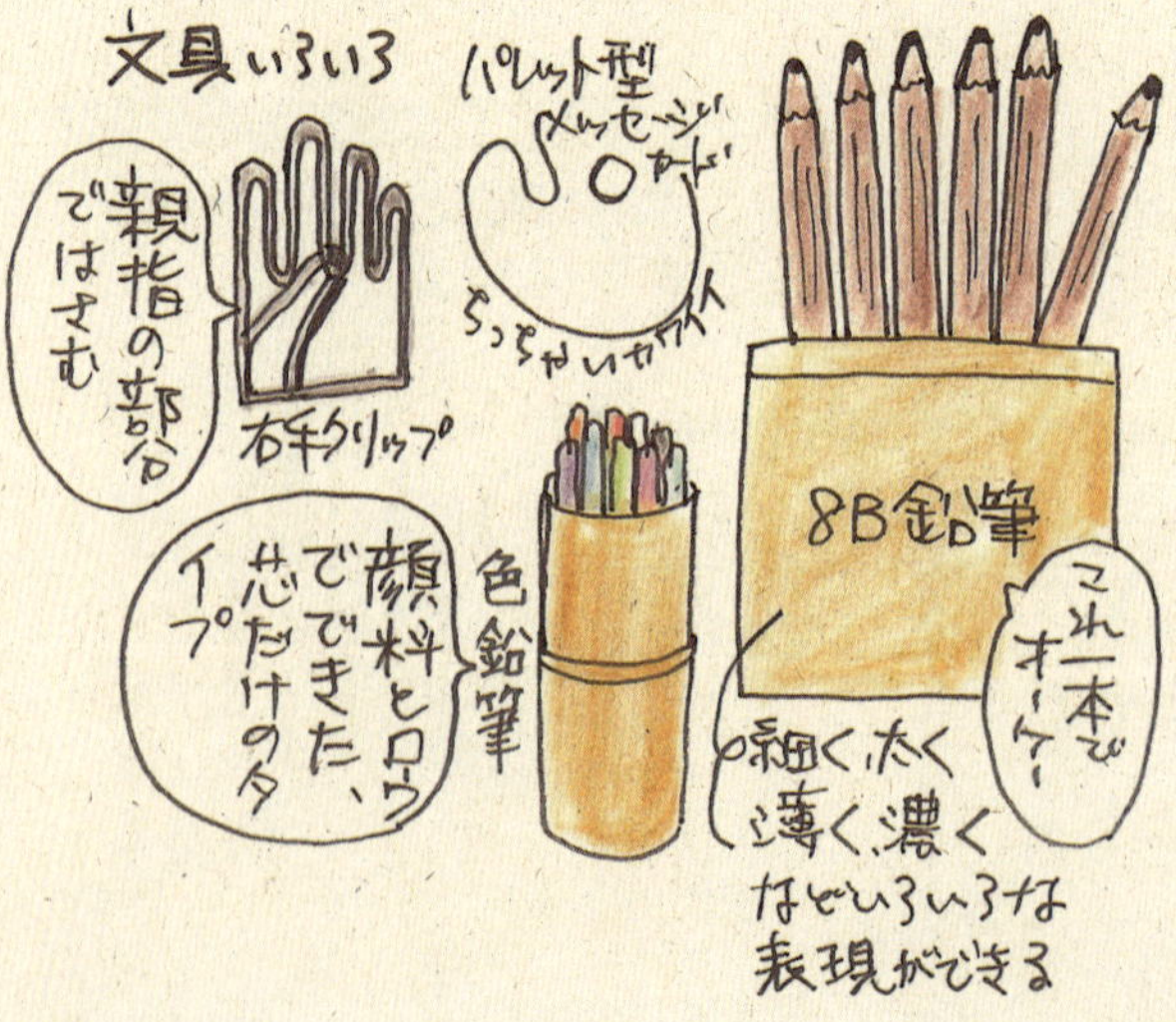
文具いろいろ
親指の部分ではさむ
右手クリップ
パレット型メッセージカード
ちっちゃいカワイイ
顔料とロウでできた、芯だけのタイプ
色鉛筆
8B鉛筆
これ一本でオーケー
細く太く薄く濃くなどいろいろな表現ができる

**画材と文具を楽しく選ぶ
ポップなアートショップ**

月光荘画材店

ゲッコウソウガザイテン

営業 11:00〜19:00
休み 無休
URL http://gekkoso.jp
住所 中央区銀座8-7-2 永寿ビル1F・B1F
電話 03-3572-5605
駅 東京メトロ銀座線新橋駅3番出口から徒歩4分

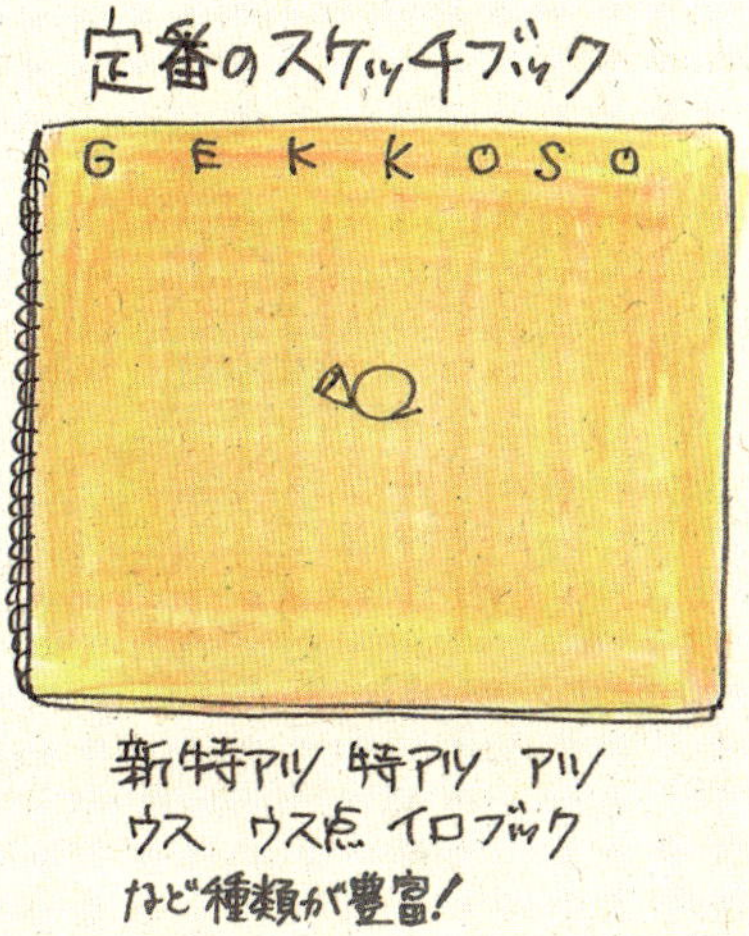

たっぷりサイズ
トートバッグ
トートバッグに画材をつめて
どこか遠くに出かけたい

定番のスケッチブック
GEKKOSO
新特アツ 特アツ アツ
ウス ウス点 イロブック
など種類が豊富!

2017年に創業100周年を迎えた月光荘画材店。

老舗だからといって身構えず、様々なメニューが並ぶデリでフードを選ぶ時のように、気軽に楽しく買い物をしてほしい。そんな思いから、100周年を機に明るくポップな雰囲気の店舗へとリニューアルした。

ここでは、油絵用・ガッシュ・水彩用のオリジナル絵の具に加え、サイズや紙の種類が豊富なスケッチブック、8Bの鉛筆、小さい筒に入った12色の色鉛筆など、様々な画材や文具をそろえることができる。

ホルンマークのロゴが入ったオリジナルバッグも人気で、愛用している月光荘ファンや画家も多い。ここに来るといつも、文具と画材をオリジナルバッグに詰めて、そのままスケッチ散歩に出かけたくなってしまう。

文具セット
GEKKOSO
スケッチブックやカード、

えんぴつを選んで贈りたい

月光荘のロゴマークと同じ形
さりげなく置かれていた
オシャレ照明

SHOP COMMENT 地下の額装工房では、大切な写真や絵を額装します。
銀座の老舗和菓子店とコラボした「月光荘ヨウカン・虹の中」も絶賛発売中です。ここでしか買えない手土産にぜひ。

銀座で体験する
スイスメイドの上質筆記具

カランダッシュ 銀座ブティック

カランダッシュ ギンザブティック

六角形ボディの定番ボールペン849が並ぶ
色あいがカラフルでお客さんの記念撮影スポットとして使ってほしい
入口

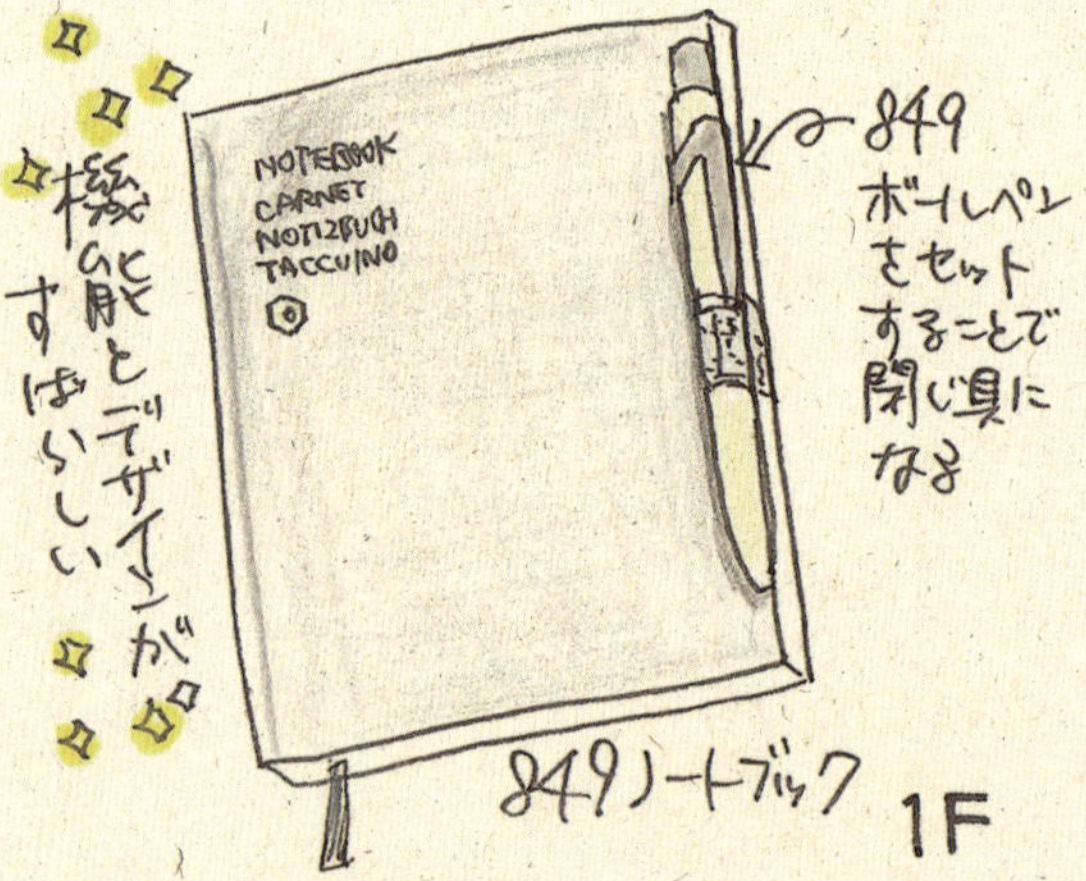
機能とデザインがすばらしい
NOTEBOOK
CARNET
NOTIZBUCH
TACCUINO
849 ボールペンをセットすることで閉じ具になる
849ノートブック
1F

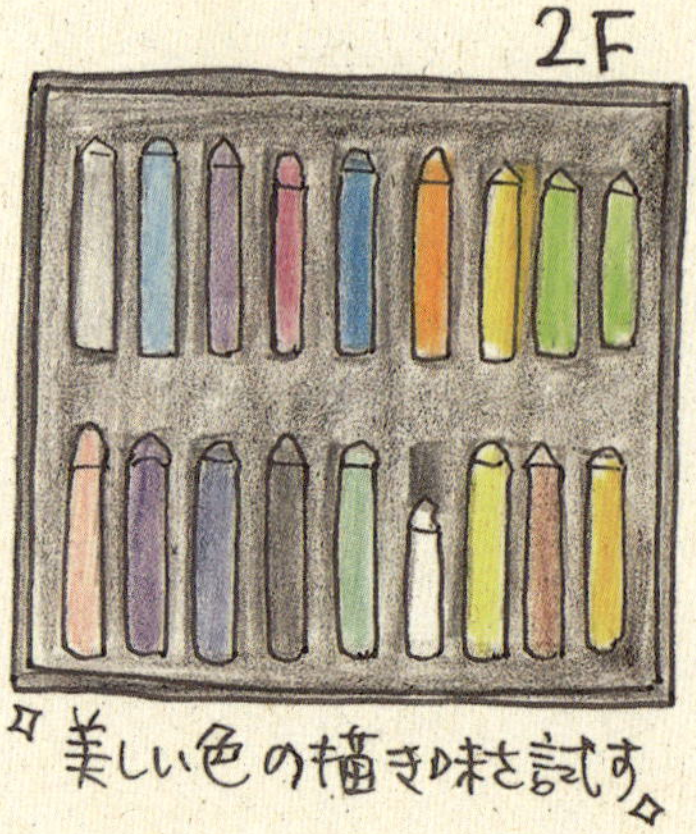
2F
美しい色の描き味を試す

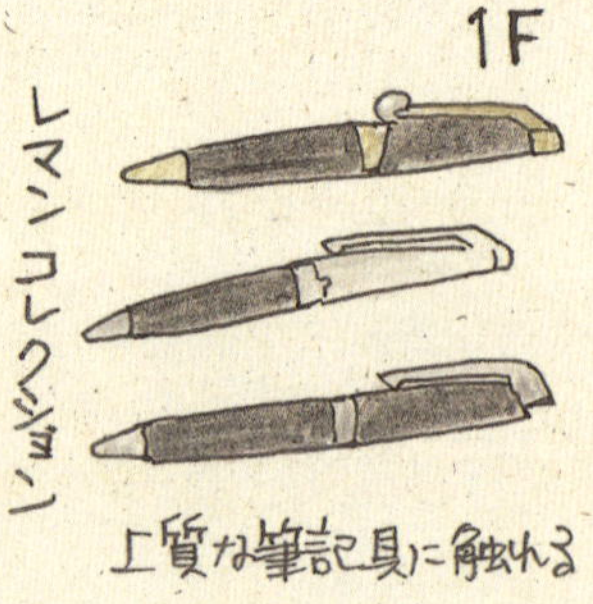
1F
レマンコレクション
上質な筆記具に触れる

スイス・ジュネーブに本社を置く筆記具・画材ブランドの直営店。ここでは、カランダッシュ製品をじっくり選ぶことができる。1階ではボールペンや高級万年筆などの筆記具、2階では色鉛筆などの画材が並ぶ。

入り口右側の「849コレクション」オブジェは、849ボールペンを並べて数字を表現したもので、写真撮影にもってこいの場所だ。階段途中の壁には展示物があり、カランダッシュの色鉛筆を使って塗り絵が楽しめるようになっている。

営業 11:00〜19:00
休み 無休
URL https://www.ito-ya.co.jp
住所 中央区銀座2-5-2
電話 03-3561-1915
駅 東京メトロ有楽町線銀座一丁目駅6番出口から徒歩1分

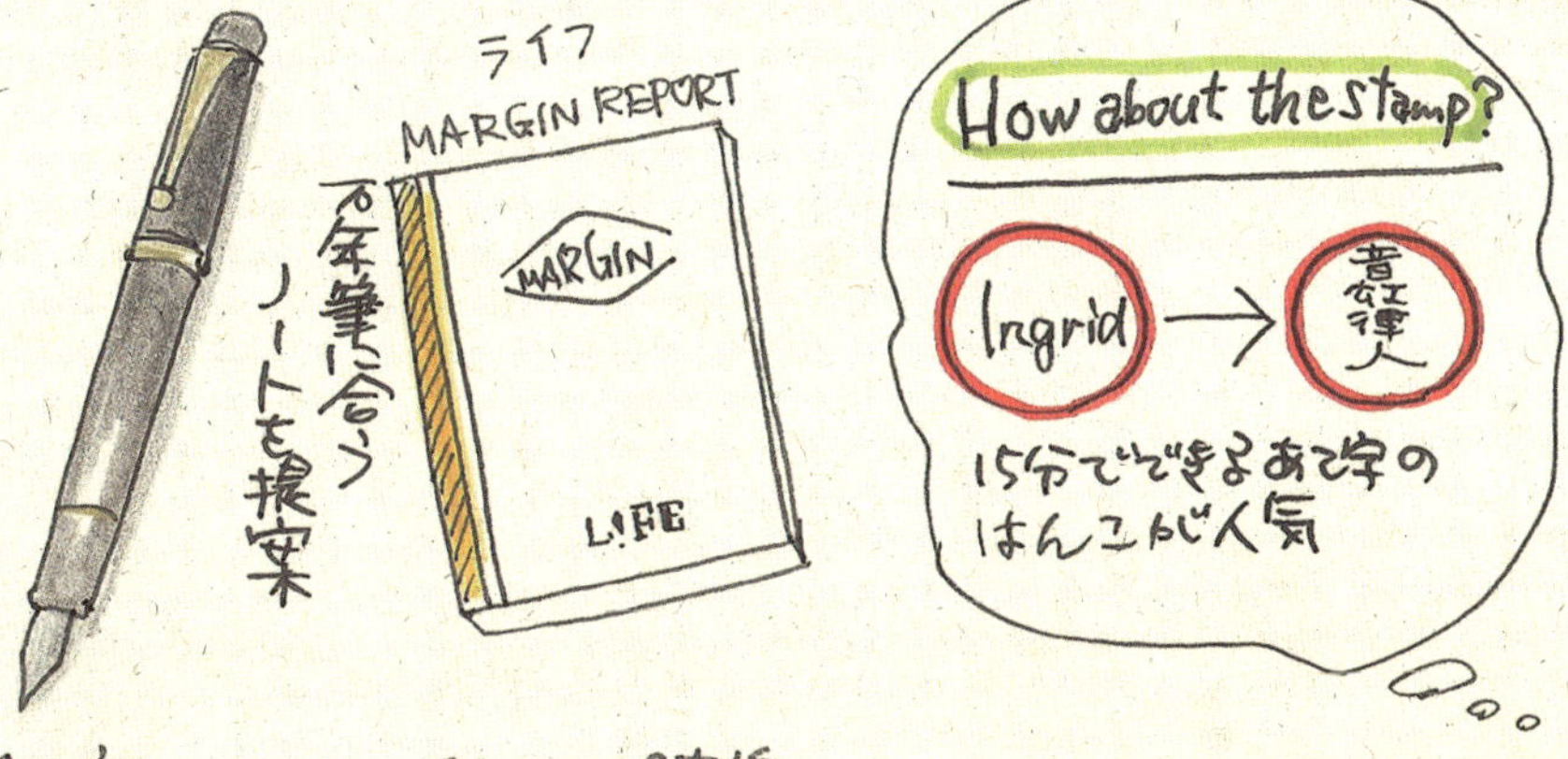

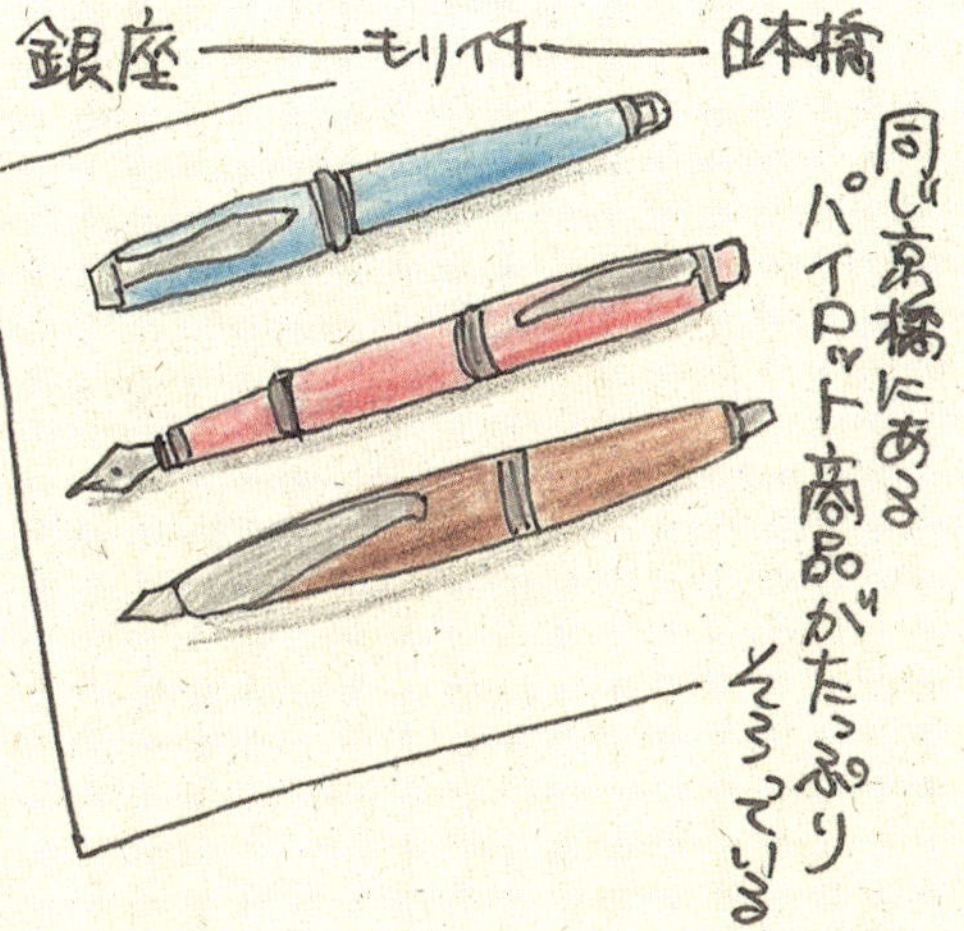

銀座と日本橋の中間で
変化に適応する老舗文具店

モリイチ 京橋店

モリイチ キョウバシテン

再開発が進む京橋エリア。創業1872年のモリイチは、四谷で宮内庁ご用達としてスタートし、1906年に京橋に移った。筆記具メーカー・パイロットの所在地に近いため、昔からパイロットの筆記具を多くそろえる。

東京駅・京橋駅・宝町駅からアクセスもよく、周辺にホテルが多い。外国人のお客さん向けに、当て字を使ってハンコを作るオリジナル印鑑サービスが人気だ。来たるオリンピックに向けて、東京土産も充実している。

営業 9:00～18:00
休み 土・日・祝
URL http://shop.moriichi.net

住所 中央区京橋1-3-2
電話 03-3281-3228
駅 東京メトロ銀座線京橋駅7番出口から徒歩3分

クリエイティブが詰まった
図書館のような知的スペース

POSTALCO
京橋店

ポスタルコ キョウバシテン

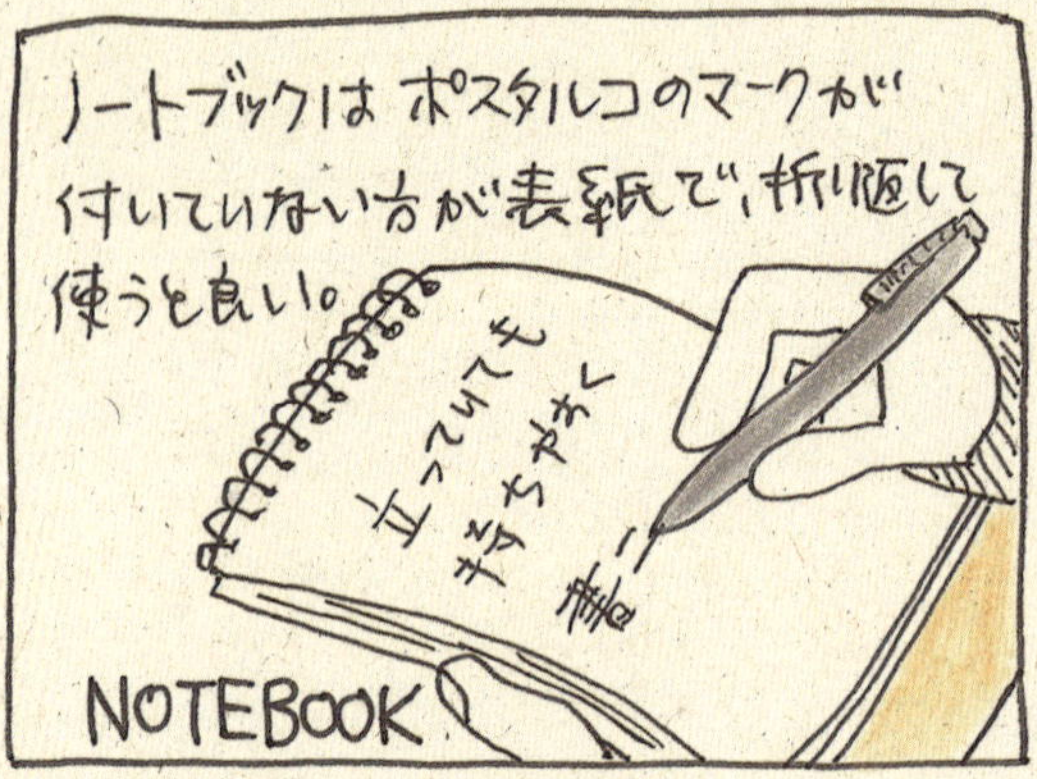

A4サイズの紙をとじて使う。レストランのメニューボードに利用されるなど、オシャレな雰囲気のあるアイテム。(A5サイズもある)

鍵をまとめるホルダーがオシャレな形だ。

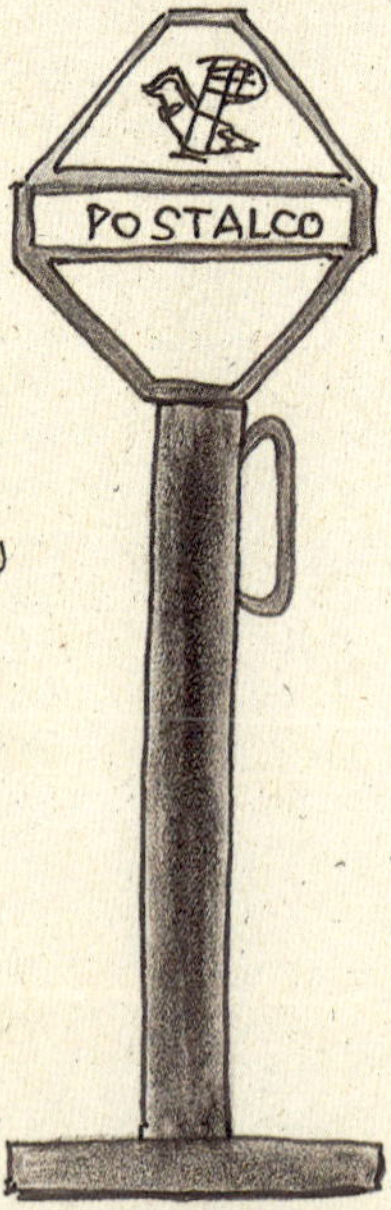

このマークを目印に探してほしい。

店内の観葉植物がいい感じ。

営業 11:00〜20:00、日・祝／〜19:00
休み 無休
URL https://postalco.net

住所 中央区京橋2-2-1 京橋エドグラン1F
電話 03-6262-6338
駅 東京メトロ銀座線京橋駅8番出口直結

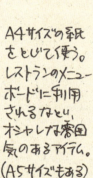

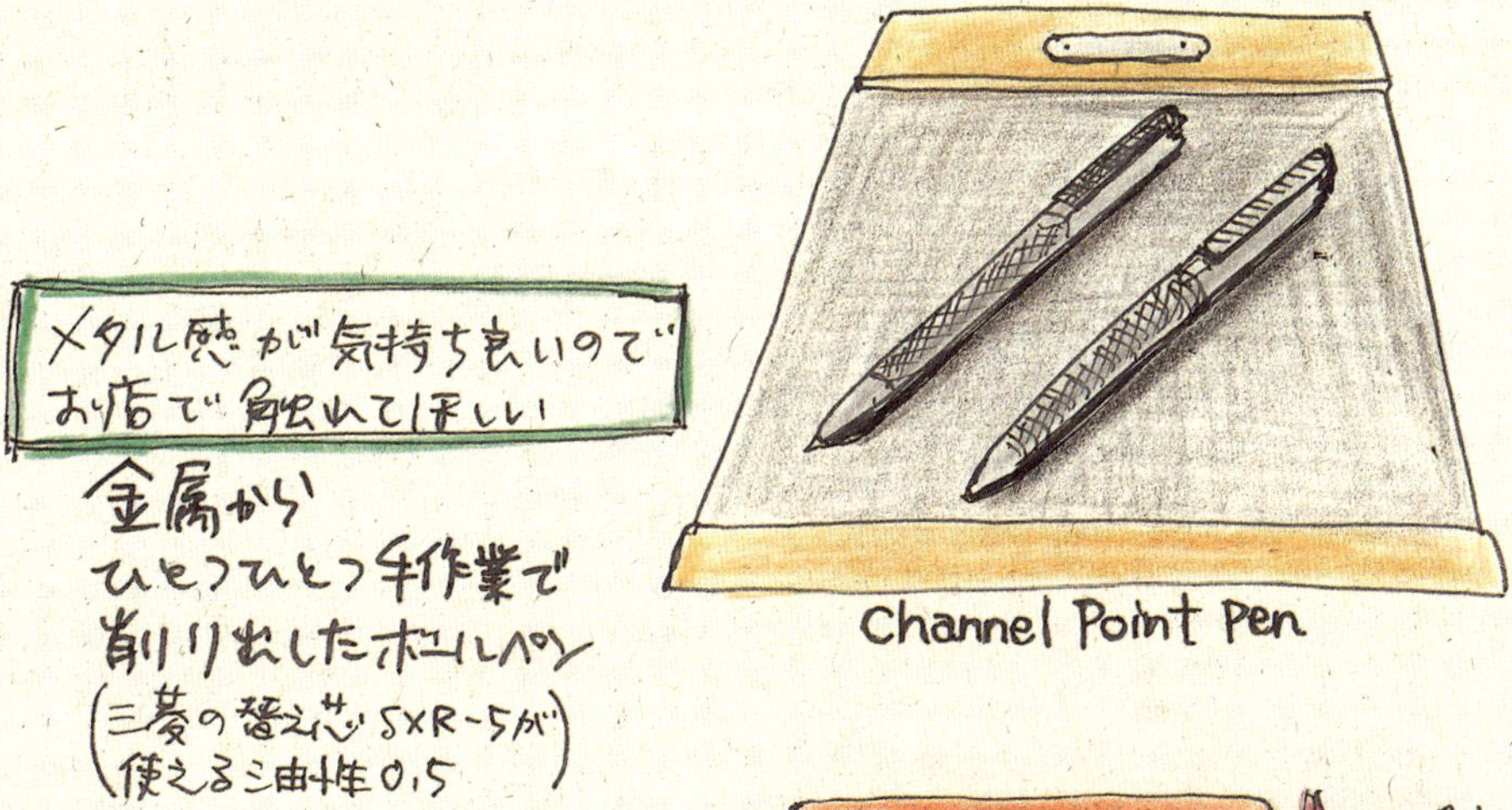
メタル感が気持ち良いので
お店で触れてほしい
金属から
ひとつひとつ手作業で
削り出したボールペン
(三菱の替え芯SXR-5が
使える油性0.5)
Channel Point Pen

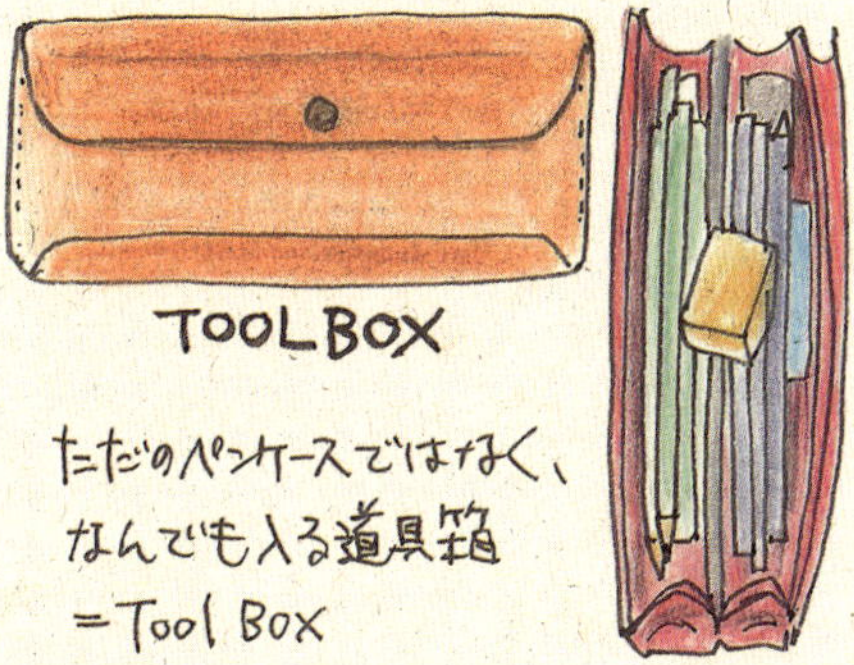
TOOL BOX
ただのペンケースではなく、
なんでも入る道具箱
=Tool Box

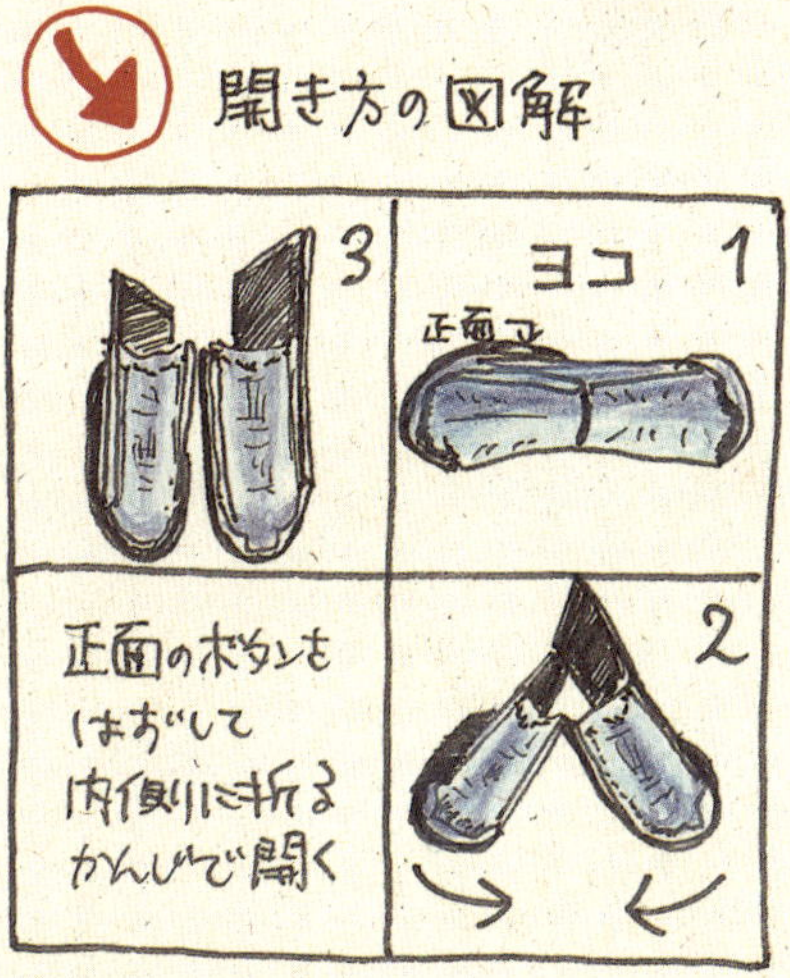
開き方の図解
ヨコ
1
正面
2
3
正面のボタンも
はずして
内側に折る
かんじで開く

京橋のポスタルコは、まず外側からガラス越しの美しい陳列やディスプレイを眺めてほしい。光が差し込む店内には、リングノートなどの定番製品から季節ごとのグッズ、新展開のカテゴリーが手に取りやすい配置で置かれている。

それらの文具がどのようにして生まれたのか、どのように使えばいいのかを店員さんに聞いてみよう。足を運び、空間に浸り、会話する——店という場所ならではの一連の体験を、ゆったりとした店内で味わうことができる。

ポスタルコの製品は、2人のデザイナーによって生み出されている。プロダクトの理想形について研究し、様々な試行錯誤を経て高い技術を持つ日本の職人とともに作り出す。その逸品の数々に触れたい。

SHOP COMMENT 革小物やレインウェア・ペン・キーホルダー・バッグなど、ポスタルコのオリジナルプロダクトがすべてそろっています。手に取ってご覧いただけますので、ぜひご来店ください。

Chapter 02

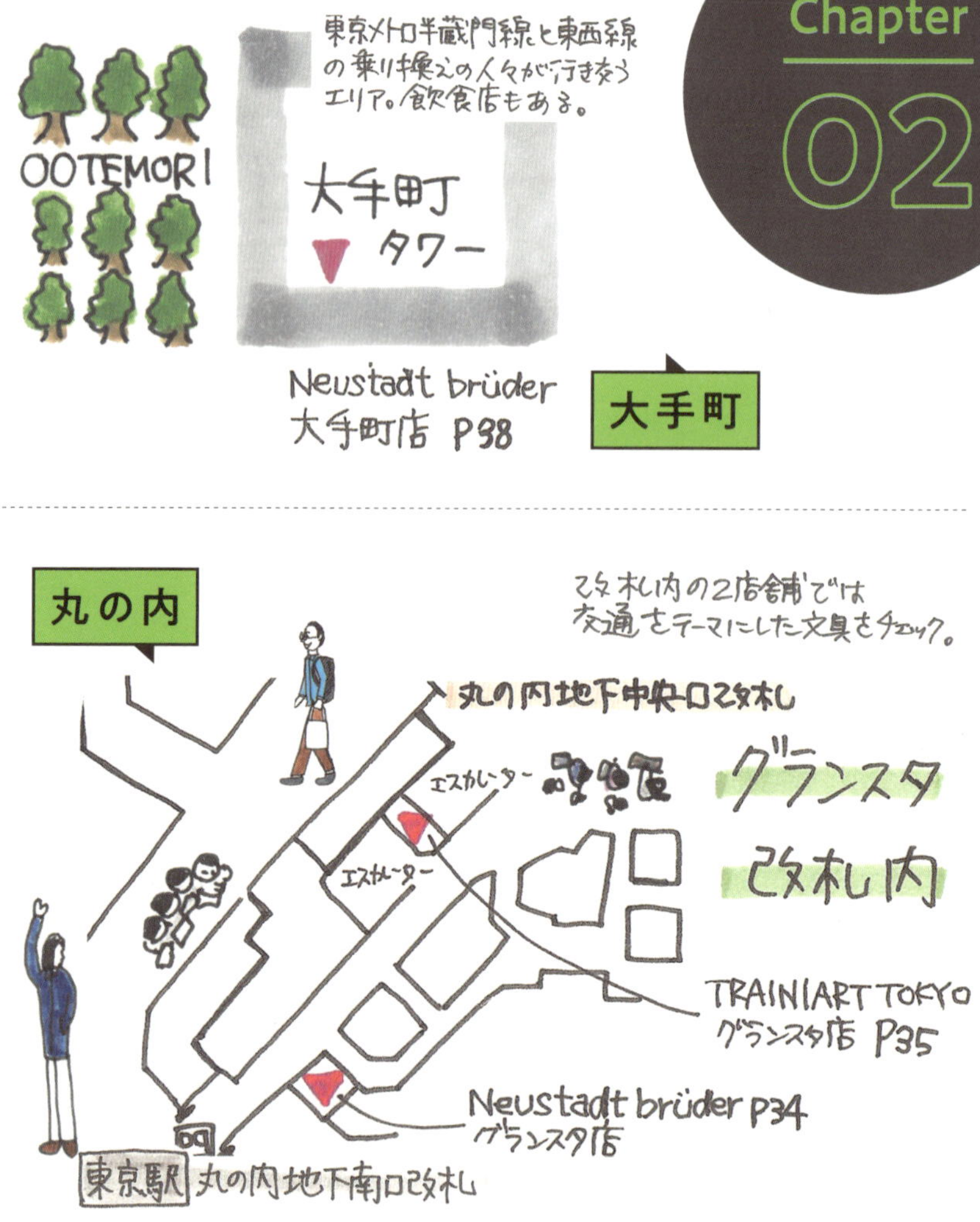
東京メトロ半蔵門線と東西線
の乗り換えの人々が行き交う
エリア。飲食店もある。
OOTEMORI
大手町
タワー
Neustadt brüder
大手町店 P38
大手町
丸の内
改札内の2店舗では
交通をテーマにした文具をチェック。
丸の内地下中央口改札
エスカレーター
グランスタ
改札内
エスカレーター
TRAINIART TOKYO
グランスタ店 P35
Neustadt brüder P34
グランスタ店
東京駅
丸の内地下南口改札

オフィスビルが立ち並ぶ丸の内、複数の地下鉄が乗り入れる大手町。この章では、ビジネス街と観光地の顔を併せ持つ、東京駅周辺の文具屋を紹介する。このエリアの特徴は、『ANGERS《アンジェ》 bureau《ビューロー》 KITTE《キッテ》丸の内店』をはじめ、ビジネスで使えるオシャレな文具やギフトを豊富にそろえる文具屋が多いこと。昼休みのひと時や帰宅途中の乗り換え時に、ちょっと寄って帰れるオフィスワーカーが、なんともうらやましい。

「東京の玄関口」ならではの観光気分を高める仕掛けや、時間がないお客さんのために、選びやすいよう工夫された陳列も要チェック。出店先の商業施設が持つコンセプトを受けた店も多く見られる。東京駅周辺に訪れた際には、ぜひ文具屋まで立ち寄ってみてほしい。

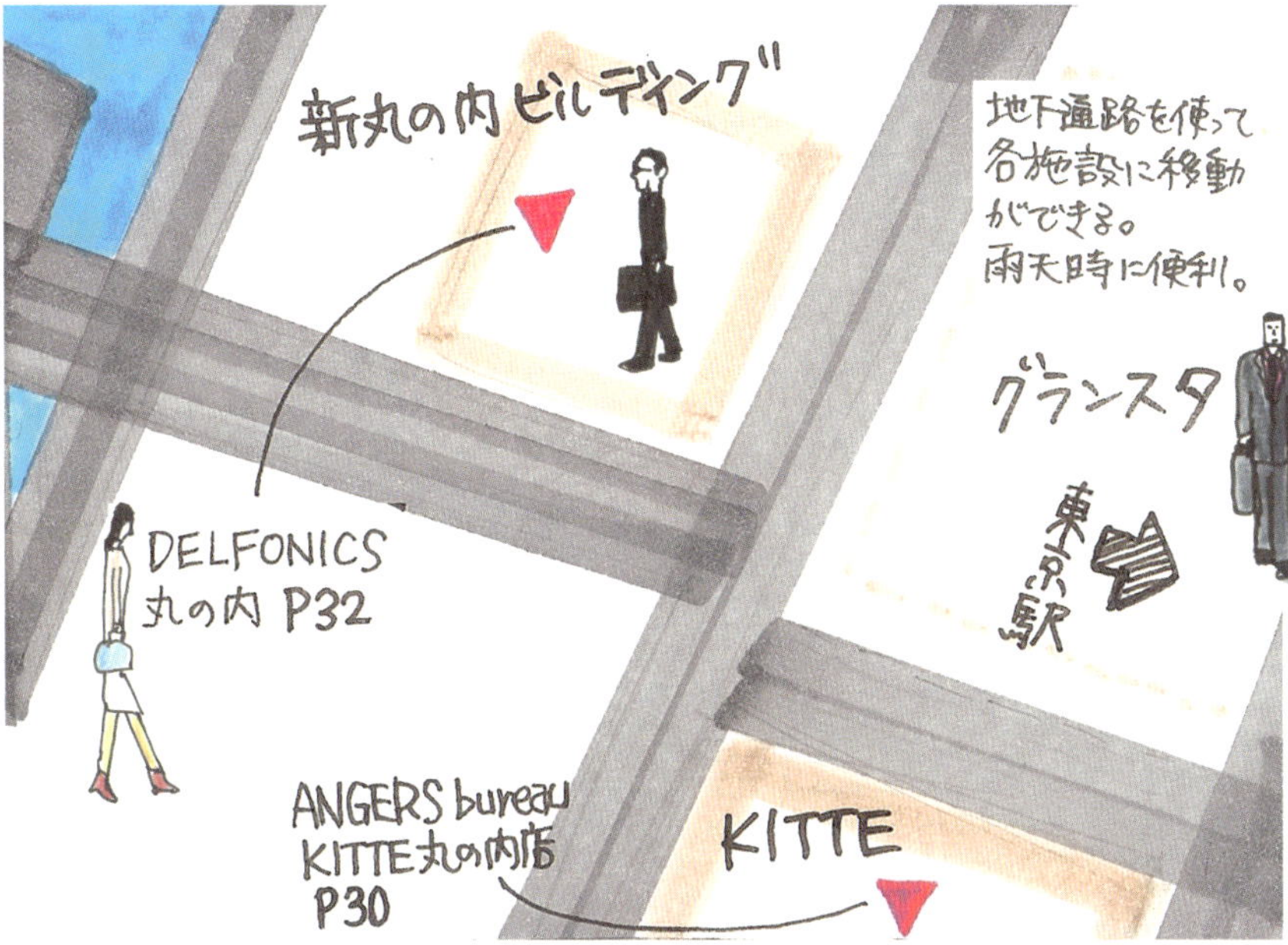
新丸の内ビルディング
地下通路を使って
各施設に移動
ができる。
雨天時に便利。
グランスタ
東京駅
DELFONICS
丸の内 P32
ANGERS bureau
KITTE丸の内店
P30
KITTE

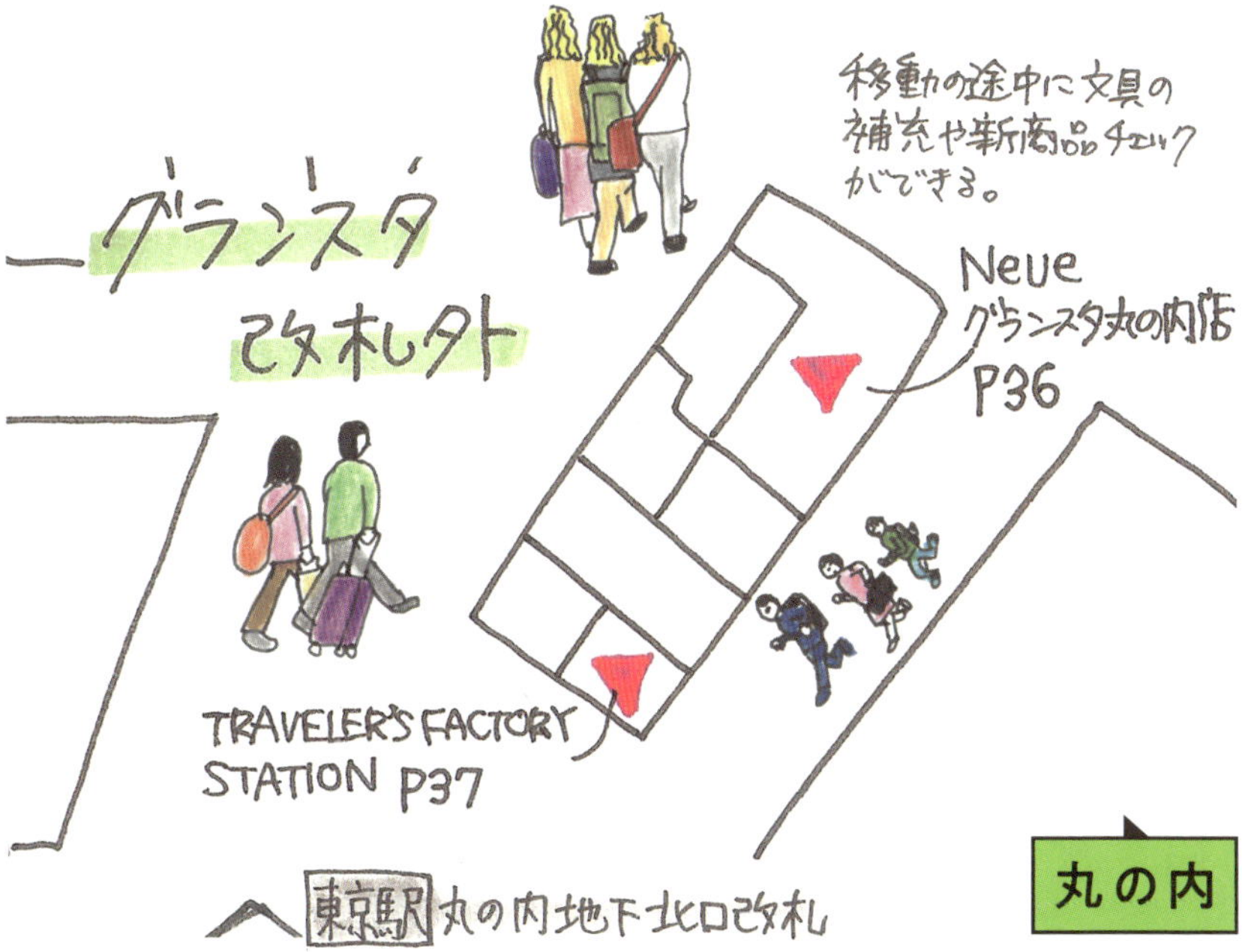
移動の途中に文具の
補充や新商品チェック
ができる。
グランスタ
改札外
Neue
グランスタ丸の内店
P36
TRAVELER'S FACTORY
STATION P37
東京駅丸の内地下北口改札

円柱の棚探訪

歴史ある郵便局跡地にある
文具たっぷりの書斎

ANGERS bureau KITTE丸の内店

アンジェ ビュロー キッテ マルノウチテン

ミニ原稿用紙やミニノート、
小さい文具、小さい筆記具に
ワクワクしながらショッピング

ぐるぐるまわって
気になる
アイテムを
見つけよう

営業 11:00〜21:00、日・祝／〜20:00
休み 無休
URL https://www.angers.jp

住所 千代田区丸の内2-7-2 JPタワー KITTE丸の内4F
電話 03-3217-2006
駅 JR各線東京駅丸の内南口から徒歩4分

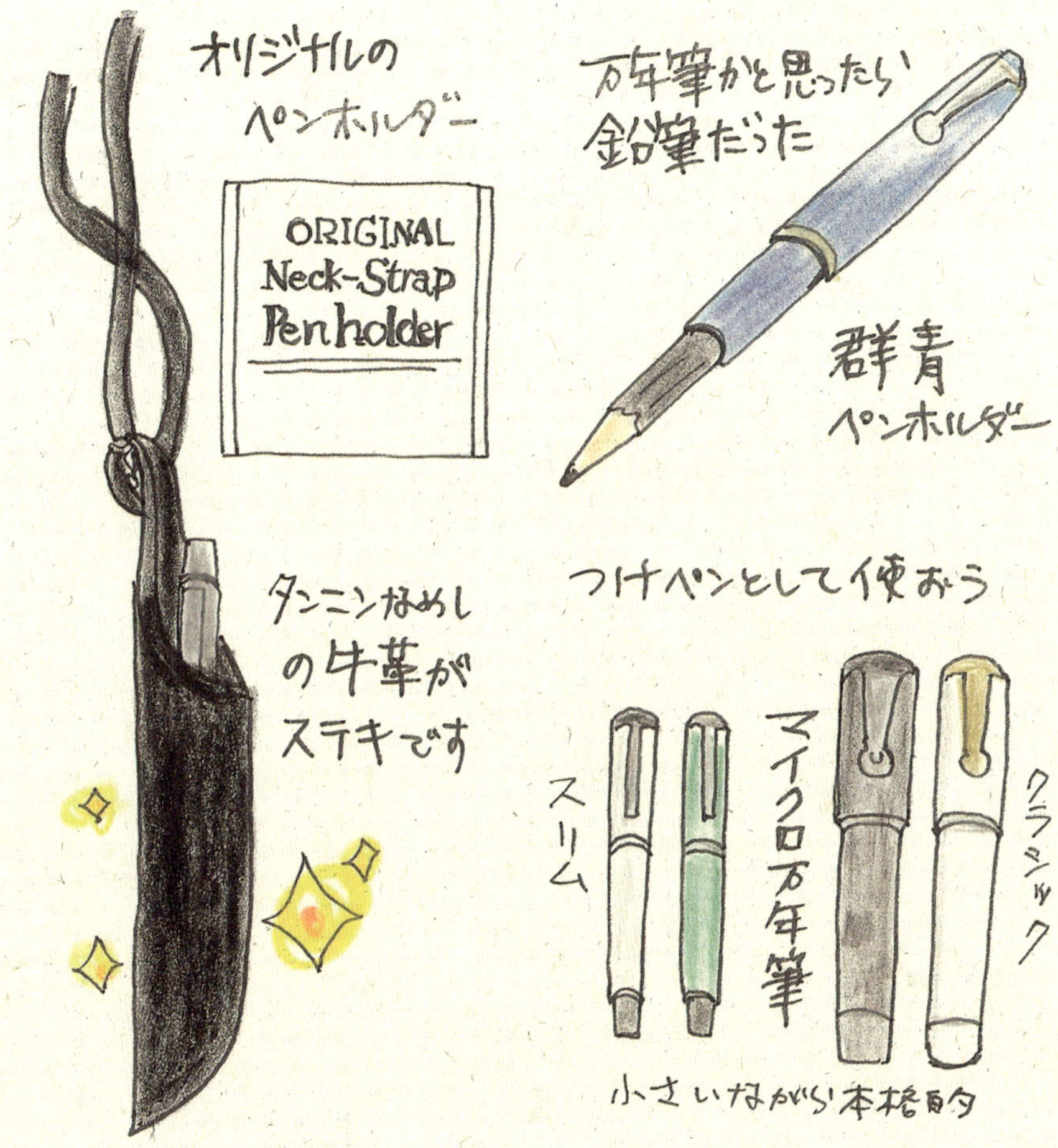
オリジナルのペンホルダー
ORIGINAL
Neck-Strap
Pen holder
万年筆かと思ったら鉛筆だった
群青
ペンホルダー
タンニンなめしの牛革がステキです
つけペンとして使おう
スリム
マイクロ万年筆
クラシック
小さいながら本格的

東京駅前にある商業施設KITTE《キッテ》内に、書斎をテーマにした文具や雑貨、書籍を扱う店舗がある。アンティーク筆記具やカメラ、時計、革小物など、男心をくすぐるアイテムを多数そろえる店内は、東京中央郵便局跡地という空間を活かした造りでレトロな雰囲気が漂う。

平日は丸の内や大手町、八重洲で働く人々、休日は国内外の観光客がやって来る。書籍と文具を同時に買う人も多いとか。客層に合わせ、男女ともに使いやすい黒やネイビーの文具を定番として常に置く。場所柄、他にも海外切手やクラシックな郵便グッズ、エンボッサーなど手紙まわりのグッズも扱っている。

店内に入ったら、まずは中央にある円柱の棚をぐるりと回ってみて、こだわりの一品に出合ってほしい。

SHOP COMMENT 店内の大きな窓からは、東京駅駅舎と新幹線が見えます。美篶堂《みすずどう》さんと一緒に作ったノートやオリジナルインクをはじめ、手軽に使える万年筆など多く取りそろえています。

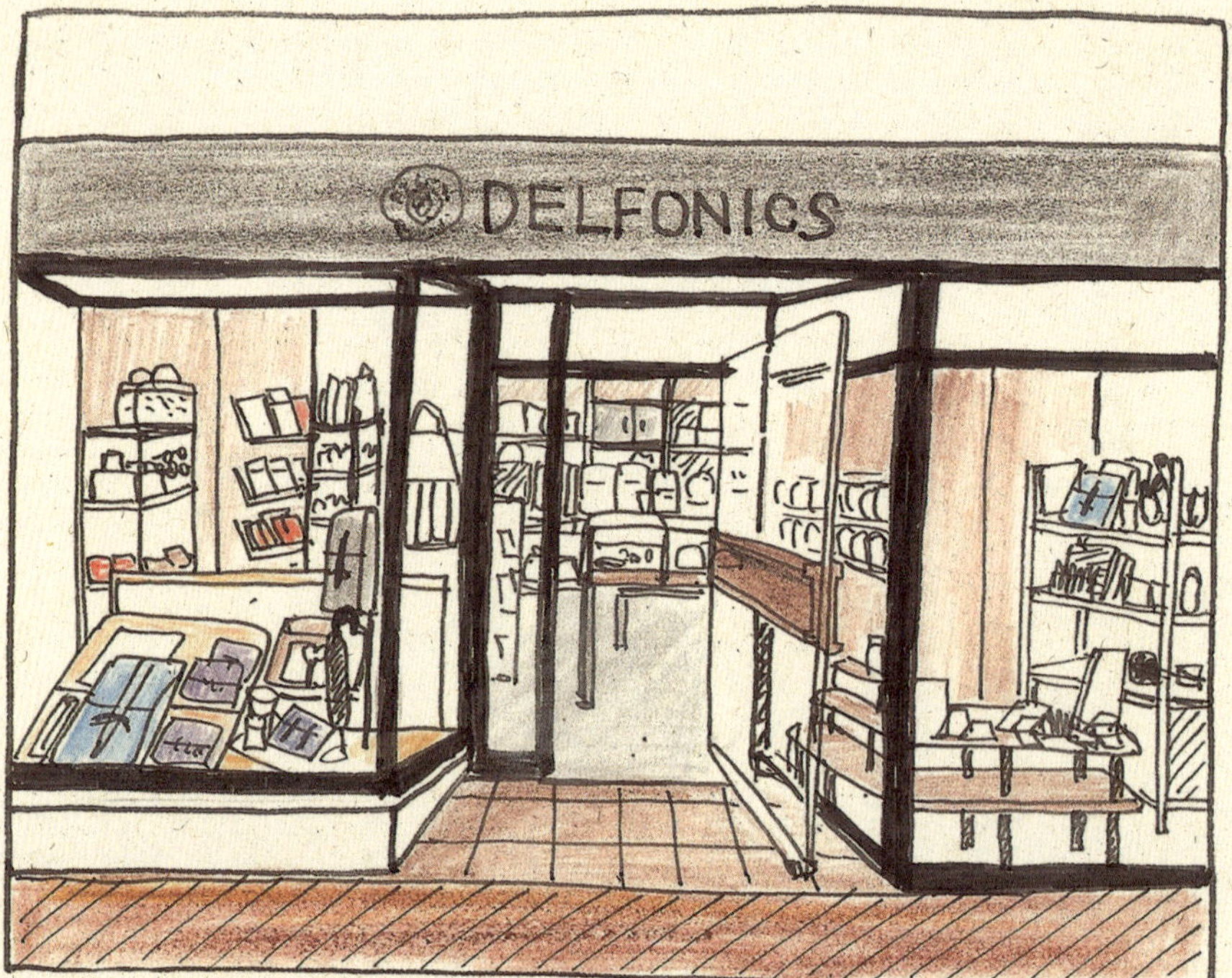

エントランスからヨーロッパの気品

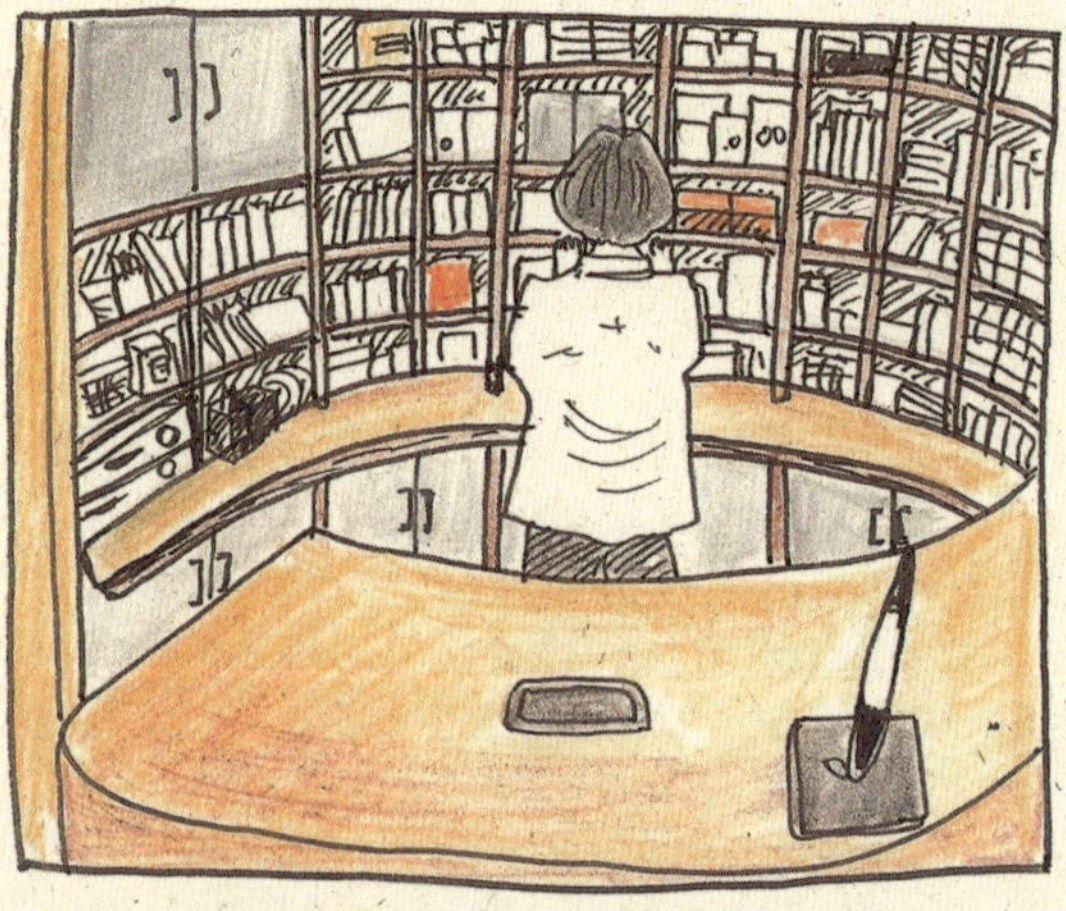

レジカウンター後ろの棚も良い

ヨーロッパ調の店内で味わう
欧風文具の数々

DELFONICS
丸の内

デルフォニックス マルノウチ

営業 11:00〜21:00、日・祝／〜20:00
休み 無休
URL http://www.delfonics.com

住所 千代田区丸の内1-5-1 新丸の内ビルディング1F
電話 03-3287-5135
駅 JR各線東京駅丸の内中央口から徒歩2分

東　京駅前の新丸ビルには「文具は知的なものである」というコンセプトを持つ文具メーカー・DELFONICS《デルフォニックス》の直営店がある。

店舗の外観から商品棚、ガラスケース、レジカウンターまで、すべてヨーロッパをイメージ。ショーウィンドウを見ながら店内に入ると、外国の街角の商店にいるような気分になる。

扱うグッズは、デザインと機能性を併せ持つ自社製品、丸の内店オリジナルアイテム、スマートフォンケース、イヤフォンなどの実用品まで幅広い。文具店をイメージしたコンピレーションCDもある。

他にも、ビジネスに役立つ事務用品からギフト用の高級雑貨までそろえ、丸の内のオフィスワーカーにとって頼もしいパートナーになっている。

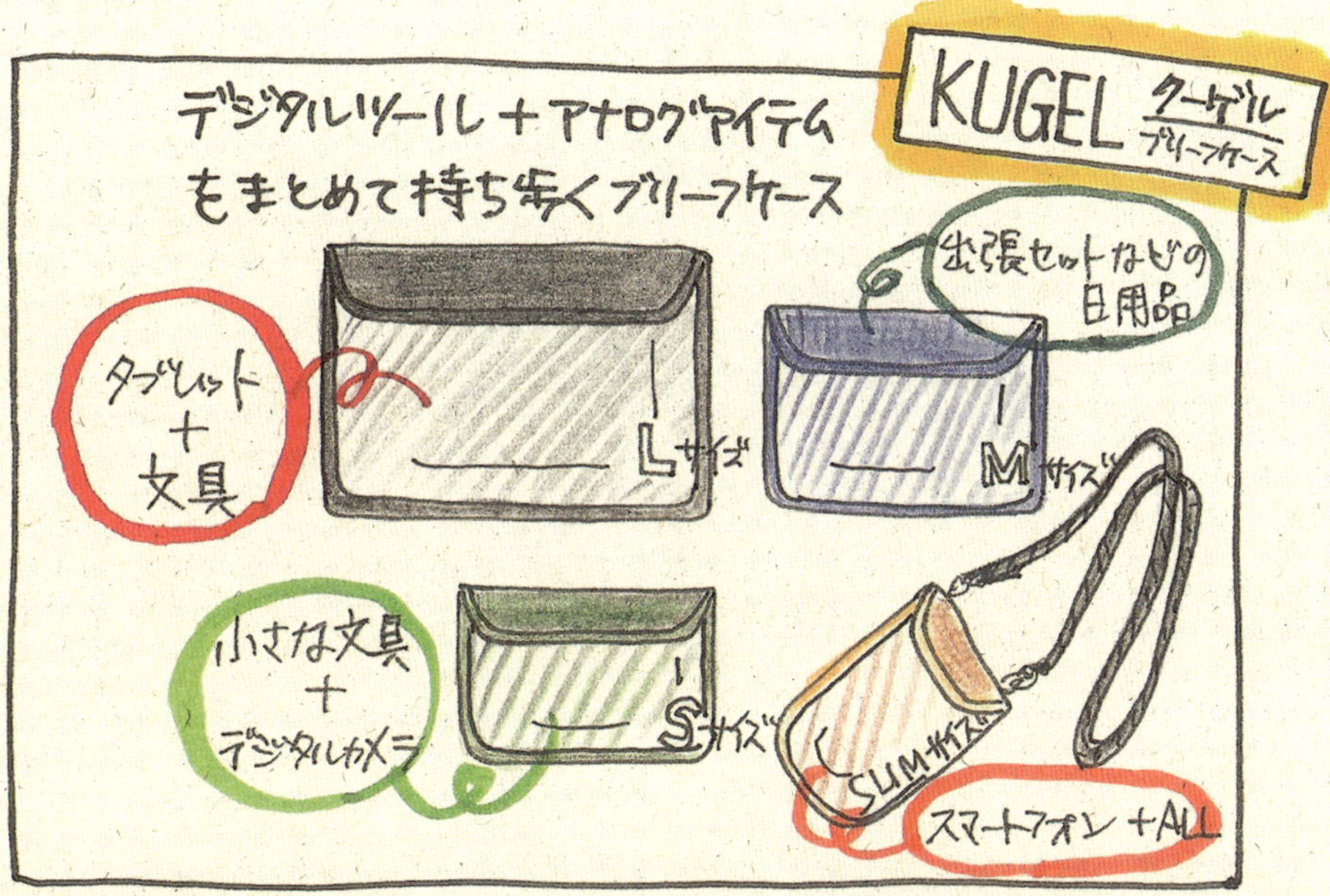

SHOP COMMENT　入り口のショーウィンドウでは、目で楽しんでいただけるようなディスプレイを展開しています。
季節に合わせてセレクトした文具や雑貨をお楽しみください。

駅ナカですばやくチェック
文具と雑貨の中継地点

Neustadt brüder グランスタ店

ノイシュタット ブルーダー グランスタテン

日本の文具と組み合わせるのも良い
外国文具をそろえるならココ
いろいろコレクションして持ち歩きたい

カワイイえんぴつけずり
Football Sharpener
表情がさわやか

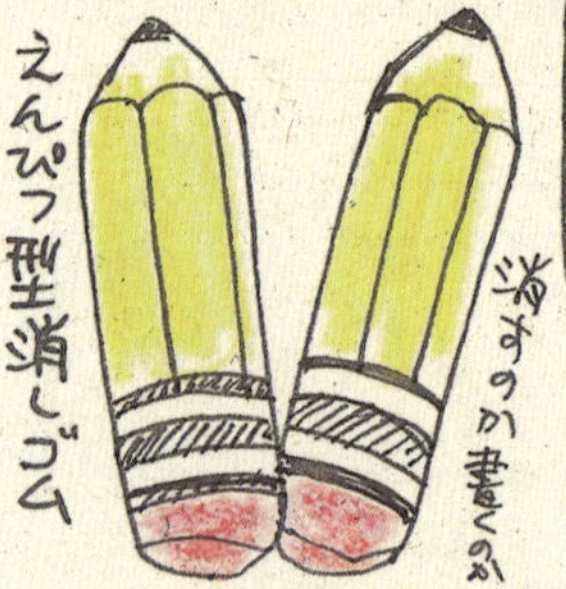

えんぴつ型消しゴム
消すのか書くのか

コヒノールのえんぴつ立て
形がユニーク

移動途中に必訪したい文具・雑貨店が、東京駅のエキナカ商業施設グランスタにある。ヨーロッパの駅構内にあるような雰囲気が特徴だ。

海外の文具や雑貨など、めずらしいアイテムを厳選して販売。東京駅という場所柄、鉄道グッズや旅の本なども充実している。人々が忙しく行き交う場所にあるため、とくに工夫を凝らすのが棚作り。前後左右の関連づけや棚ごとのストーリー設定など、すばやく買い物ができるようになっているのが魅力だ。

営業　月〜土・祝／9:00〜22:00、日・連休最終日の祝日／〜21:00
休み　無休
URL　https://www.angers.jp
住所　千代田区丸の内1-9-1 JR東京駅構内B1F
電話　03-5224-6336
駅　JR各線東京駅丸の内地下南口改札内

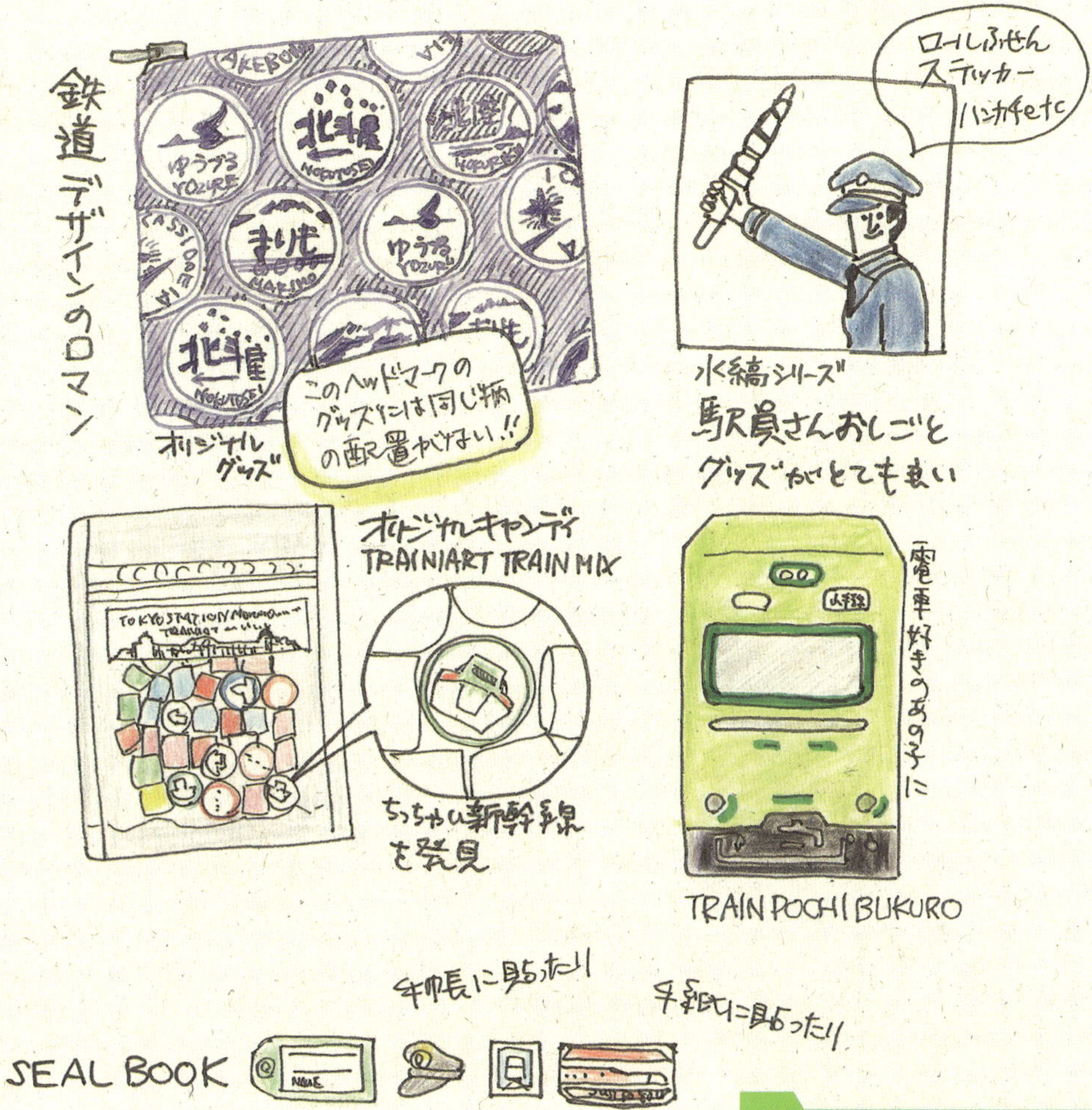
鉄道デザインのロマン
このヘッドマークのグッズには同じ柄の配置がない!!
オリジナルグッズ
ロールふせん
ステッカー
ハンカチetc
水縞シリーズ
駅員さんおしごとグッズがとても良い
オリジナルキャンディ
TRAINIART TRAIN MIX
ちっちゃい新幹線を発見
電車好きのあの子に
TRAIN POCHI BUKURO
手帳に貼ったり
手紙に貼ったり
SEAL BOOK

旅の出発点で見つける こだわりの鉄道文具

TRAINIART TOKYO グランスタ店

トレニアートトウキョウ グランスタテン

「鉄道をもっと楽しむ」をコンセプトにした店舗。鉄道ファンも納得できるよう本物志向にこだわり、リアルでユニークなグッズを販売している。

棚には、コミカルで楽しい画風が人気の鉄道文具、鉄道をテーマにしたお菓子、鉄道柄の手ぬぐいやマスキングテープなどがたくさん。

鉄道ファンと文具ファンが交差するようなワクワクできる品ぞろえで、子どもから大人まで幅広い層が楽しめる。

営業 月～土・祝／9:00～22:00、日・連休最終日の祝日／～21:00
休み 無休
URL http://www.ejrt.co.jp/trainiart
住所 千代田区丸の内1-9-1 JR東京駅構内B1F
電話 03-5224-6100
駅 JR各線東京駅丸の内地下中央口改札内

かわいさとおもしろさの融合
神戸センスの文具に触れる

Neue グランスタ 丸の内店

ノイエ グランスタ マルノウチテン

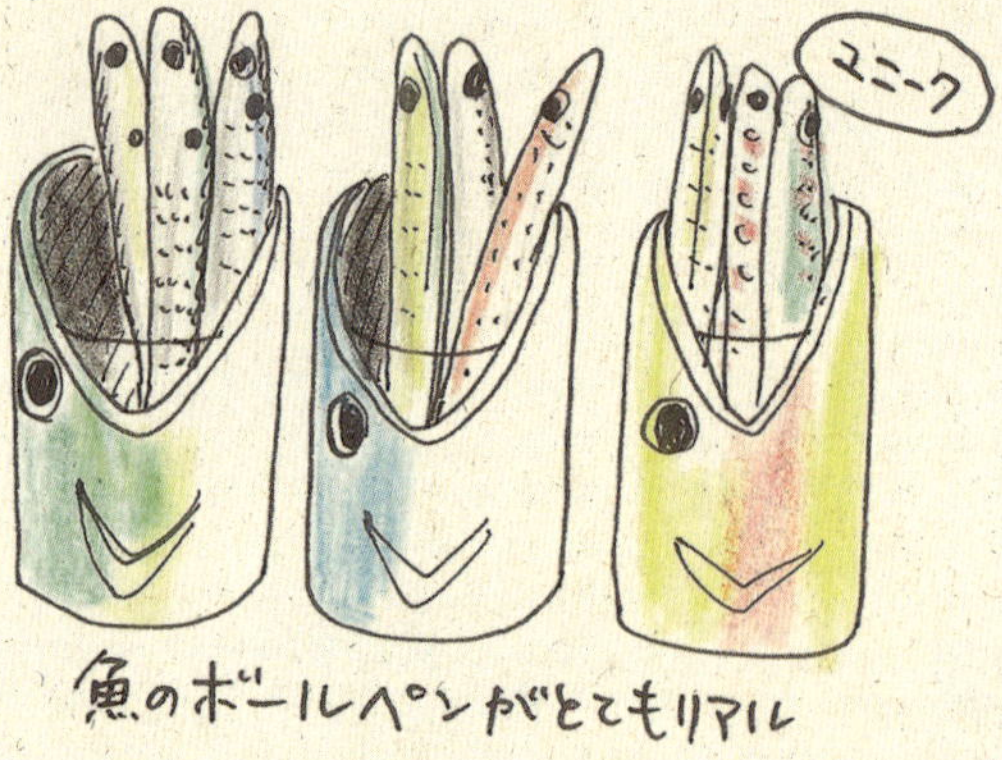

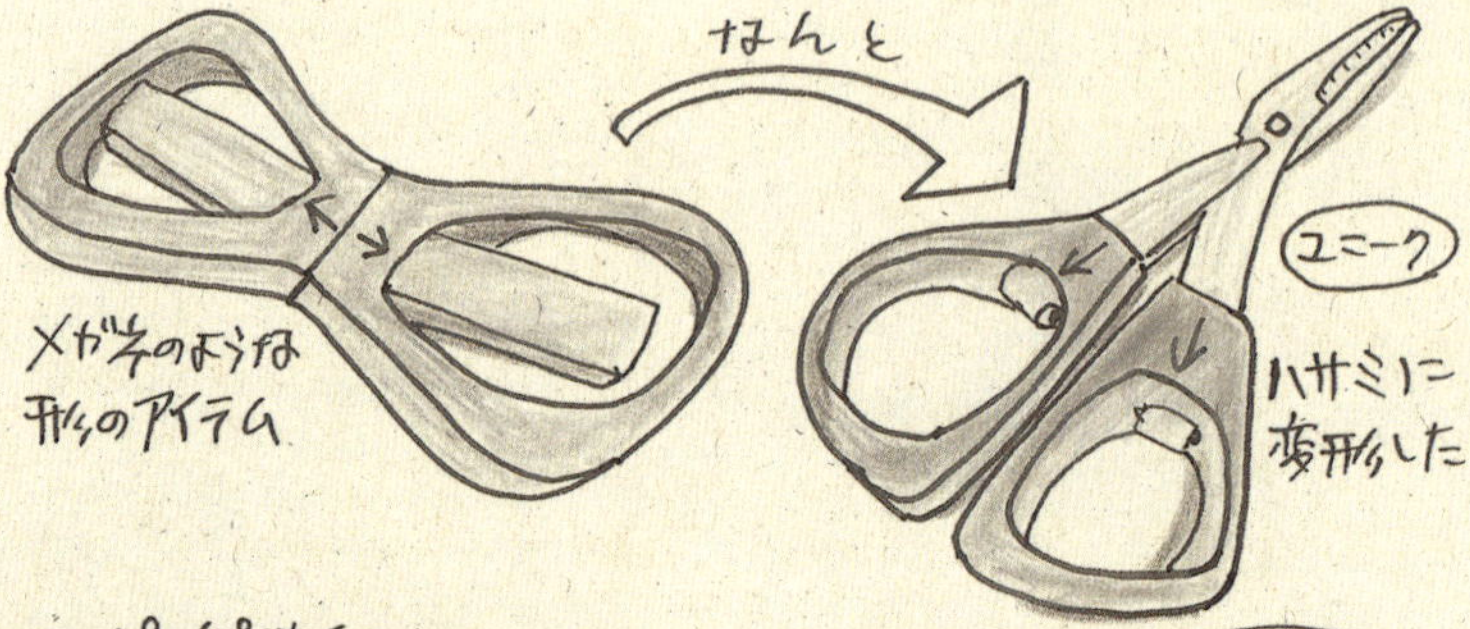

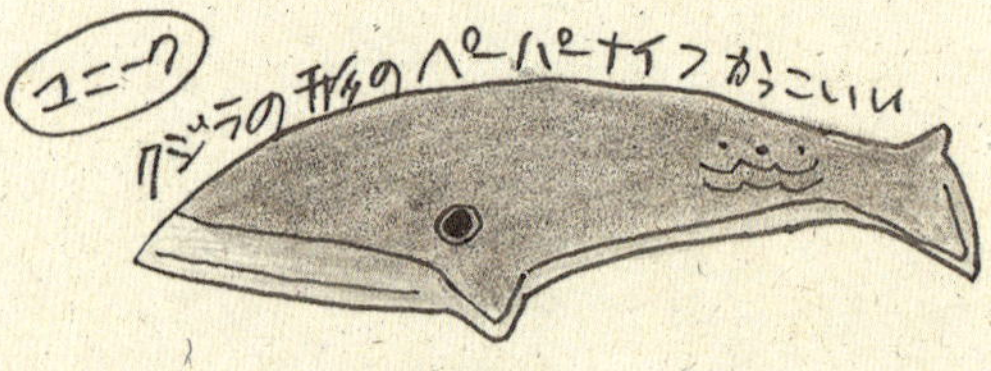

「人生をともに過ごす愛着の湧く商品」をテーマにした神戸発の文具セレクトショップ。デザイン性豊かな文具や雑貨を、国内外から集めて販売している。

鳥の形をしたペーパーナイフ、ミニカー型のマウス、魚の形状そのままのボールペン、風車のようなマグネット、クスッと笑えるネーミングのノート、メガネの形をしたミニハサミなどなど。「かわいい」「おもしろい」だけでなく、実用的にも使える文具が充実している。

営業 月～土・祝／10:00～22:00、日・連休最終日の祝日／～21:00
休み 無休
URL https://dasneue.jp
住所 千代田区丸の内1-9-1 JR東京駅構内B1F
電話 03-6268-0938
駅 JR各線東京駅丸の内地下北口改札外

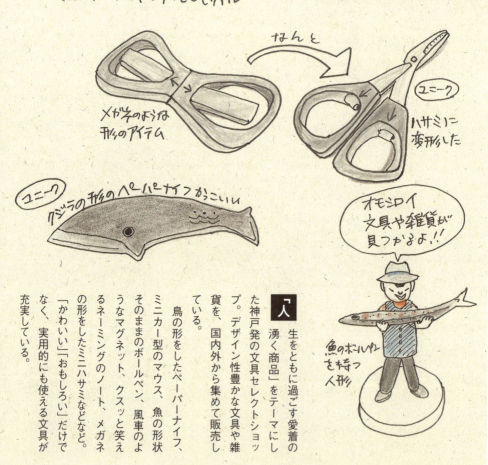

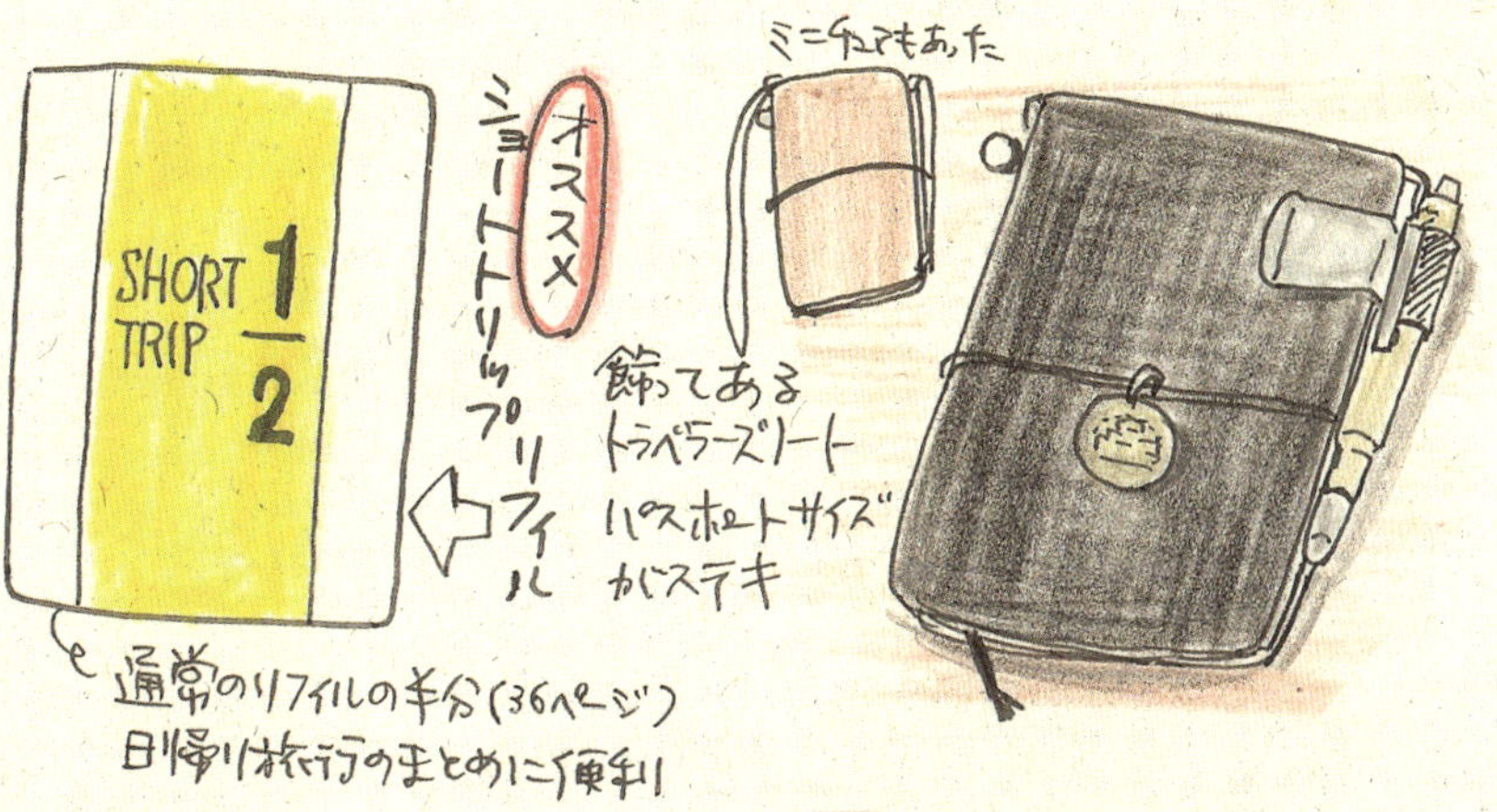
ミニチュアもあった
オススメ
ショートトリップリフィル
SHORT TRIP
1/2
飾ってある
トラベラーズノート
パスポートサイズ
がステキ
通常のリフィルの半分（36ページ）
日帰り旅行のまとめに便利

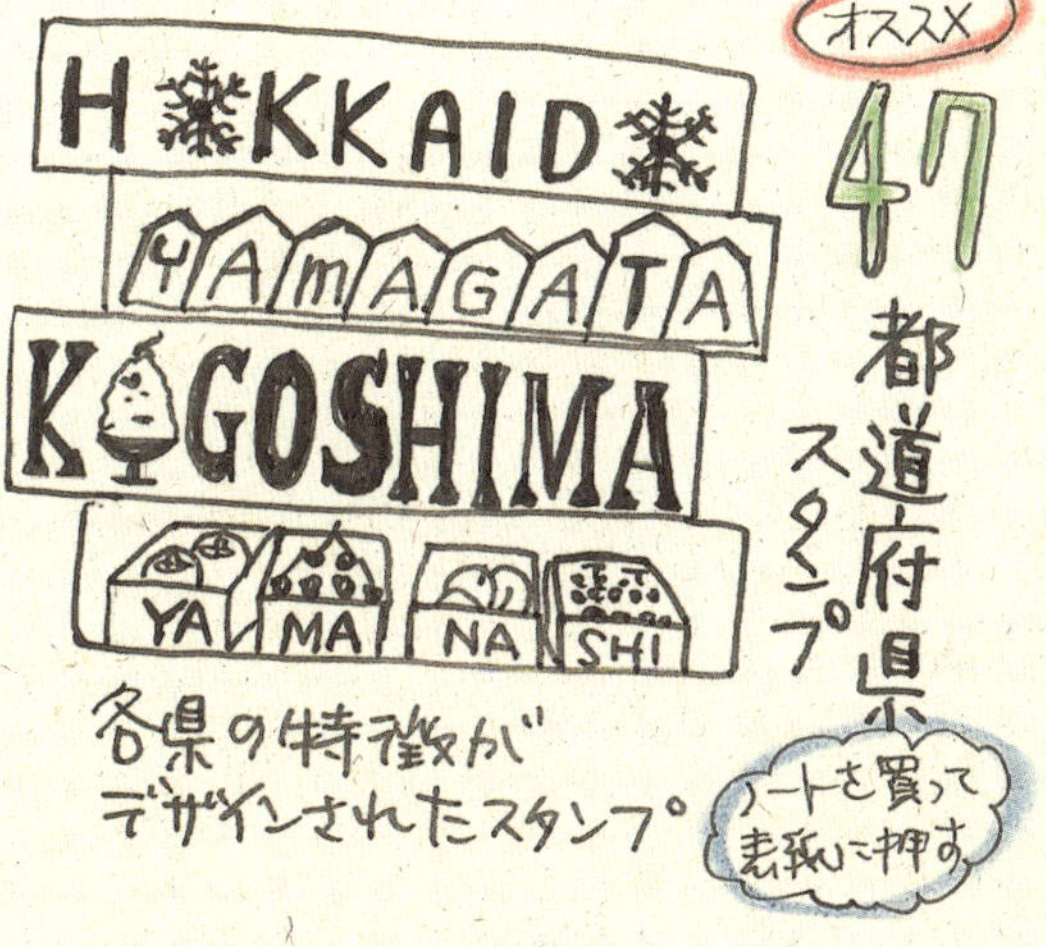
オススメ
47都道府県スタンプ
HOKKAIDO
YAMAGATA
KAGOSHIMA
YA MA NA SHI
各県の特徴が
デザインされたスタンプ
ノートを買って
表紙に押す

旅に行く人・楽しむ人が集う文具&雑貨ステーション

TRAVELER'S FACTORY STATION

トラベラーズ ファクトリー ステーション

愛好家の多いトラベラーズノートの旗艦店トラベラーズファクトリー。その東京駅店はコンパクトな空間ながらも、ファンには堪らない旅のアイテムであふれている。

マスキングテープやノートなどの限定プロダクトには駅舎や汽車がプリントされ、使うだけで旅気分になってくる。

旅の直前に旅日記用のアイテムをそろえてもよし、観光の締めにギフトとして入手してもよし。東京駅を利用する際は、ぜひ立ち寄りたい場所だ。

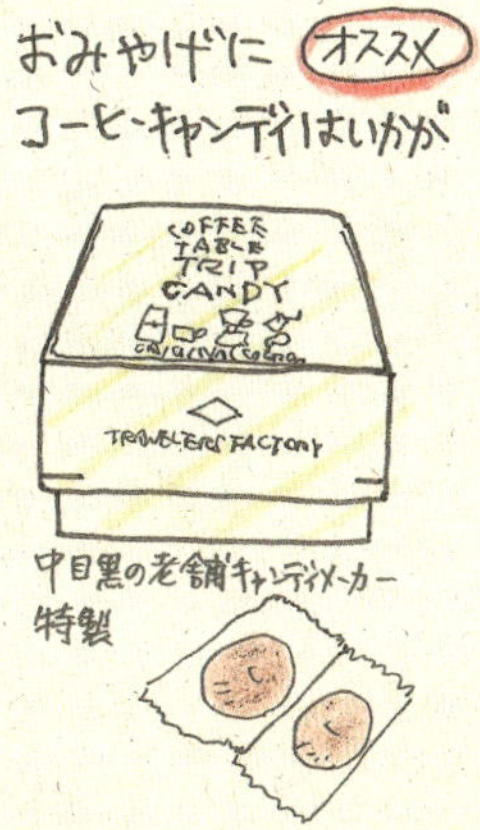
おみやげに オススメ
コーヒーキャンディはいかが
COFFEE TABLE TRIP CANDY
TRAVELER'S FACTORY
中目黒の老舗キャンディメーカー
特製

営業 月～土・祝／10:00～22:00、日・連休最終日の祝日／～21:00
休み 無休
URL https://www.travelers-factory.com

住所 千代田区丸の内1-9-1 JR東京駅構内B1F
電話 03-6256-0486
駅 JR各線東京駅丸の内地下北口改札外

乗り換えの途中に立ち寄る
異国のような文具店

Neustadt brüder大手町店

ノイシュタット ブルーダーオオテマチテン

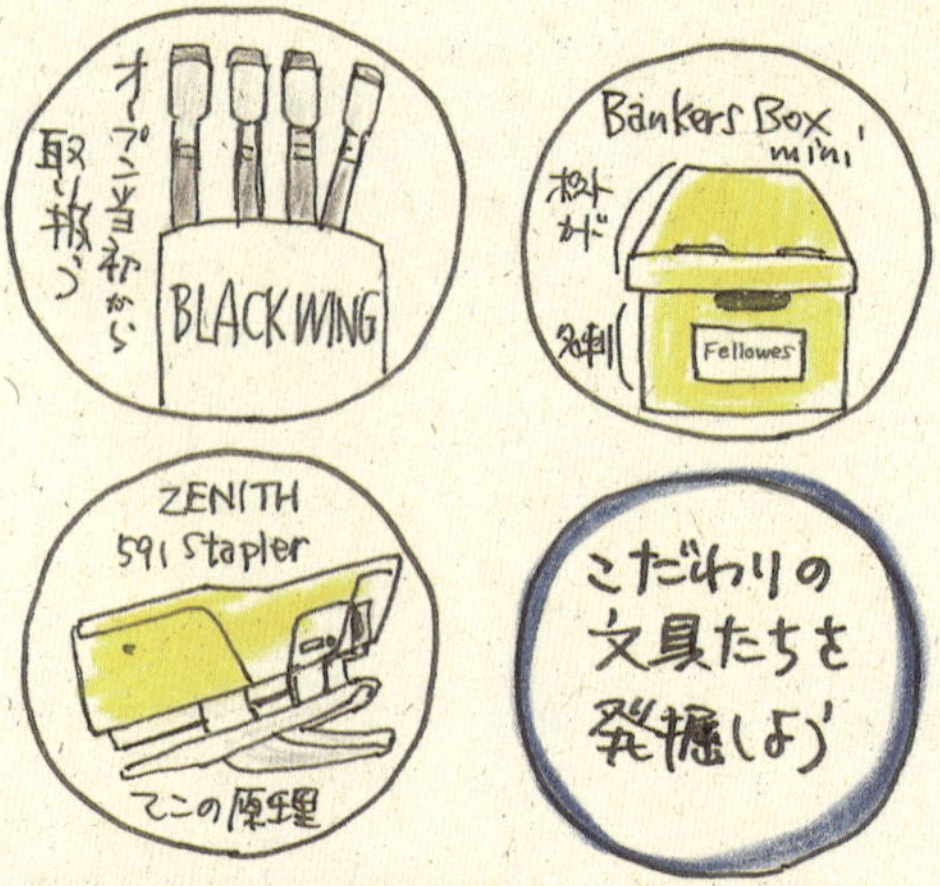

営業 10:00～21:00、土／11:00～、日・祝／～20:00
休み 無休
URL https://www.angers.jp

住所 千代田区大手町1-5-5 大手町タワー B2F
電話 03-5224-6678
駅 東京メトロ各線、都営三田線大手町駅直結
（東西線中央改札前）

足早に人々が行き交う場所、大手町エリアの地下通路にある文具店。店内中央の円柱型の商品棚には、国内外の文具がたくさん陳列されている。この店に来ると、まずは円柱を一周して新しい発見を楽しむのがお決まりコースだ。

実用文具やメッセージカード、海外のデザイン文具、書籍なども販売。大手町付近に勤める読書好きのお客さんから、おすすめの本を紹介されることもあるという。

地下の雑踏の中で、ヨーロッパの古い店舗のようなショーケースの前に立つと、どこか遠い異国の路面に立っているような気分になる。多忙な毎日の中で、そんな戸惑いは大歓迎だ。5つの路線の地下鉄を乗り換える通行時でも、文具エッセンスを味わえるありがたい空間である。

便利な小物文具がつまっている円柱
London
筆記具とノートのコーナー
ヨーロッパのノートやペンが並ぶ

SHOP COMMENT 当店でしかお取り扱いのない、めずらしい海外の文房具がそろっています。
中でも、1960年代モデルのPARKERのデスクボールペンは、形状やカラーもキレイでおすすめです。

Chapter 03

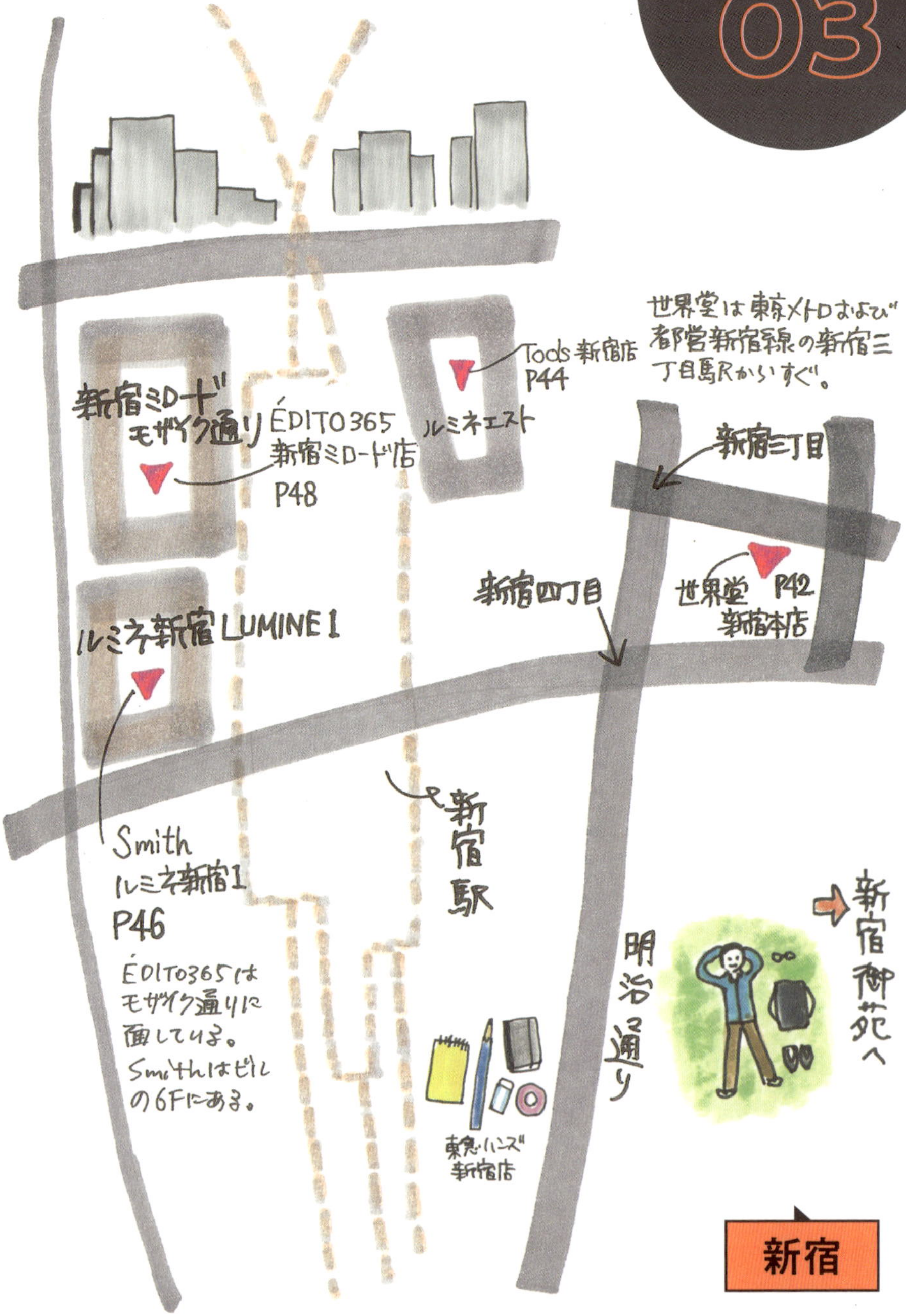

世界堂は東京メトロおよび都営新宿線の新宿三丁目駅からすぐ。
Tods新宿店
P44
新宿ミロード
モザイク通り
ÉDITO365
新宿ミロード店
P48
ルミネエスト
新宿三丁目
新宿四丁目
世界堂
新宿本店
P42
ルミネ新宿LUMINE1
新宿駅
Smith
ルミネ新宿1
P46
ÉDITO365はモザイク通りに面している。Smithはビルの6Fにある。
明治通り
新宿御苑へ
東急ハンズ
新宿店

新宿

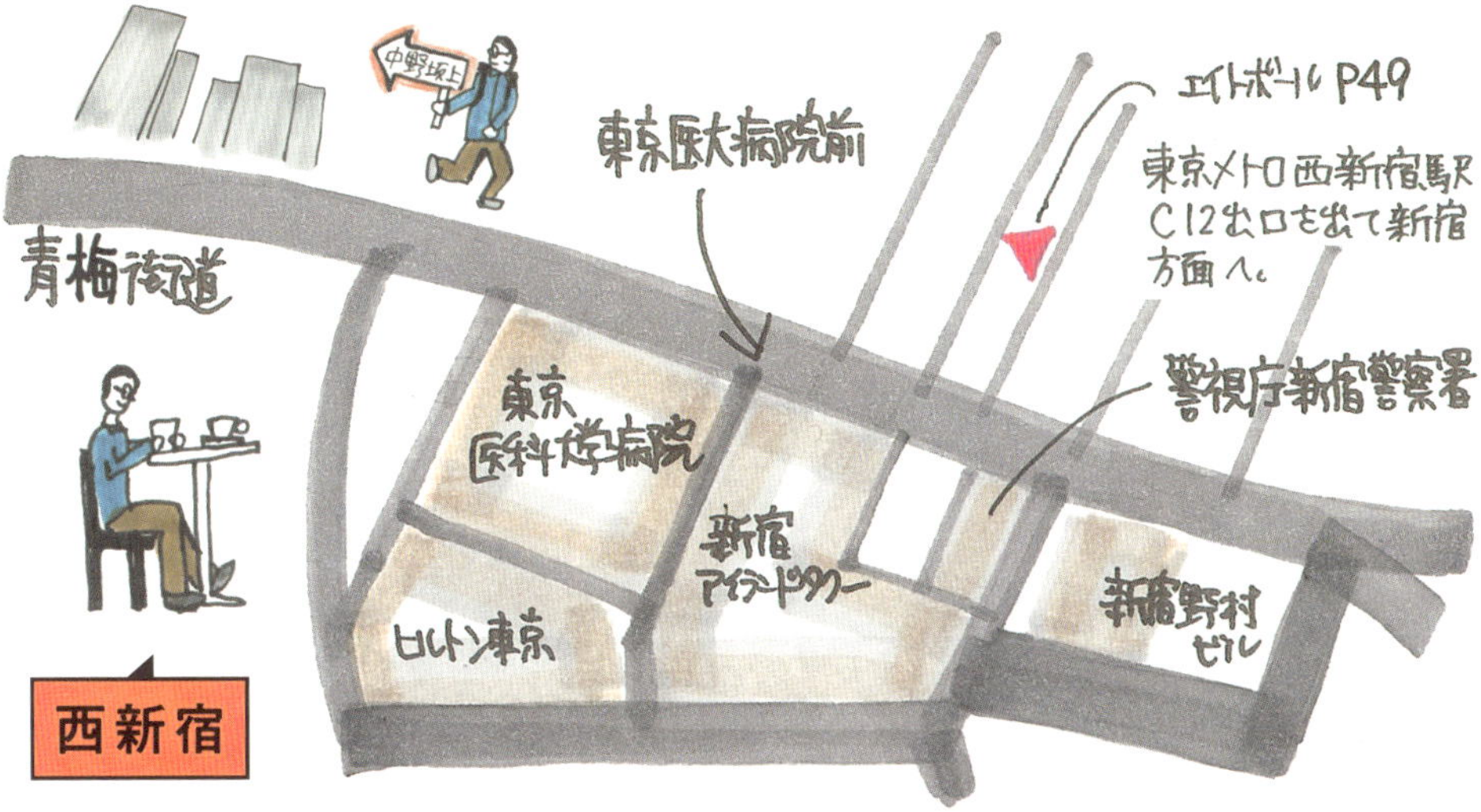

1日にものすごい数の利用者が乗降する新宿駅。駅の近くにはアートやクリエイティブ、ファッションを学ぶための学校がいくつか存在する。

このエリアで、学生さんたちが課題制作のための材料を買いに来るのが新宿三丁目の『世界堂 新宿本店』だろう。絵の具やデザイン用品などのツール、紙などの材料、オリジナルの額縁が豊富にそろう。

新宿駅直結のルミネエストには『Tools《トゥールズ》 新宿店』があり、駅に近い画材店として若者に利用されている。ファッションを学ぶ人たちが通う文化服装学院の近くには、元々ギャラリーだった店内に筆記具と画材を並べる『WRITE《ライト》 & DRAW.《ドロー》』もある。

各店をめぐりお客さんを見ていると、将来の活躍を夢見る若い世代のエネルギーを感じる。

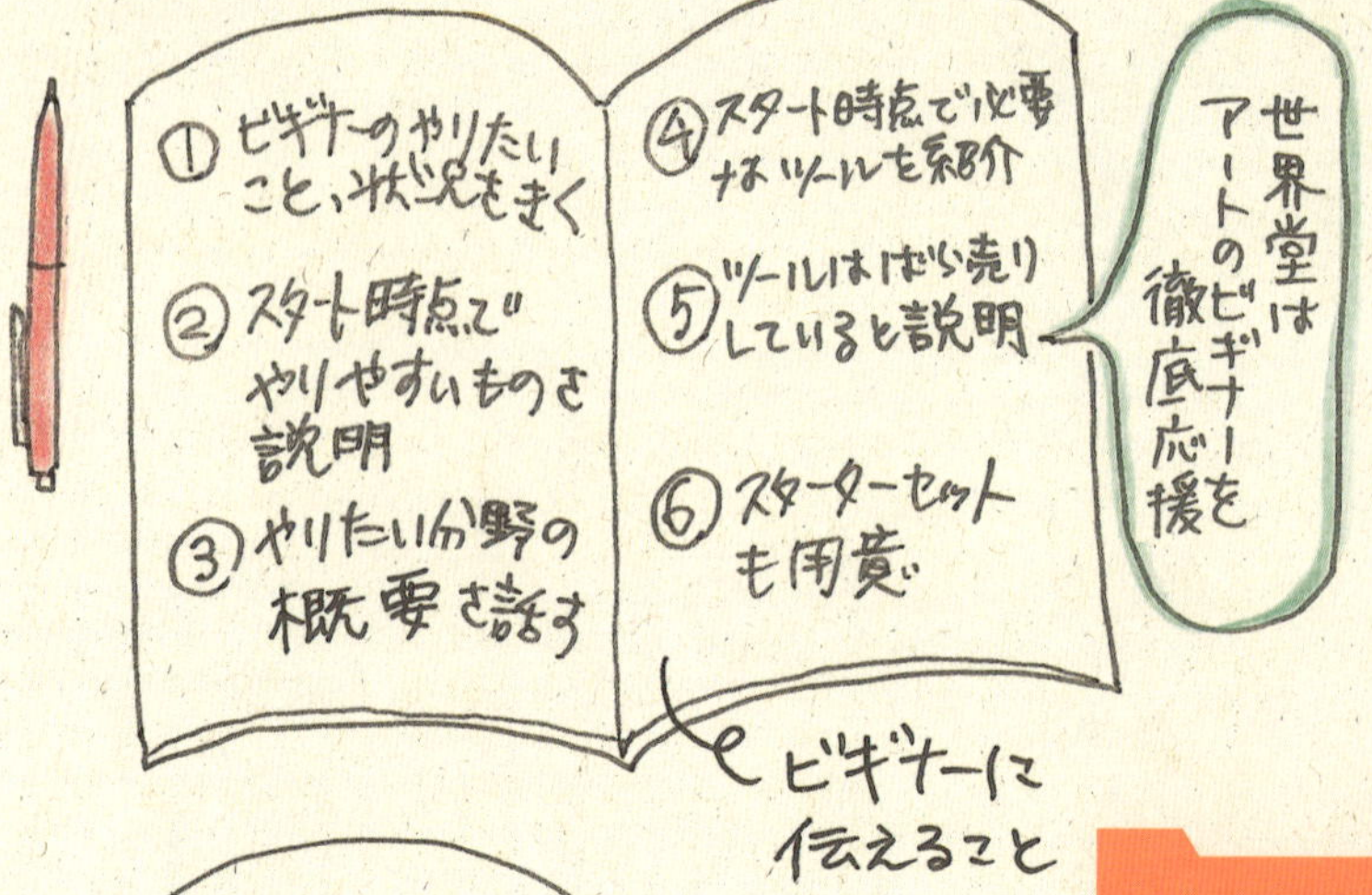

①ビギナーのやりたいこと、状況をきく
②スタート時点でやりやすいものを説明
③やりたい分野の概要を話す
④スタート時点で必要なツールを紹介
⑤ツールはばら売りしていると説明
⑥スターターセットも用意
世界堂はアートのビギナーを徹底応援
ビギナーに伝えること

文具熱と創作意欲が高まる
クリエイティブなタワー

世界堂 新宿本店

セカイドウ シンジュクホンテン

新商品に自分も書くことで消費者としてニュートラルに触れています
自宅では大きめのノートに万年筆で書くという店長。

営業 9:30～21:00
休み 無休
URL https://www.sekaido.co.jp

住所 新宿区新宿3-1-1
電話 03-5379-1111
駅 都営新宿線新宿三丁目駅C4出口から徒歩1分、JR各線新宿駅から徒歩7分

世界堂オリジナル額縁が豊富

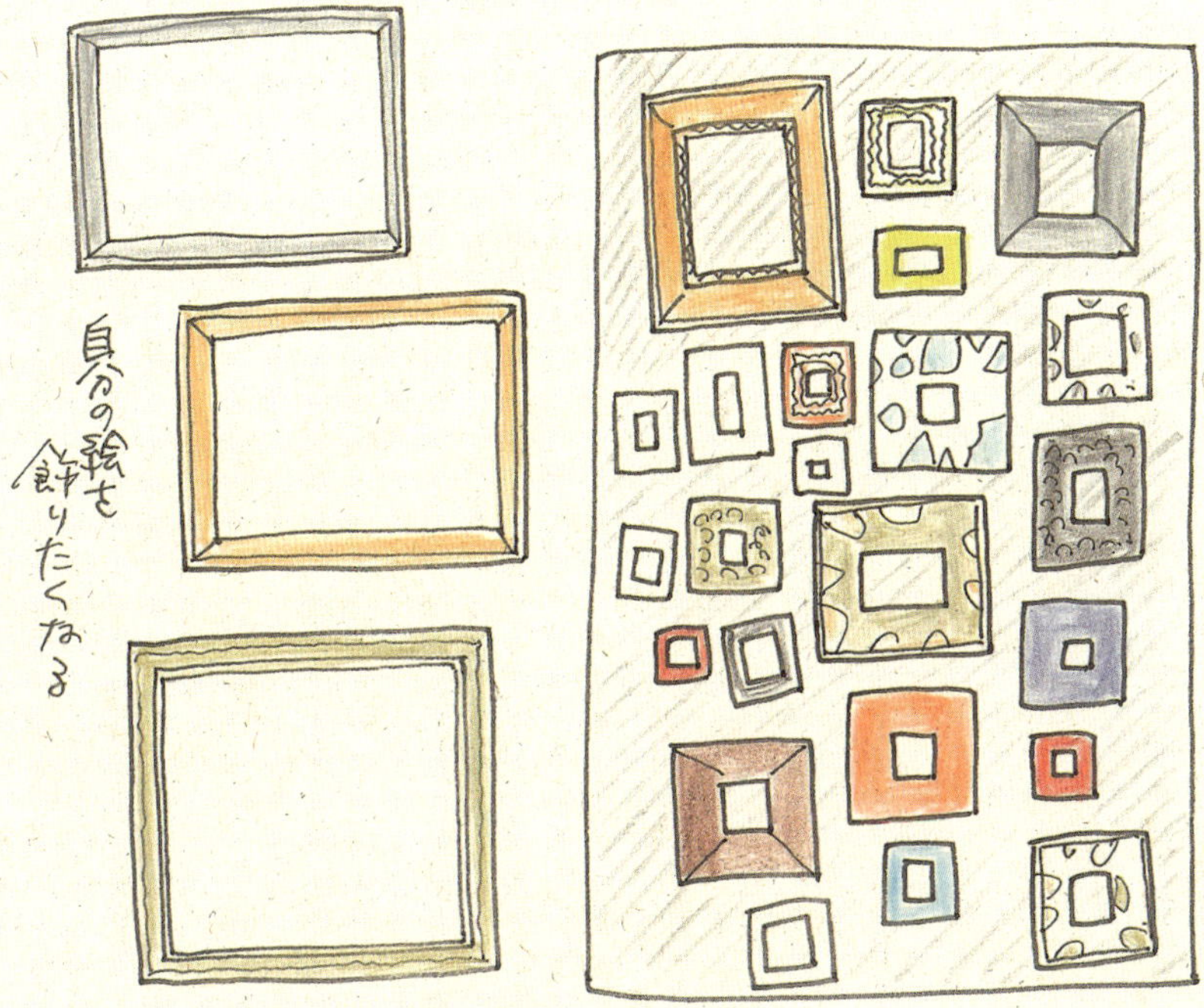

1940年創業の画材店・世界堂新宿本店は、アートを学ぶ人・創作を楽しむ人にとって聖地的存在である。

絵描きのための額縁販売からスタートし、建築デザインの盛況からデザイン用品の需要が拡大。文具売り場ができたのは、現在のビルが建った1994年だ。

フロア案内は日本語・英語・中国語を併記し、接客では英中に韓国語を加えるなど外国語対応にも力を入れている。ユーザーを育てたいという思いから、創作に取りかかりたいというあらゆるジャンルのビギナーに対して、わかりやすく丁寧に対応してくれるのも特長だ。

お客さんへのサポートを徹底教育された、豊富な知識と経験を持つ店員さんたち。文具や画材について、じっくり相談してみよう。

SHOP COMMENT いち押しは、アルコールベースのインクを使用したツインマーカー「メクシーマーカー」。人間工学に基づいた、持ちやすいデザインのボディとキャップで、発色もよく全部で200色のカラーバリエーションがあります。

初めてのマーカー＆
初めての色鉛筆はここで調達

Tools 新宿店

トゥールズ シンジュクテン

営業 11:00～22:00、土・日・祝／10:30～21:30
休み 不定休（ルミネエストに準ずる）
URL https://www.tools-shop.jp
住所 新宿区新宿3-38-1 ルミネエスト6F
電話 03-3352-7437
駅 JR各線新宿駅中央東口・東口から徒歩1分

ル

ミネエスト6階にあるトゥールズ新宿店は、22時までオープンしているので便利だ。運営企業の親会社はアルコールマーカー「コピック」の開発元。そのため、店内には豊富な量のコピック製品と、コピックに詳しいスタッフが常にスタンバイしている。

「初めて画材を買ってもらう店でありたい」という思いから、品質のいいプロダクトを作り、販売することを目指している。加えて、アートを誰でも楽しめるよう、色鉛筆は技法書とセットで販売するなど売り方にも工夫を凝らす。中央の棚には、約600種類のマスキングテープがずらり。カラーが豊富にそろう絵の具のように、たくさんの模様の中からお気に入りを選べる。マステ好きには堪らない空間だ。

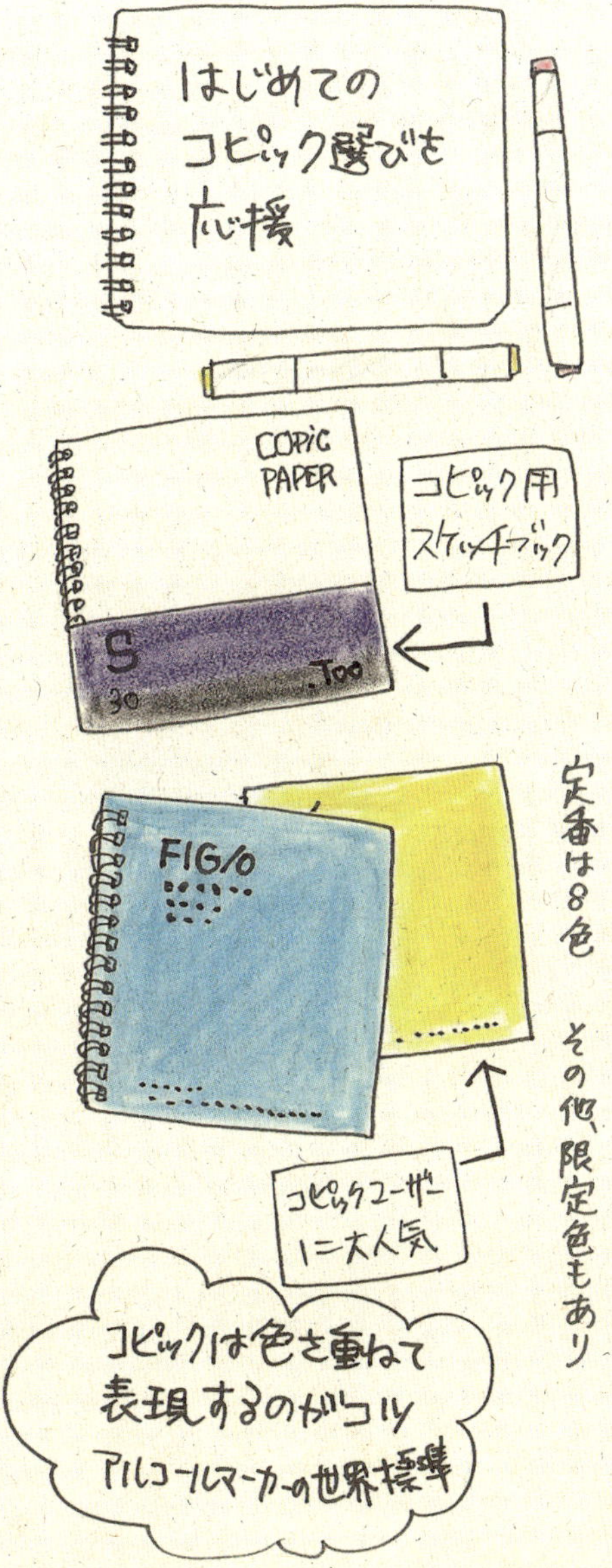

はじめてのコピック選びを応援
COPIC PAPER
S
.Too
コピック用スケッチブック
FIG/0
定番は8色
その他、限定色もあり
コピックユーザーに大人気
コピックは色を重ねて表現するのがコツ
アルコールマーカーの世界標準

.Too
ememo
DAILY MARKER PAD
COPIC
LIFE COLORFUL LIFE!
COPIC ciao
LIFELOG SET
COPIC ×02
.Too

SHOP COMMENT
「これ、私にも作れないかな?」「こんなものが、あったらいいな」。
そんな皆さんに、描くことやモノ作りを楽しんでいただけるように、日々ステキなモノとコトを紹介しています。

仕事やプライベートのお供
ロルバーンシリーズがずらり

Smith
ルミネ新宿1

スミス ルミネシンジュク1

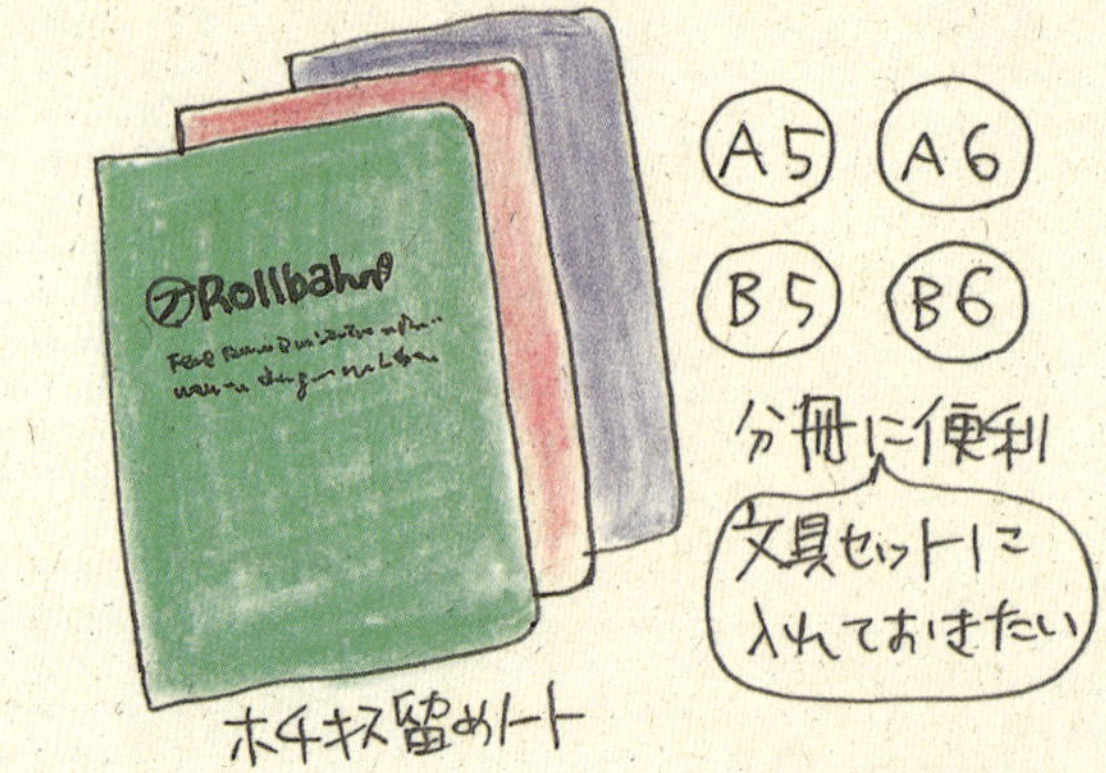

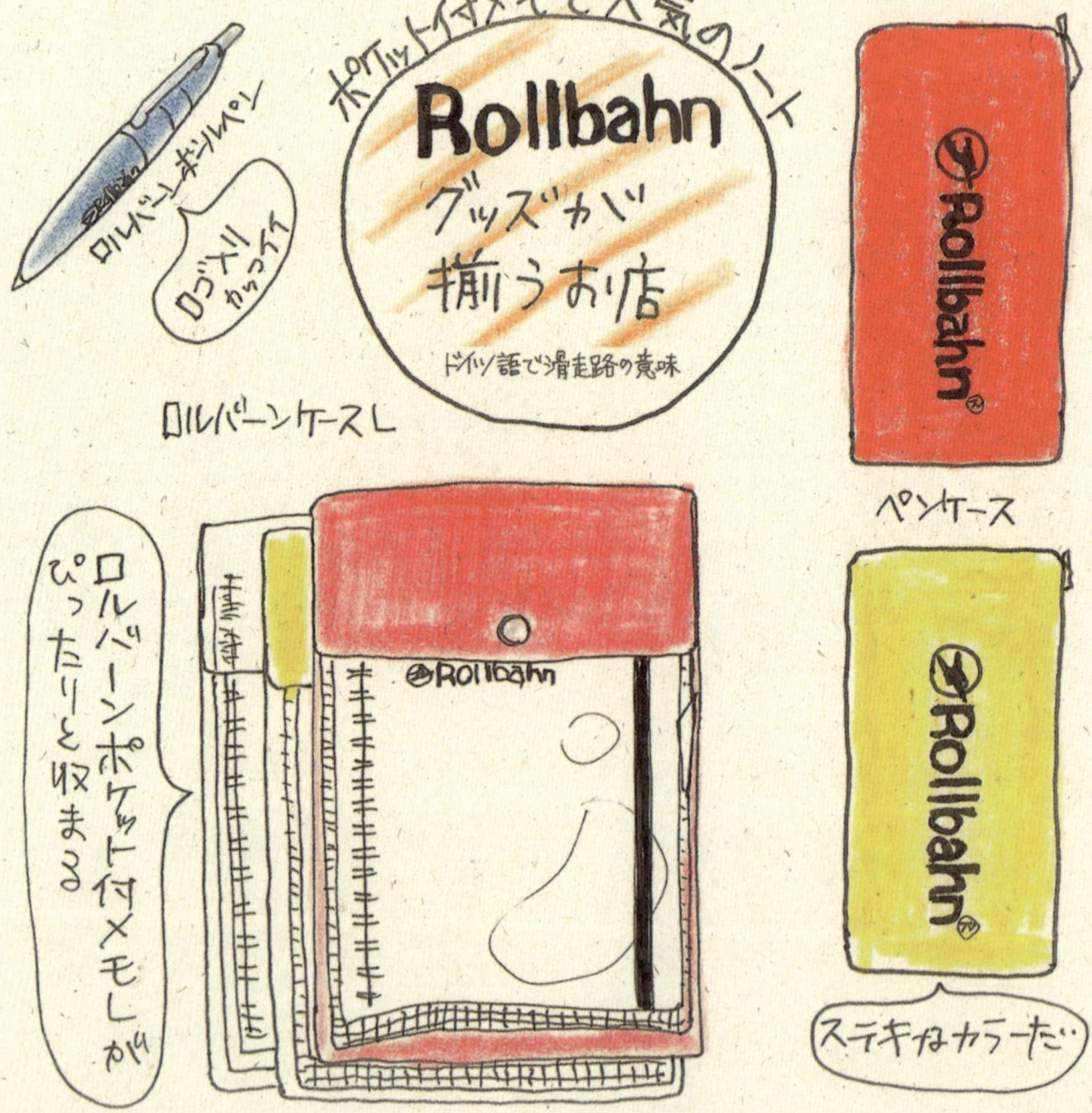

営業 11:00～21:30、土・日・祝／10:30～
休み 無休
URL http://www.delfonics.com

住所 新宿区西新宿1-1-5 ルミネ新宿1 6F
電話 03-6302-0950
駅 JR各線新宿駅南口から徒歩1分

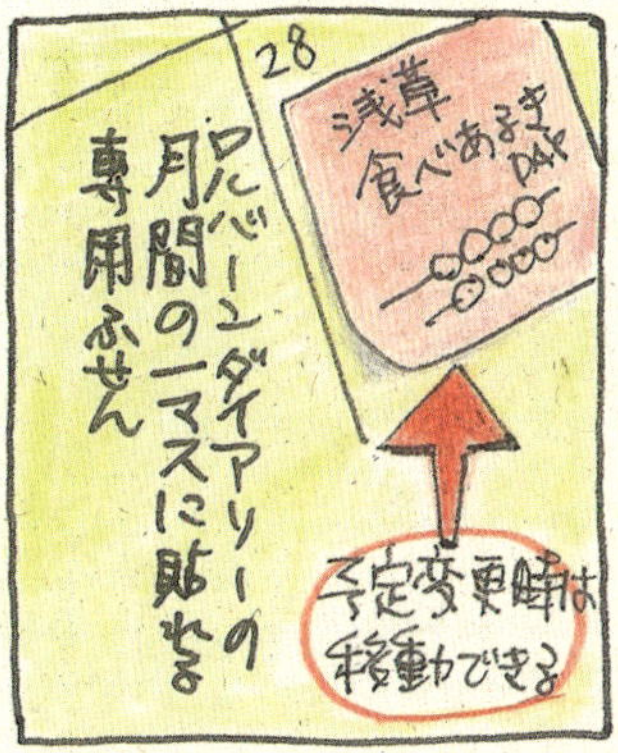

文具と雑貨の販売・卸・輸出入を手掛けるメーカーDELFONICS《デルフォニックス》の直営店。オリジナル製品をはじめ、幅広いジャンルの雑貨も扱っている。

目玉となるのは、やはり同社の定番製品ロルバーンシリーズ。リングタイプはもちろん、薄型でホチキス綴じのタイプともに豊富なサイズがそろっている。リングタイプはたっぷり書きたい人、一冊にまとめたい人向け。薄型タイプは用途別に使えるため、複数のノートを持ち歩きしたい人の間で人気が高まっている。

他にもロルバーンの手帳「ロルバーン ダイアリー」や、ロルバーンノートを保護する「ロルバーンケース」を用意しているので併せてチェックしたい。

21時30分まで営業しているので、会社帰りや飲み会の帰りに立ち寄りたい文具スポットだ。

SHOP COMMENT 定番のペンや革小物の他、ギフトに最適なアクセサリーや、スタイリッシュなイヤホンなどのガジェットも扱っています。駅直結で、雨の日も濡れずにお買い物が楽しめます。

都会の喧騒で出会う
ファッションステーショナリー

ÉDITO 365 新宿ミロード店

エディト トロワ・シス・サンク
シンジュクミロードテン

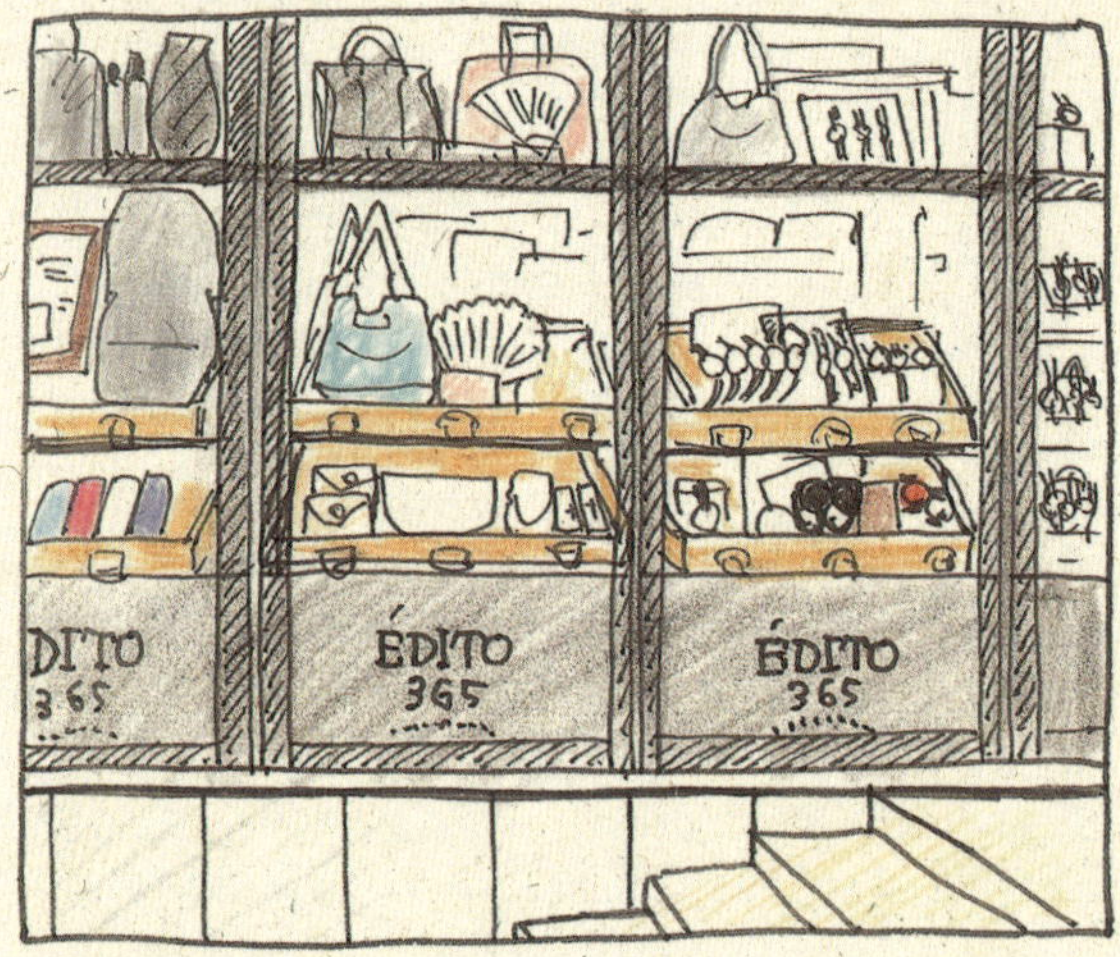
ÉDITO
365
ÉDITO
365
DITO
365

階段を上ると左側に見える
ショーウインドウがお気に入り

楽しく説明
していただいた
店長

1027
6種類
の木材
Wood Hotel Key-Holder
Free No.

ホテルのルームキーをイメージした木材と真ちゅうの
組み合わせのキーホルダーが気になった。

デザイン性の高い文具や雑貨を扱うマークスの直営店。新宿駅近く、往来の多い通路沿いにある。「文具や雑貨もファッションのようにこだわり、365日を素敵に、新鮮に過ごしてほしい」。そんな思いで、ファッション感度が高い、働く女性に適した大人テイストの文具やメンズ・ユニセックス向けのアイテムを提案している。

夕暮れ時の帰宅ラッシュの喧騒の中、店舗に入って手帳や万年筆などの商品を見ていると、心がすっかり穏やかになる。

マークスのダイアリーも
用意

営業 10:00～21:00
休み 無休
URL https://www.marks.jp/shop/edito-365

住所 新宿区西新宿1-1-3 新宿ミロードモザイク通り
電話 03-3349-5691
駅 JR各線新宿駅南口からすぐ

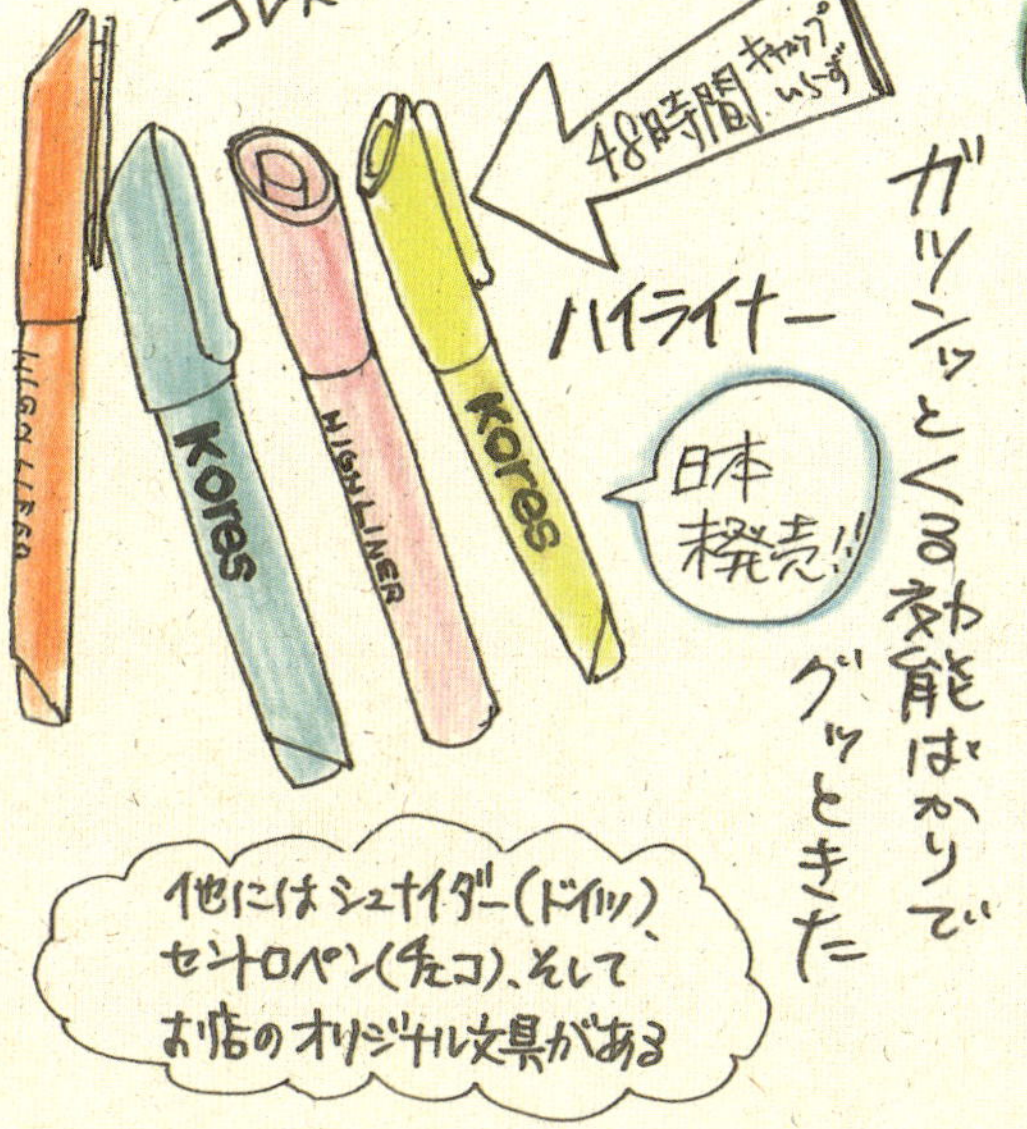

輸入文具ナビゲーターによる
ヨーロッパ文具の数々

エイトボール

新宿にある輸入文具のセレクトショップ。扱うのは、ドイツの老舗筆記具ブランドSchneider《シュナイダー》や、チェコ南部に拠点を置く筆記具ブランドCENTROPEN《セントロペン》など、機能美・デザイン美にこだわったヨーロッパ文具。中でも、創業1887年のオーストリアの総合文具メーカーkores《コレス》が出すホワイトボードマーカーは、日本では見たことがないカラフルなラインナップで驚かされる。

その他、同店オリジナルの紙文具も人気なのでチェックしたい。

営業 11:00〜18:00
休み 土・日・祝
URL http://8ball-shop.com

住所 新宿区西新宿7-23-18 第3小林ビル1F
電話 03-5937-3387
駅 東京メトロ丸ノ内線西新宿駅から徒歩2分

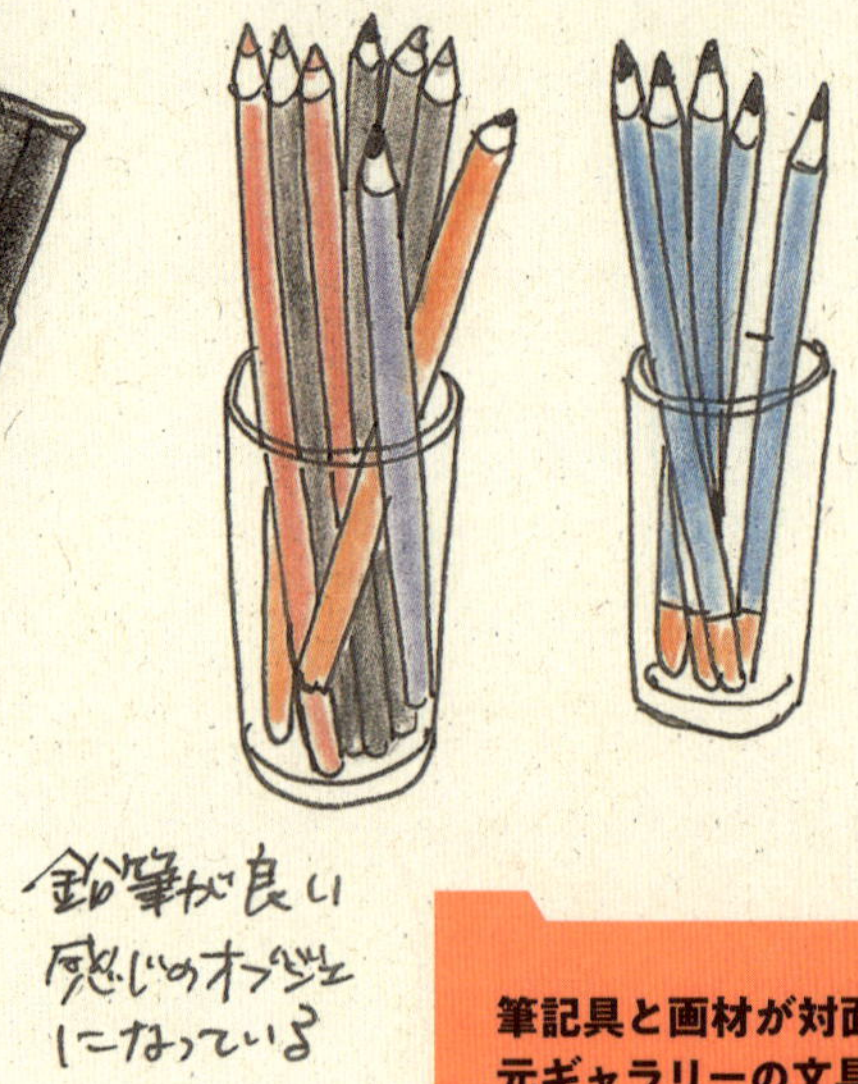

筆記具と画材が対面する
元ギャラリーの文具店

WRITE & DRAW.

ライト&ドロー

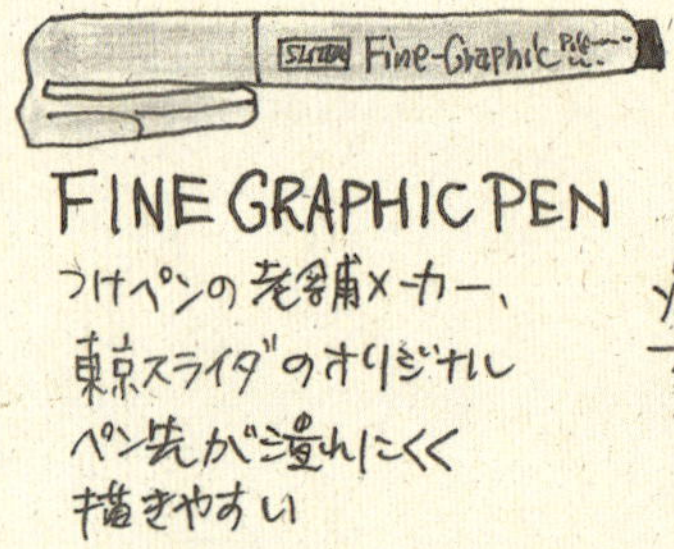

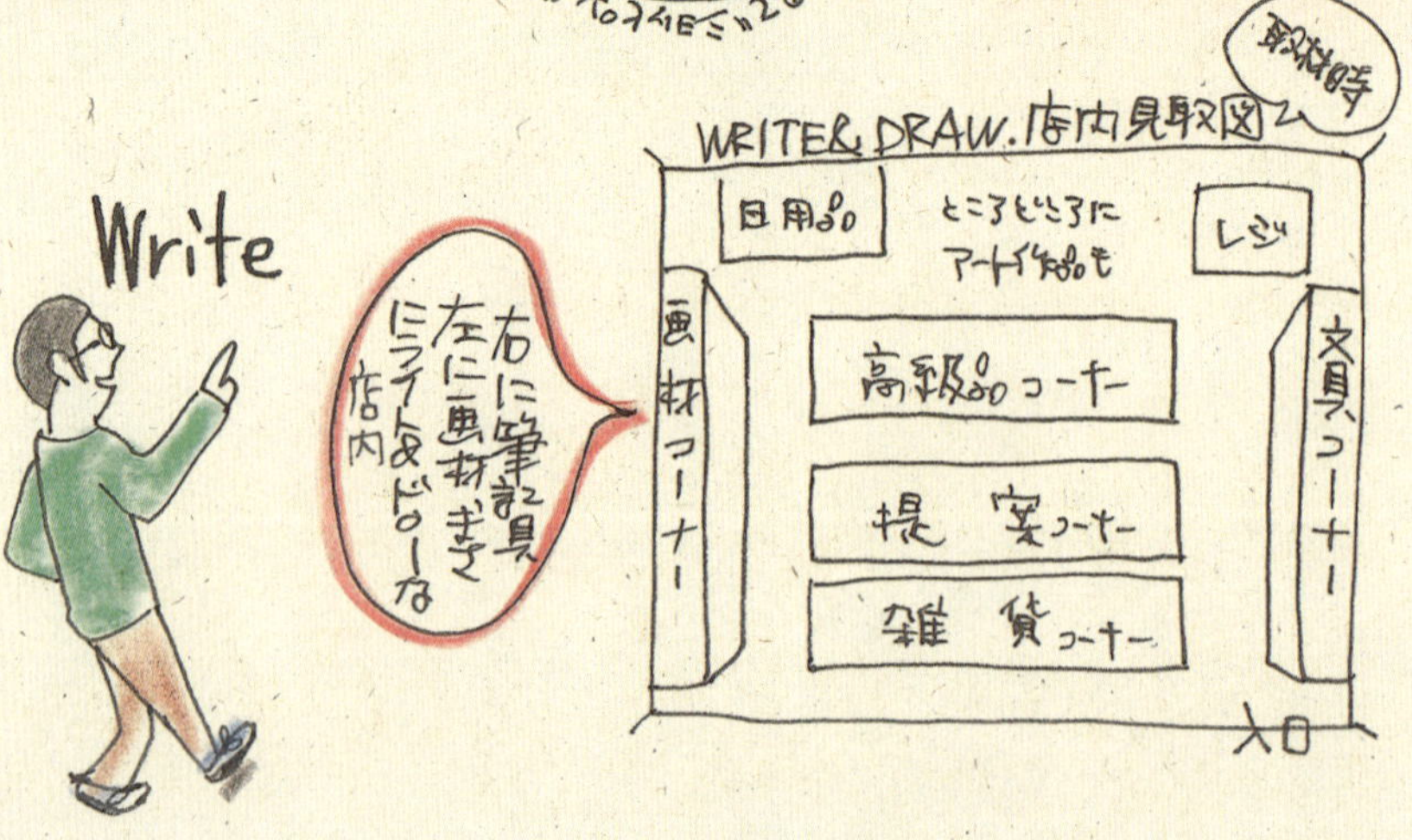

営業 13:00〜20:00
休み 日・月(不定休あり)
URL http://write-draw.jp
住所 渋谷区代々木3-29-5
電話 03-6276-1966
駅 JR各線新宿駅南口から徒歩12分

新宿の文化服装学院近くにあるWRITE & DRAW.《ライトドロー》は、子どもの頃から画材好きだったという店主が運営する。

日々の暮らしの中に、「書く（描く）」というクリエイティブな要素を取り入れてほしい、という思いで文具と画材を提案。文字を書いたり絵を描いたりする時、インスピレーションが湧くような商品、デザインや色合いがいい商品をセレクトする。画家が制作したアート作品を商品化する試みも始め、オリジナルグッズを展開中だ。

店舗は元々ギャラリーだったため、展示された商品はまるで芸術作品のように目に映って楽しい。入って右側がライティング用の筆記具、左側がドローイング用の画材というレイアウトも創作意欲を刺激する装置になっている。

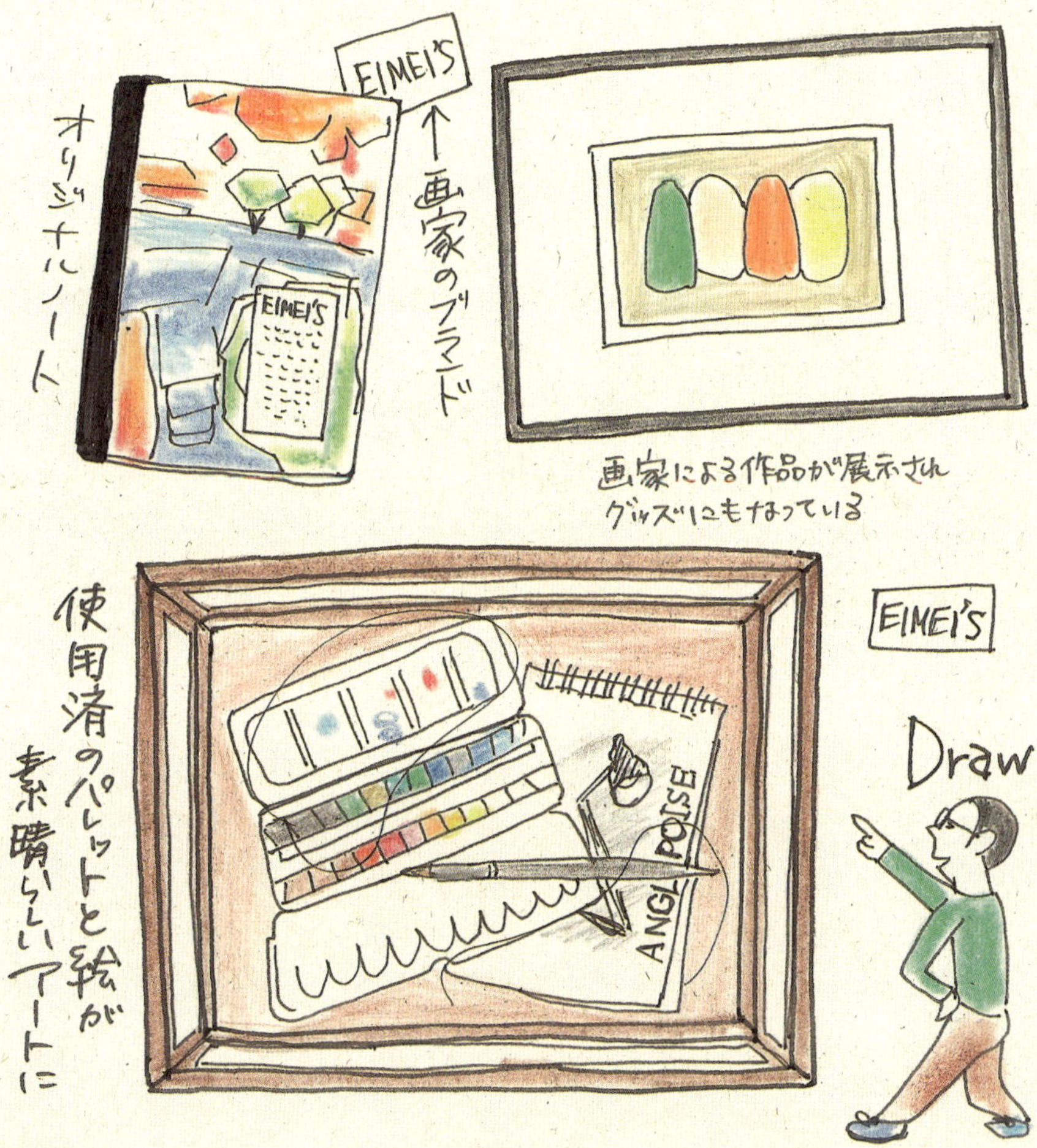
EIMEI'S
↑画家のブランド
オリジナルノート
EIMEI'S
画家による作品が展示され
グッズにもなっている
使用済のパレットと絵が素晴らしいアートに
EIMEI'S
ANGLEPOISE
Draw

SHOP COMMENT
書く（描く）ことが好きな方が、なんとなくフラッと立ち寄りたくなるような場所を目指しています。
ライドロが提案する「かく」を楽しむ生活、ぜひのぞきに来てください。

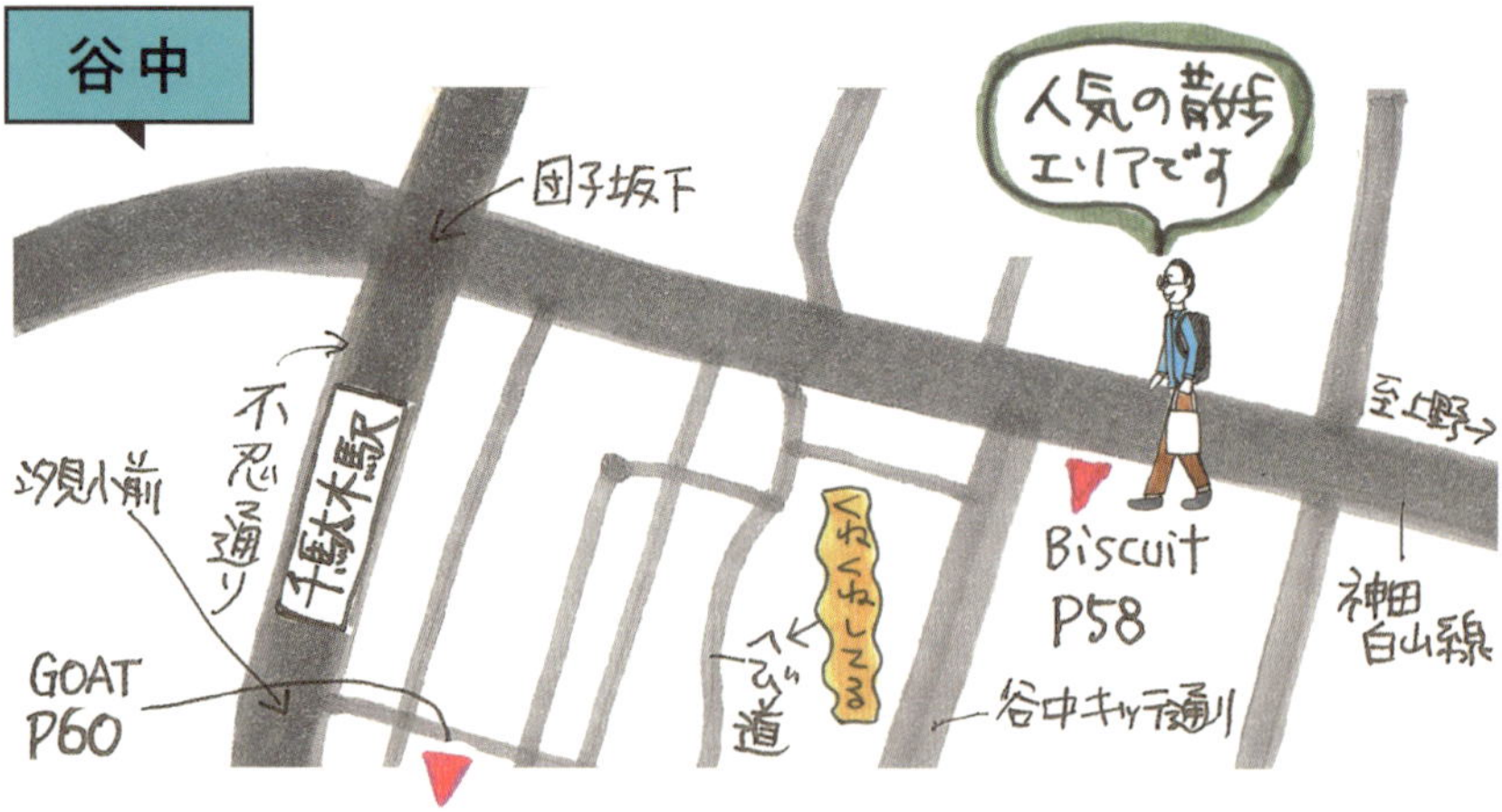

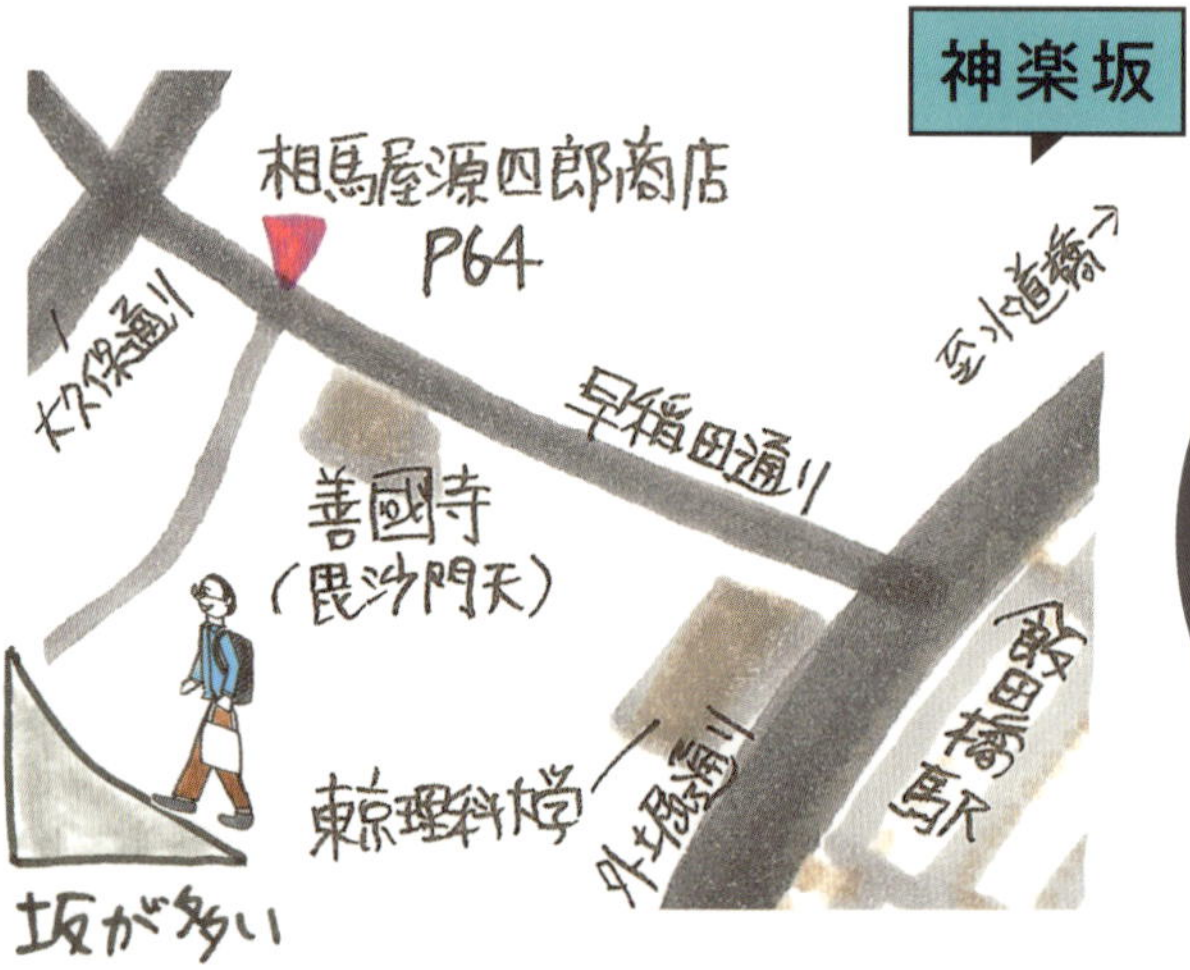

Chapter 04

東京のJR山手線は環状線になっている。その内側には、「本の街」として世界中に知られる神田神保町、大学が集まる御茶ノ水など、歴史的な文化エリアが集まる。

そんな場所にある文具屋は、見どころがたくさん。例えば、関東大震災に遭いながら外壁が崩れずに残ったという『文房堂 神田店』の歴史的建造物は必見だ。

神保町エリアから少し足を伸ばして、神楽坂と谷中にも立ち寄りたいところ。文豪たちと縁が深い神楽坂には、「洋紙の原稿用紙」を最初に生み出した老舗『相馬屋源四郎商店』がある。人気観光地の谷中には、ヨーロッパで買いつけた貴重な文具アイテムや紙雑貨を扱う店も。

街に根づいた文具屋が多く、お気に入りの場所が必ず見つかるはずだ。

御茶ノ水

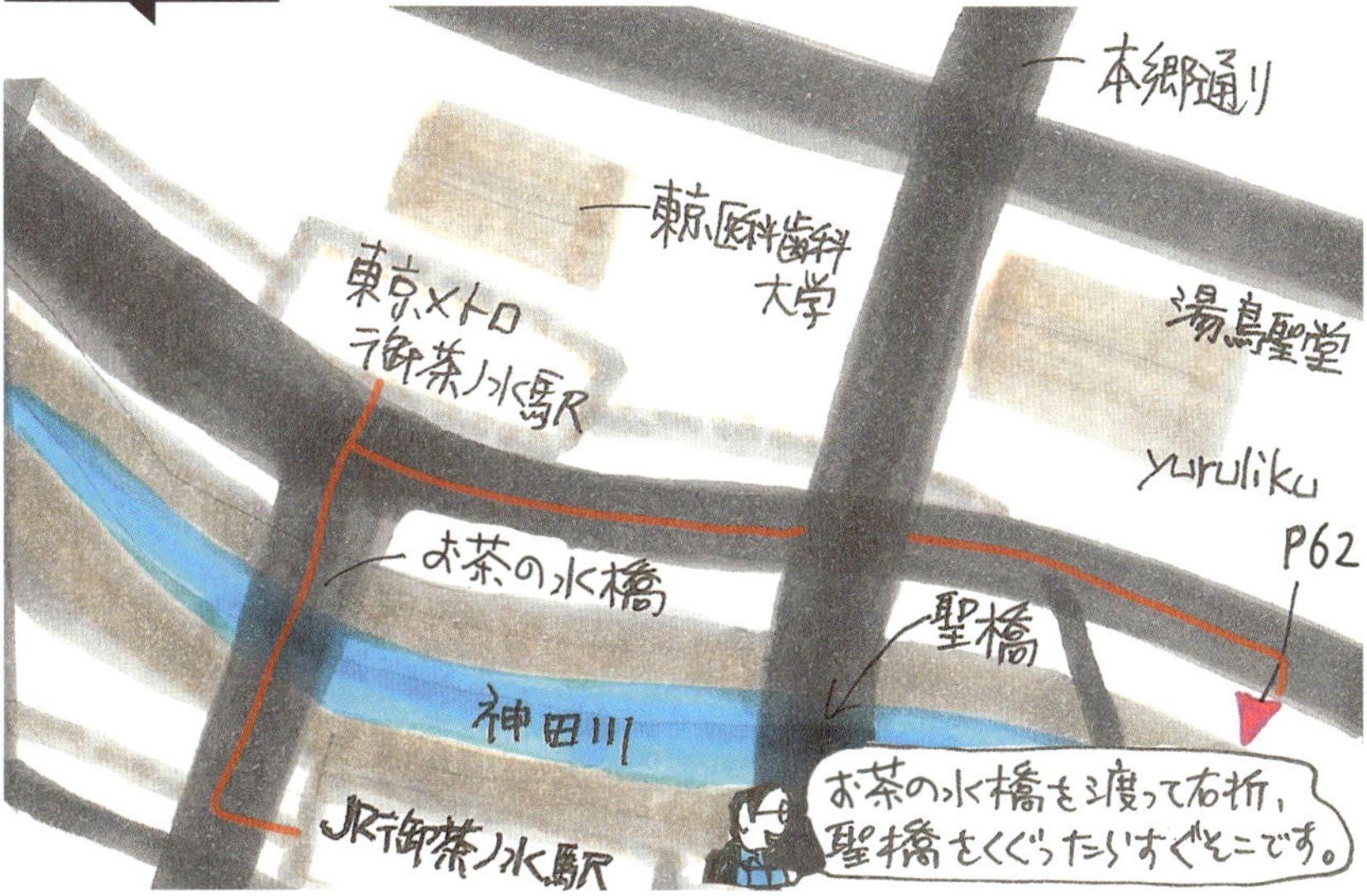

本郷通り
東京医科歯科大学
湯島聖堂
yuruliku
P62
東京メトロ
御茶ノ水駅
お茶の水橋
聖橋
神田川
JR御茶ノ水駅
お茶の水橋を渡って右折、聖橋をくぐったらすぐそこです。

神保町

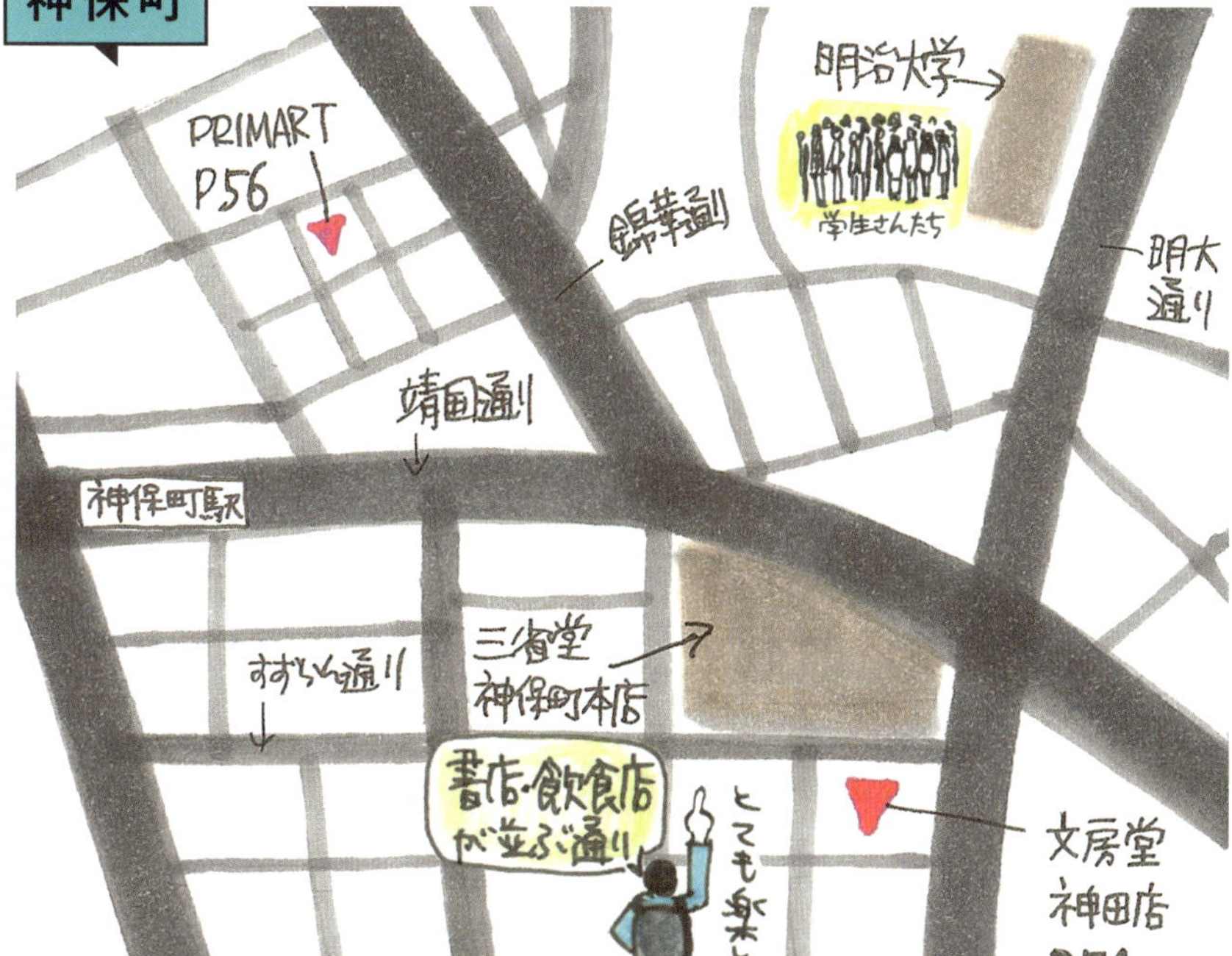

PRIMART
P56
錦華通り
明治大学
学生さんたち
明大通り
靖国通り
神保町駅
三省堂
神保町本店
すずらん通り
書店・飲食店が並ぶ通り
とても楽しい
文房堂
神田店
P54

老舗の画材店で学ぶ
創作とアートの楽しみ方

文房堂 神田店

ブンポウドウ カンダテン

営業 10:00〜19:30（ギャラリーは〜18:30）
休み 無休
URL http://www.bumpodo.co.jp

住所 千代田区神田神保町1-21-1
電話 03-3291-3441
駅 東京メトロ半蔵門線、都営三田線・新宿線神保町駅A5・A7出口から徒歩4分

創業明治20年の老舗画材店。店名は「ぶんぽうどう」と読む。本の街・神保町で創作意欲が高まった時、よく画材を買いに来る場所だ。

地下フロアではペンやインク、スクリーンなどのコミック材料と実用的な文具をそろえる。1階の画材コーナーでは、絵の具類やスケッチブックが豊富だ。猫グッズが多い雑貨コーナーも楽しい。2階では、版画コーナーや紙粘土、シルクスクリーン、消しゴムハンコなどのアート素材が手に入る。80講座・800人が学ぶアートスクールやエレガントな雰囲気のカフェも併設しているので、楽しみ方は色々だ。

大正11年に完成した外壁は、関東大震災にも遭ったが無事に残ったという。古くからこの地にある建物から、漂ってくるロマンを感じてほしい。

カフェでのんびり
サンドウィッチも美味
そえぶみ箋
猫型ポーチ
猫のフィギュア
文房堂はねこグッズがいっぱいなのです
お皿
キーホルダー
お店がある「すずらん通り」の界隈に猫好きの人が多かったため、ねこグッズが増えていった。

SHOP COMMENT 文房堂は画材・文房具販売の他、多種多様な雑貨を取り扱い、アートスクールやカフェ、2つのギャラリーを併せ持つ、絵を描く方も描かない方も楽しめるめずらしい総合的画材店です。

本の街に生まれた
新型の活版印刷スポット

PRIMART

プライマート

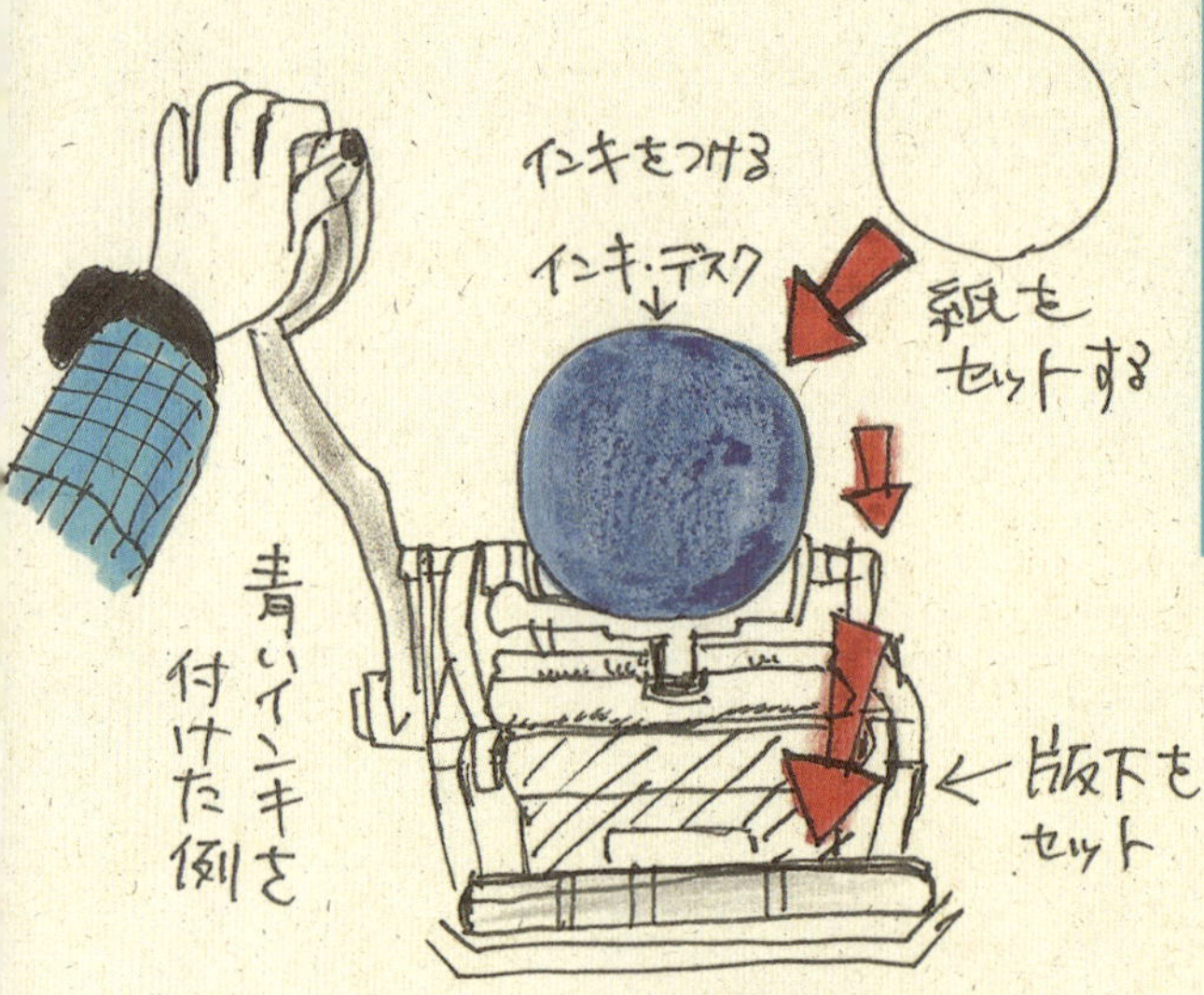

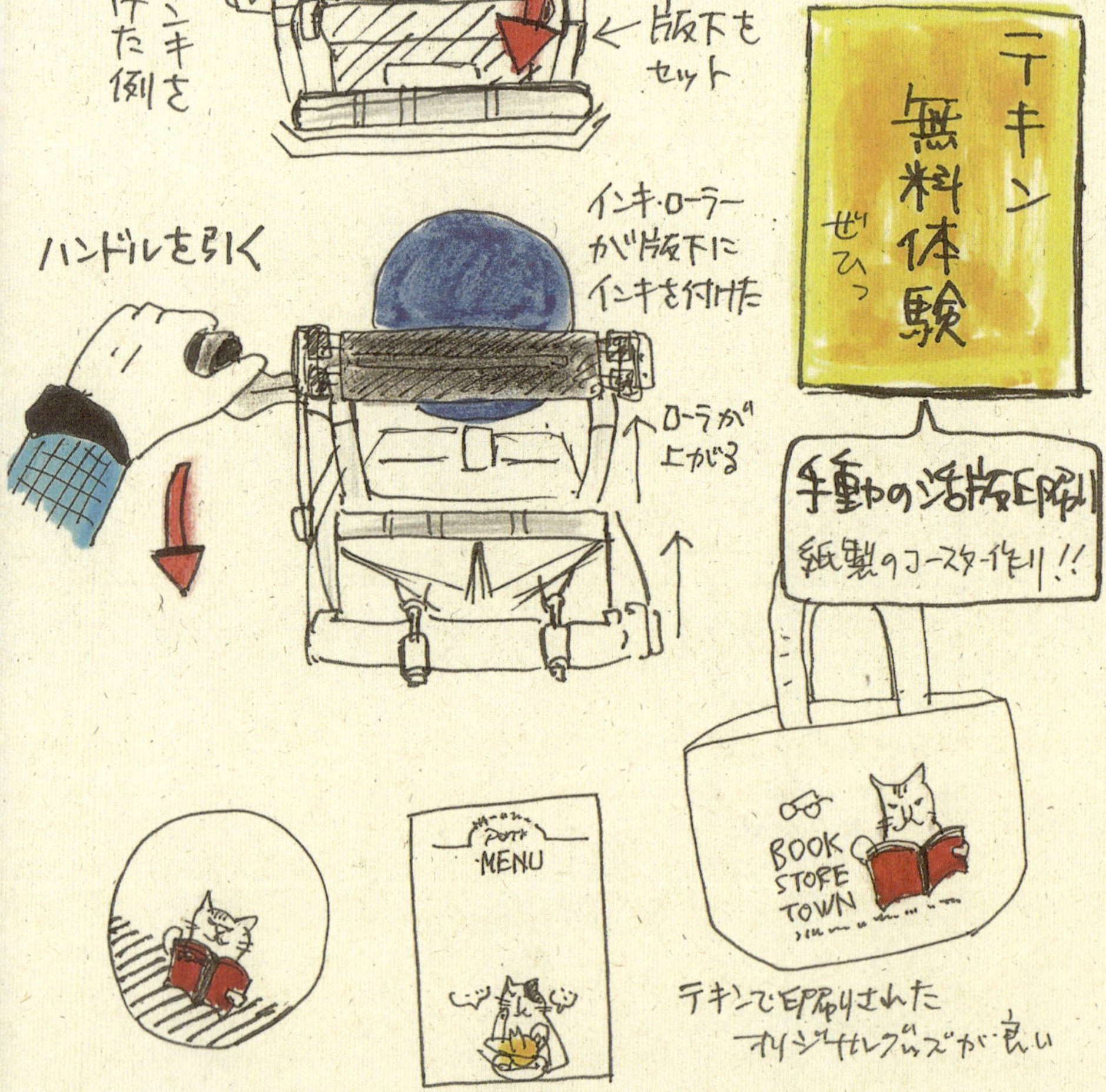

営業 11:00〜18:30、土／〜18:00
休み 日・月・祝
URL https://primart.jp

住所 千代田区神田神保町1-26
電話 03-6811-0515
駅 都営三田線・新宿線、東京メトロ半蔵門線神保町駅A6出口から徒歩1分

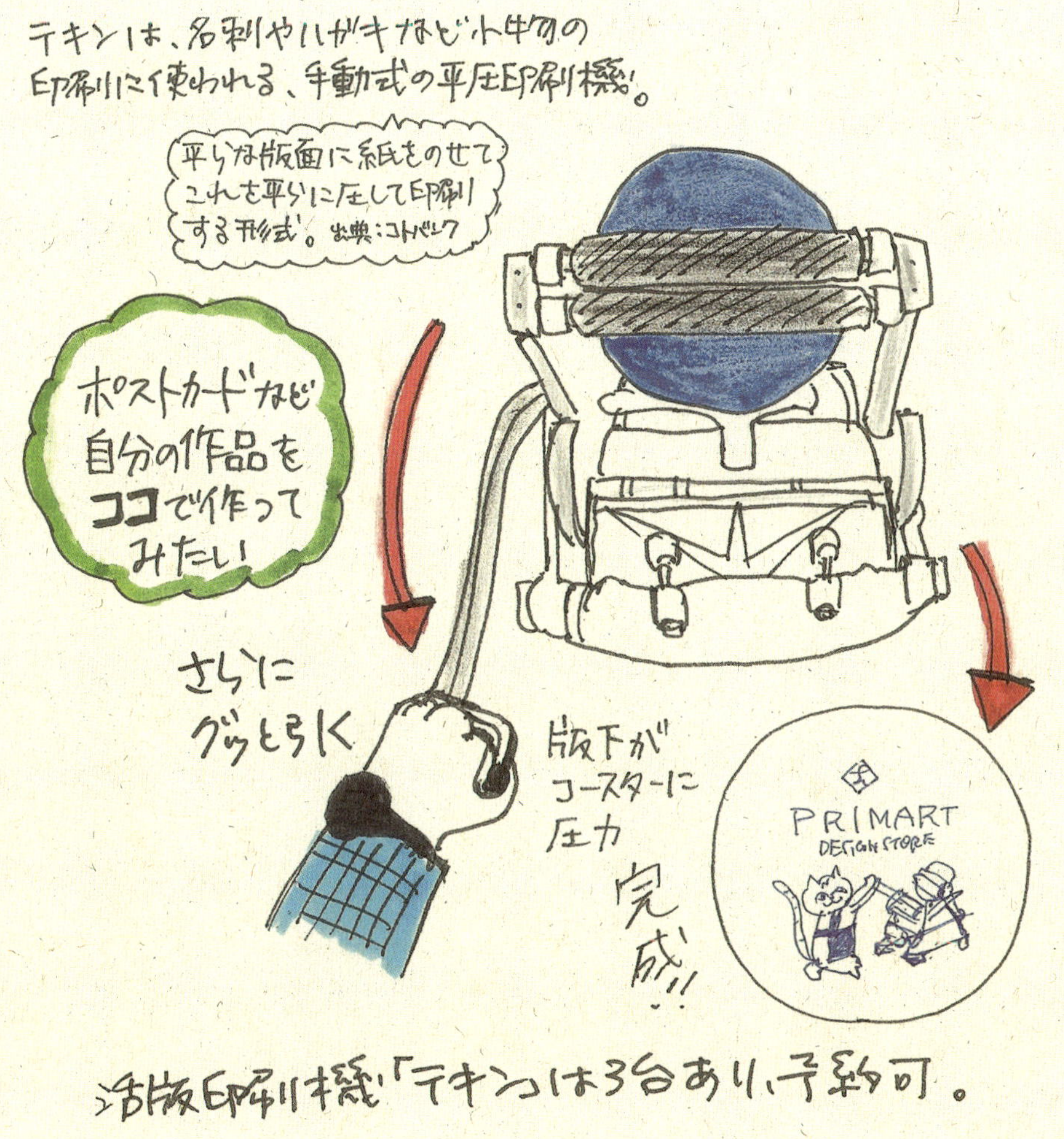

神保町の広告デザイン企業トラックが、作り手とお客さんなど、人と人との接点を創出する視点で作ったフラッグショップ。オリジナルのブックカバーやポストカード、クロッキーブックの販売に加え、手動の活版印刷機「テキン」のレンタルサービスも提供する。予約をすれば、自分で活版印刷することが可能。デザイナーが使い勝手にこだわり作ったクロッキーブックは、実用的で高品質なのでおすすめの一品だ。

トラックは若手クリエイターのプロデュースの一環で、彼らの作品をモチーフにした商品を生み出してきた。その経験をもっとオープンにしていきたいという。店内はギャラリーとしても貸し出しているので、作品展示をしたい方は同店に相談してみてはいかがだろうか。

SHOP COMMENT 手動の活版印刷機（テキン）を用いて作ったブックカバー・ポチ袋・ポストカードや、トートバッグ・ボールペン・ノートパッドなどオリジナルデザインの商品を中心に展開しています。

旧共産諸国のグッズたっぷり
ビンテージ文具の宝箱

Biscuit
ビスケット

営業 11:00～18:00
休み 無休
URL http://biscuit.co.jp

住所 台東区谷中2-9-14
電話 03-3823-5850
駅 東京メトロ千代田線千駄木駅から徒歩4分

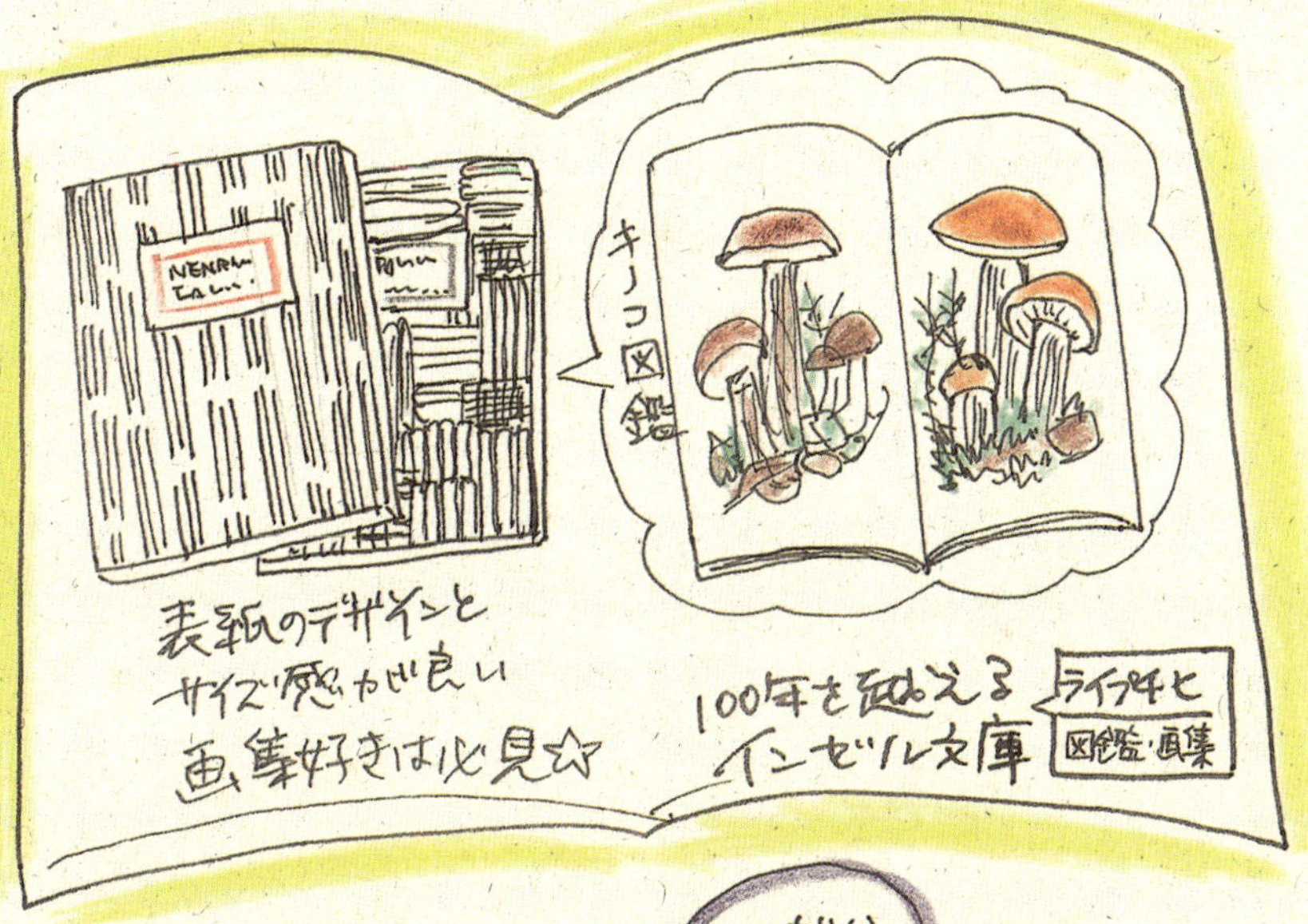
キノコ図鑑
表紙のデザインと
サイズ感が良い
画集好きは必見☆
100年を超える
インゼル文庫
ライプチヒ
図鑑・画集

なんだか
カワイイ
Vintage
USSR(ソ連)
時代のバッヂ

谷中にある雑貨ショップBiscuit《ビスケット》には、旧ソ連やハンガリー、旧東西ドイツのビンテージ文具や、ヨーロッパの古くてかわいい雑貨があふれ、歴史ギャラリーのような空間になっている。特に多いのは紙文具。グリーティングカードやバースデーカード、ポストカード、紙袋、ラッピングペーパーなどのレトロな紙文具がたっぷりそろう。

創刊から100年を越えるドイツの「インゼル文庫」の中から、図鑑・画集をセレクトして豊富にコレクション。装丁が美しく、日本にもファンが多い。チェコやハンガリーのマッチラベルの風合いも堪らない。買いつけしたグッズは、手作りの台紙とともに丁寧にパッケージする。これ以上傷つかないよう、次の持ち主のために大切に守りたい。そんな、店主の思いが伝わってくる。

SHOP COMMENT ヴィンテージ紙雑貨の他に、ヨーロッパを旅して集めた手芸用品・人形＆おもちゃ・食器がそろっています。近くの姉妹店「ツバメハウス」「ツバメブックス」もお立ち寄りください。

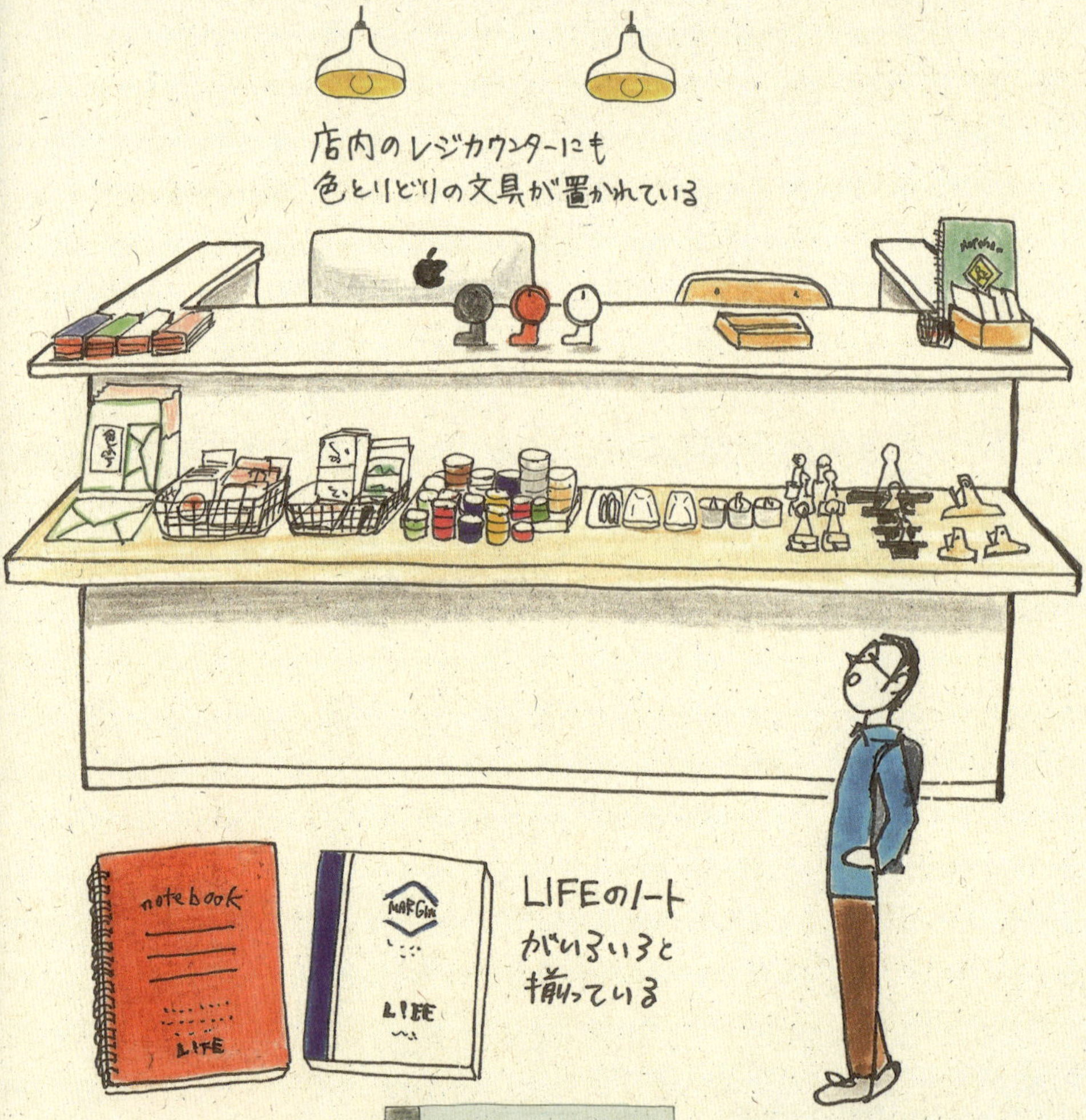
店内のレジカウンターにも
色とりどりの文具が置かれている
LIFEのノート
がいろいろと
揃っている

LIFE
NOBLE NOTE

谷根千エリアで
メイドイン・トーキョーをセレクト

GOAT
ゴート

営業 木～土／13:00～19:00
休み 日・月・火・水（不定休あり）
URL http://goat-shop.com

住所 文京区千駄木2-39-5-102
電話 非公開
駅 東京メトロ千代田線千駄木駅1番出口から徒歩2分

OHTO アメリカンテイストが並ぶと美しいアートだ
美しいガラスペン
Kemmy's Labo
店長オススメ
イラストレーター・ますこえりさん
店長オススメ GOATオリジナルハンコ
\祝/
マスコハンコがとても
ゆるくてやさしくてイイ
レトロなデザインのロングセラー文具たち
カール
両用状差し
LIHIT LAB.
ステープレス
ニチバン
南部鉄器
テープカッター

「東京発・日本製」にこだわった文具・雑貨店GOAT《ゴート》。文具メーカーのノートデザインなどを手掛けてきた、文具好きのグラフィックデザイナーが運営する。文具メーカーの経営者や職人たちと文具の生産現場で触れ合ってきた店主が、文具が持つ手作りのおもしろさとこだわりを教えてくれるのだ。以前は東上野でオープンしていたが、2018年に千駄木の古道具店Negla《ネグラ》があった店舗スペースに移転してきた。

店主がセレクトした老舗文具メーカーの定番ノート、紙加工・印刷分野で高い技術を持つ企業による紙雑貨などを扱う。東京在住の若いアーティストの作品も販売。イラストレーターますこえりさんとコラボレーションした、オリジナルハンコとマスキングテープも人気だ。

SHOP COMMENT 営業日はホームページの他、Twitter（@stationeryGOAT）でもご案内しております。谷根千散歩をぶらぶら楽しみつつ、ぜひお立ち寄りください。

文具デザイナーによる逸品が
ゆるりとした空間に並ぶ

yuruliku

ユルリク

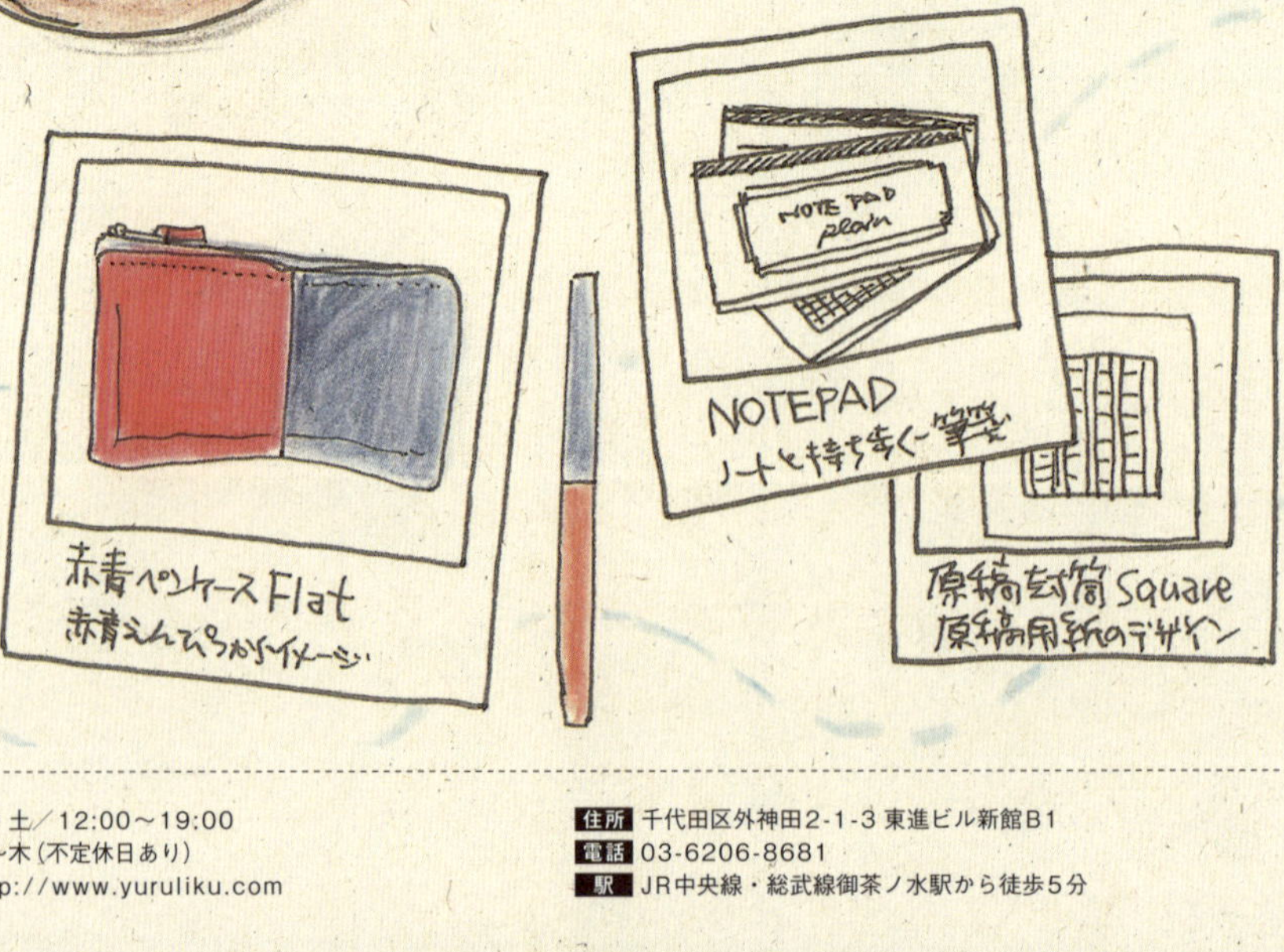

営業 金・土／12:00〜19:00
休み 日〜木（不定休日あり）
URL http://www.yuruliku.com

住所 千代田区外神田2-1-3 東進ビル新館B1
電話 03-6206-8681
駅 JR中央線・総武線御茶ノ水駅から徒歩5分

文

具レーベルのデザイナー2人組の事務所と店舗を兼ねた空間は、窓から川辺が見え、ゆっくりとした時間が流れる。御茶ノ水駅に近く、目の前を神田川クルーズの船が通り過ぎることもある。

店内にはノートや赤青色鉛筆などをモチーフにしたオリジナル文具が、作品展示のように丁寧に並べられている。プロダクトデザインを手掛ける企業の文具も販売する。

2人は週に一度、作戦会議をするのが習慣だという。神保町の喫茶店で新しい商品の企画を考えたり、お店に来たお客さんの反応を共有したり。こうして生まれたアイテムたちを実際に手に取りながら、その背景を教えてもらえるので、こちらまで愛着が湧いてくる。

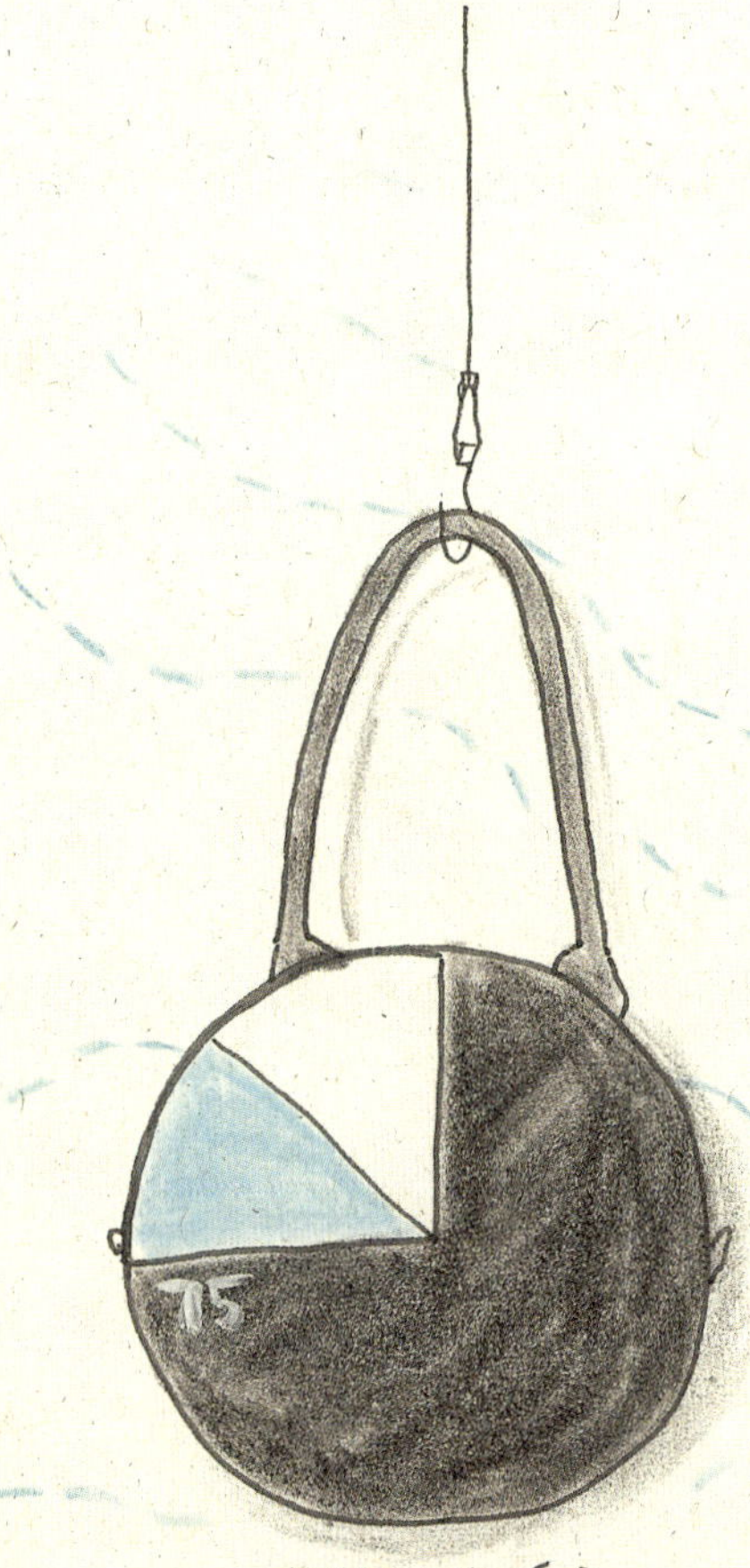

円グラフをモチーフにしたバッグ

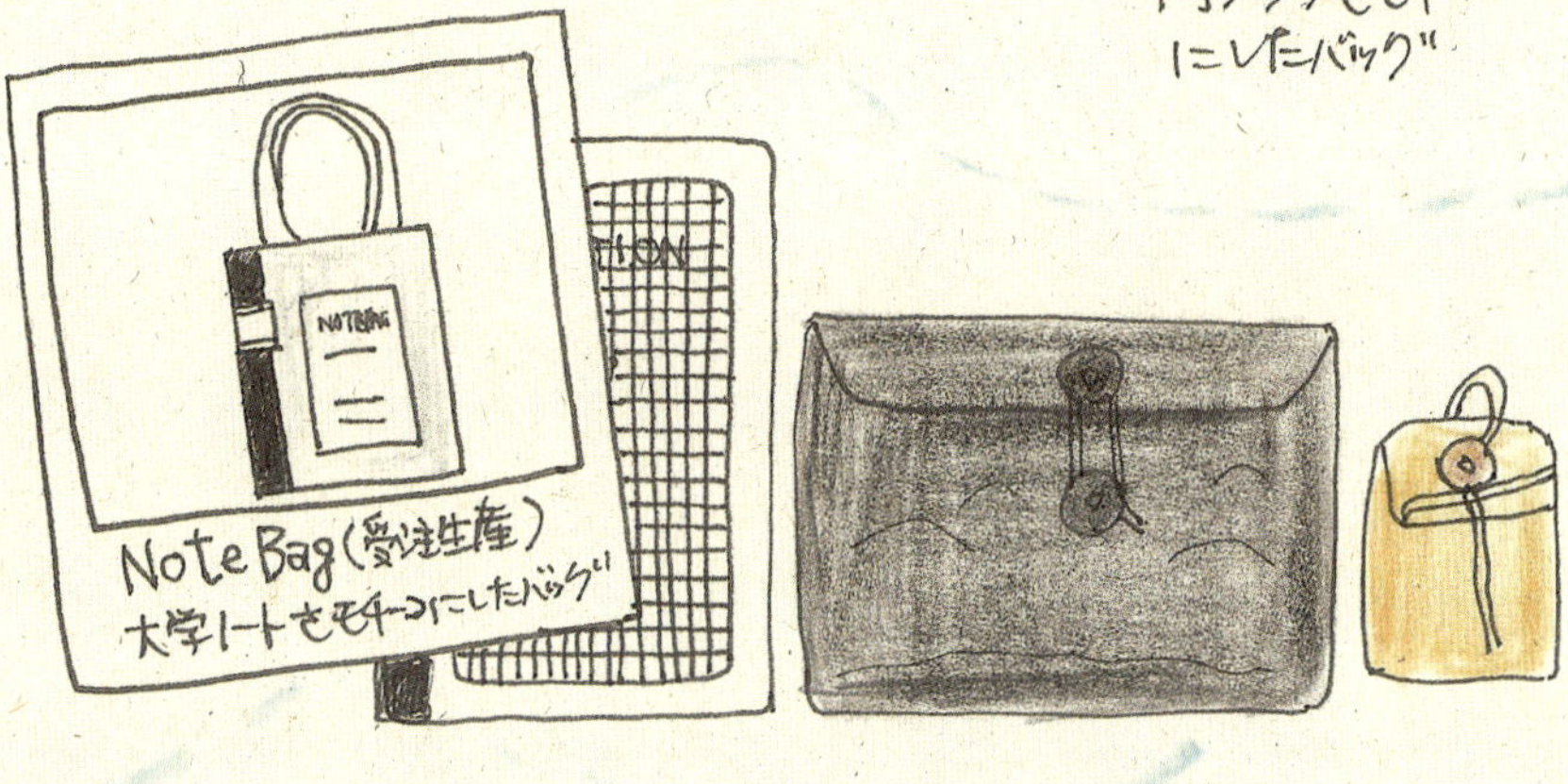
NOTEBAG
Note Bag(受注生産)
大学ノートをモチーフにしたバッグ

SHOP COMMENT アトリエショップでしか購入できないアイテムも多く、中でも「グラフバッグ」や「エコバッグ／原稿用紙」が人気です。ご来店の際には、ぜひ記念スタンプもお試しください！

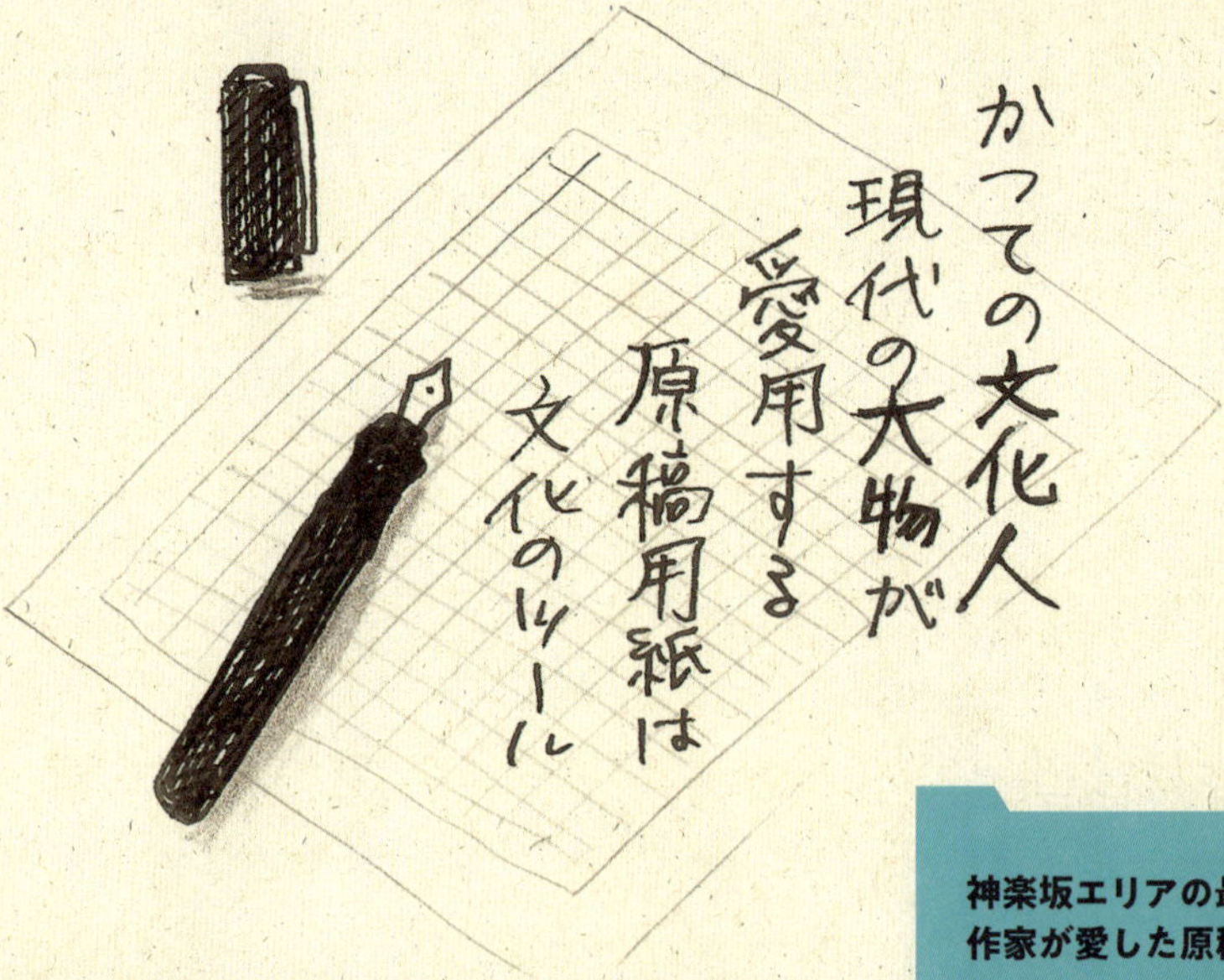

かつての文化人
現代の大物が
愛用する
原稿用紙は
文化のツール

神楽坂エリアの最古参
作家が愛した原稿用紙が並ぶ

相馬屋源四郎商店

ソウマヤゲンシロウショウテン

常連さん

使用例

旅館のおかみさんがお客さんへのあいさつ文を書いて部屋に置く

代々、店を継いでいる

十一代目

長妻直哉さん

歴史

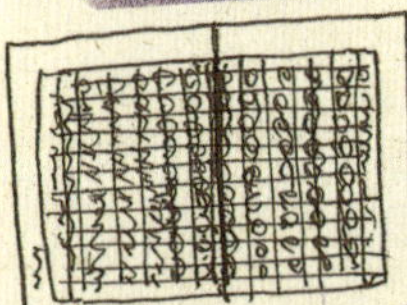

店内には作家の手書き原稿が展示されている

書く人がいれば原稿用紙は無くならない

自	由	な	
	使	い	方

ラクガキにでもメモにでも自由に使ってほしい

営業 9:00～19:00
休み 日・祝
URL http://www.soumaya.co.jp

住所 新宿区神楽坂5-5
電話 03-3260-2345
駅 東京メトロ東西線神楽坂駅から徒歩3分

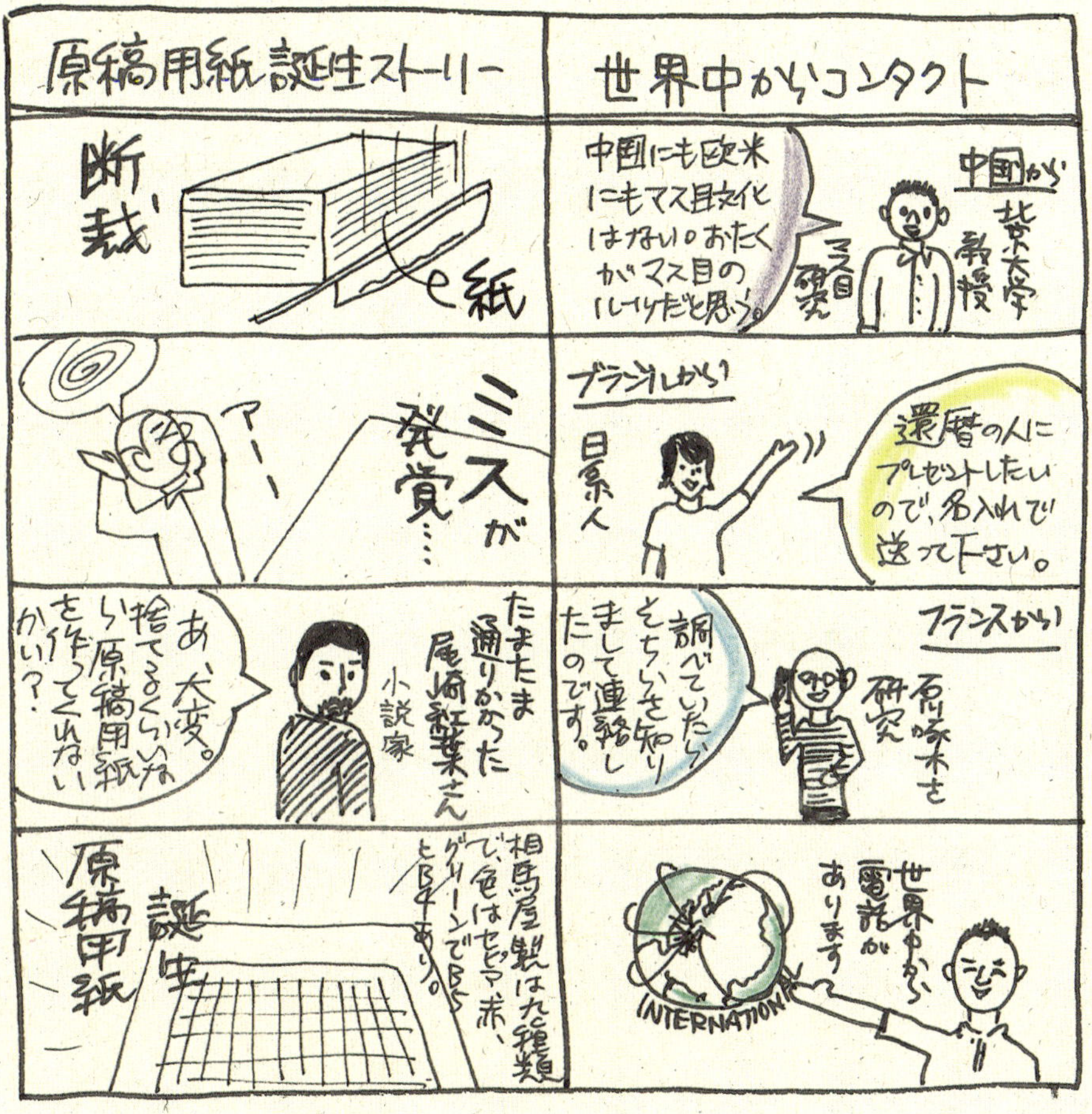
原稿用紙誕生ストーリー
断裁
紙
ア…
ミスが発覚…
あ、大変。捨てるくらいなら原稿用紙を作ってくれないかい？
たまたま通りかかった尾崎紅葉さん
小説家
原稿用紙誕生
相馬屋製は九種類で、色はセピア、赤、グリーンでB5とB4あり。
世界中からコンタクト
中国から
北京大学教授
マス目研究さん
中国にも欧米にもマス目文化はない。おたくがマス目のルーツだと思う。
ブラジルから
日系人
還暦の人にプレゼントしたいので、名入れで送って下さい。
フランスから
石川啄木を研究
調べていたらそちらを知りまして連絡したのです。
世界中から電話があります
INTERNATION

神楽坂の毘沙門天近くにある文具店、相馬屋源四郎商店の歴史はとても長い。かつては江戸城に紙を納めていたという。戦後になって、地域密着型の文具店へと変わった。現在の店主は11代目の長妻直哉《ながつまなおや》さん。代々、この店を継いでいる。

「洋紙の原稿用紙」を最初に作ったことでも知られる同店。発売後、多くの文豪がこの原稿用紙を愛用し、現在でも購入可能だ。自分の憧れでもある文豪が使っていたのは相馬屋製の原稿用紙だと知り、世界中の人たちがコンタクトを取ってくる。

デジタル社会にあっても、書く人がいれば原稿用紙はなくならない。「高校生以下の子どもたちにも原稿用紙を自由に使ってもらいたい」と、長妻さんはにこやかに語る。

SHOP COMMENT
原稿用紙は明治時代から色々な方にご愛顧いただいております。
紙質は、その時代の書き手の方にとって最高の紙を使用しています。

Chapter

05

蔵前・浅草

グルメの街
浅草はあちら
浅草通り
蔵前駅をスタートして
浅草方面、御徒町
方面、浅草橋方
面などに拡大
できる。
新堀通り
国際通り
駒形橋
都営浅草線
浅草駅
ČEDOK
zakkastore P72
江戸通り
春日通り
都営大江戸線
蔵前駅
カキモリ〈蔵前〉
P68
カキモリまでは
少し歩くので
あきらめずに
見つけてほしい
都営浅草線
蔵前駅
KONCENT
Kuramae
P70
厩橋
鳥越神社

上野

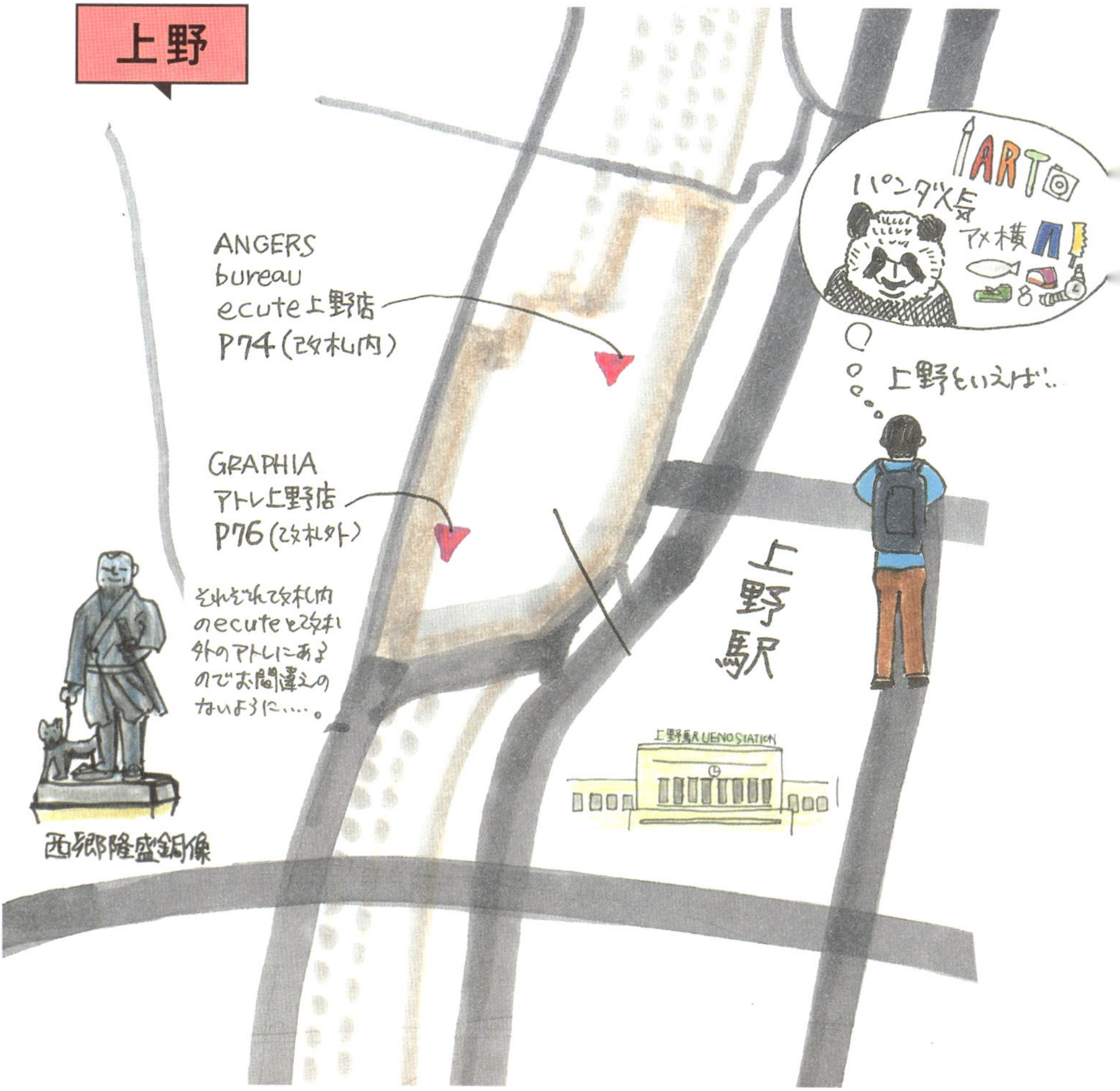

下町の風情が残り、職人が集まる「モノ作りの街」としても知られる人気上昇中の蔵前エリア。そんな蔵前の文具屋と言えば、『カキモリ〈蔵前〉』だろう。オリジナルのノートとインクを作ることができ、文具愛好家の中でファンが多い。

蔵前から浅草方面に足を伸ばすと、チェコ関連のグッズを扱う『ČEDOK zakkastore《チェドックザッカストア》』がある。チェコ通の店主との絵本トークが楽しい。

美術館や動物園などの観光施設が立ち並ぶ上野エリアの文具屋には、お土産やギフトを探す人が多く集う。乗り換え途中に立ち寄れる『ANGERS bureau《アンジェビュロー》 ecute《エキュート》上野店』では、書斎のような落ち着いた店内に本と文具、パンダグッズなどの上野土産を置いている。文具屋めぐりをしながら、観光気分を楽しもう。

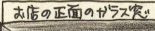

☆☆☆自分好みのオリジナルノートをつくる楽しさ

そろそろ中身を
入れ換えようかな

店員さんの
キビキビしていて
丁寧な対応
が好きです

今日はどんなノート
をつくろうかな

書く楽しさ&
選ぶうれしさを再発見

カキモリ〈蔵前〉

カキモリ クラマエ

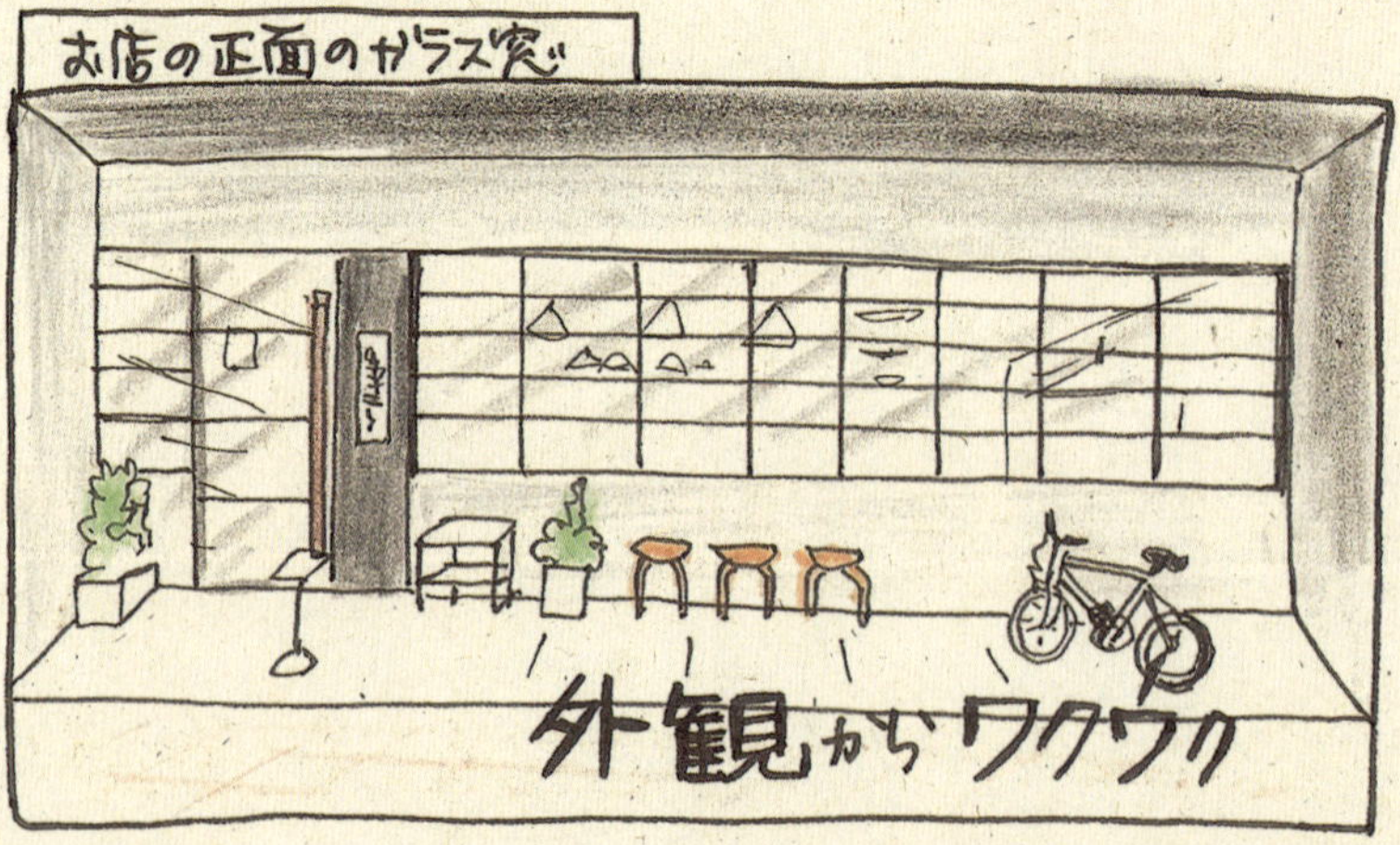
お店の正面のガラス窓
外観からワクワク

営業 11:00～19:00
休み 月（祝日の場合は営業）
URL http://kakimori.com
住所 台東区三筋1-6-2
電話 050-1744-8546
駅 都営浅草線蔵前駅A1出口から徒歩8分、JR総武線浅草橋駅西口から徒歩10分

江戸時代から多くの職人が住み、今もモノ作りのプロが集まる街・蔵前。ここでは職人とお客さんを繋ぐイベントが数多く開催されている。

そんな蔵前にあるカキモリは、紙に書く楽しみを提案する文具店。ノートの紙や留め具をカスタマイズして、自分だけのオリジナルノートが作れることで有名だ。宅配便の倉庫を改装した広々とした空間は、自分好みのノートや筆記具を探しにやって来るお客さんであふれている。

万年筆やボールペンなど筆記具の書き心地を試せるコーナーや商品ごとの紹介文、ノート作りのガイドなど、様々な心遣いもうれしい。

書くことから離れていた人も、カキモリに来ることで楽しさを再発見できるはずだ。

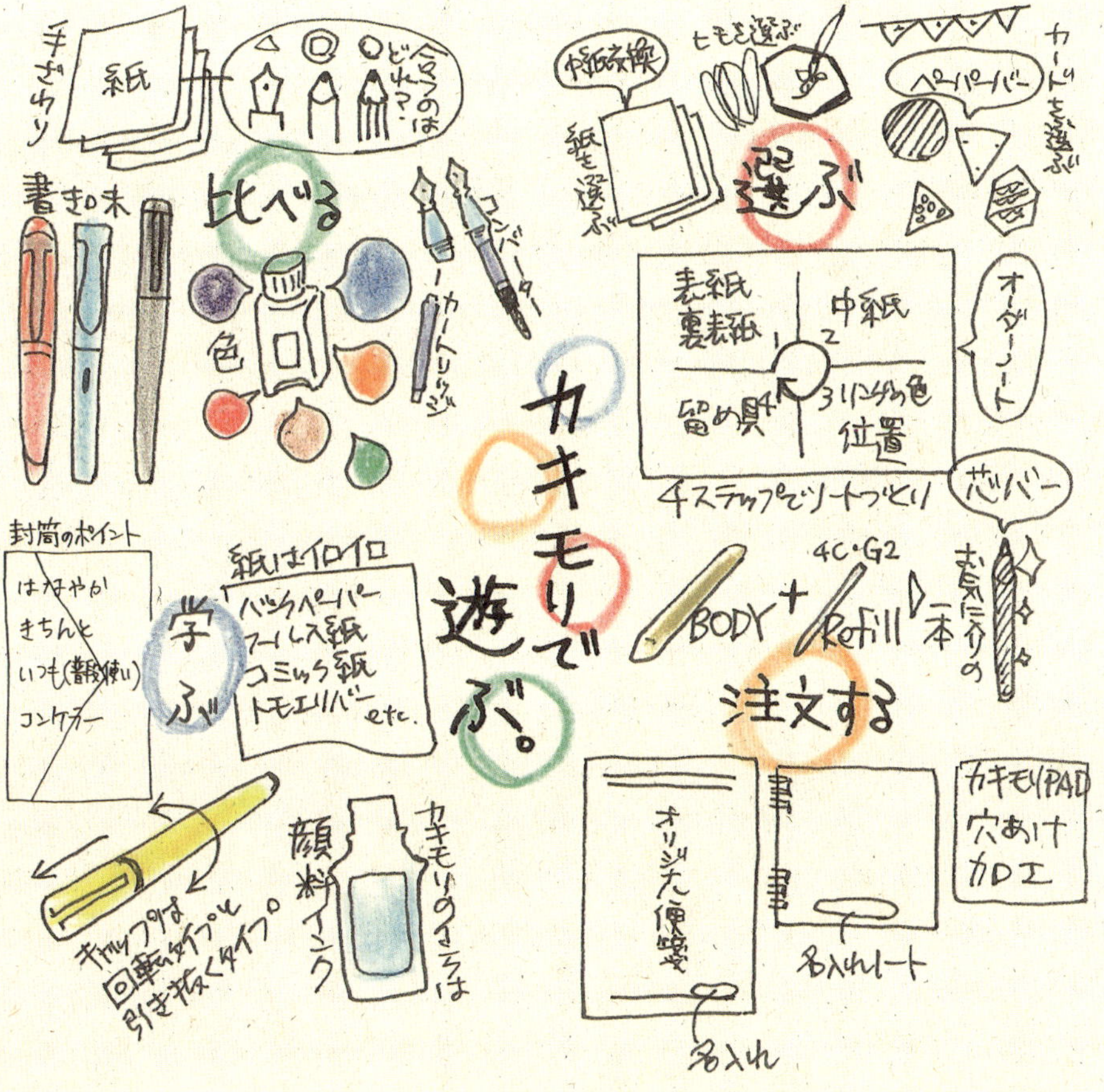

SHOP COMMENT お作りいただいたノートは、表紙はそのままで中紙の交換ができます。ご配送も承っております。革の表紙などは経年変化も楽しめますのでぜひ、長くお使いくださいね。

animal rubberband
BIRDIE PAPER KNIFE
置きものと、ペーパーナイフとして使えるアイテム
テトラブロック型のクレヨン
TETRACRAYON
面白さとハイセンスと快適さと
CUPMEN
フタを一生けんめい押さえてくれる人間型の置きもの
アニマルしなミニイス
モフモフしてるね
代表作のアニマル型のラバーバンド
Love&PeaceGun
ハートのラバーバンドを飛ばすガン

代表の
名児耶《なごや》さん
から
いろいろ教えて
いただく
デザイントーク

デザインを小粋にアレンジ
世界に打ち出す江戸の心

KONCENT Kuramae

コンセント クラマエ

営業 11:00〜19:00
休み 無休
URL www.koncent.net

住所 台東区蔵前2-4-5
電話 03-3862-6018
駅 都営浅草線蔵前駅A1出口から徒歩1分

KONCENT
x
SOL'S COFFEE
NICE!
店内にはおいしい珈琲を出す
スタンドも併設

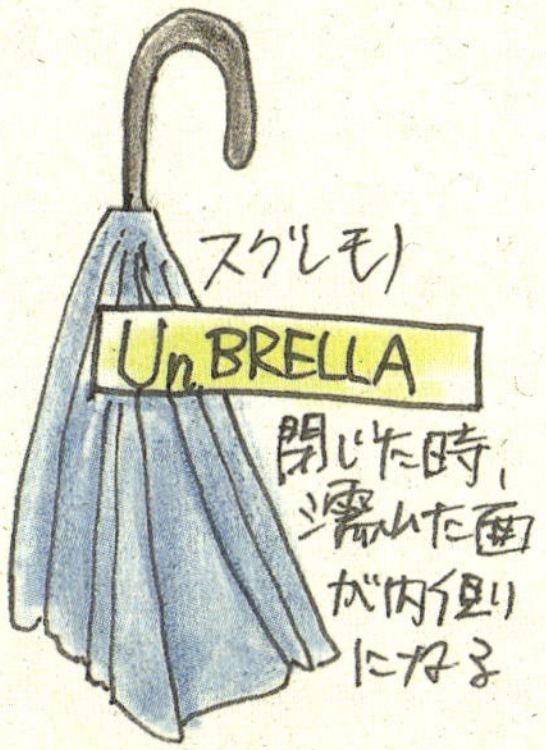
スグレモノ
UnBRELLA
閉じた時、
濡れた面
が内側
になる

お客さんと積極的に
トークする名児耶さん

ワークバッグ
ペンも手帳も入る
ベルトに付けられる!!

ユニークかつ実用的なアイテムを次々と生み出すメーカー、アッシュコンセプト。その直営店が蔵前にある。

珈琲スタンドのある店内には、変わった形の傘や動物の形をしたラバーバンド、鳥型のペーパーナイフ、テトラブロック型の安全なクレヨンなど斬新な文具・雑貨が置かれ、店員さんがデザインの仕組みを教えてくれる。「蔵前は東京のブルックリンとも呼ばれ、モノ作りの現場で活躍する人が多く住む、刺激あふれる街。その中で、モノが生まれる裏側のストーリーを伝えていきたい」と代表は語る。

プロダクトデザイナーや職人が情熱を傾け、数々のアイテムを生み出すだけでなく、この地で生まれたデザインは海外支店を通じて世界に発信されている。なんだか誇らしい気分だ。

SHOP COMMENT 様々なデザイナーやメーカーの方と一緒に作り上げたメイド・イン・ジャパンのプロダクトをそろえています。玩具問屋をリノベーションした店内にも、ぜひご注目ください！

店内はまるでチェコ
たっぷりそろった絵本と雑貨

ČEDOK zakkastore

チェドックザッカストア

かっこいい
色づかいが
表紙がユニーク

本棚にぴっしりと入った
絵本からお気に入り
を探そう

チェコのノートたち

あちこちに
あるかわいい
人形たち

営業 12:00〜19:00
休み 月（祝日の場合は翌日）
URL http://www.cedok.org

住所 台東区駒形1-7-12
電話 03-6231-6639
駅 都営浅草線浅草駅A1出口から徒歩1分

チェコを中心に、東欧・中欧エリア諸国の文具や雑貨を扱う。商社勤務だった店主が、雑貨店の多い神戸にオープンさせた後、東京・浅草に移転。東欧&中欧好き・海外文具好き・絵本好きが集まる空間を作り上げた。

社会主義時代のチェコでは、絵本が国家産業として生産されていた。外貨を稼ぐ手段として存在し、実験的で制約がなかったため自由な発想の絵本がたくさん生まれたという。その社会主義時代のデザインが、5年くらい前から見直されているのだ。

同店には、そんなチェコ製の絵本が壁一面に並んでいる。制作したイラストレーターの名前順に並んでいるのでわかりやすい。ぜひ、個性的な絵本からお気に入りを探してほしい。

チェコに精通した店主

SHOP COMMENT チェコで人気の文房具ブランドpapelote（パペロテ）の商品もたくさんそろえています。ぜひ、チェコのデザインに触れに来てください。

毎日立ち寄りたくなる
駅ナカの素敵な書斎空間

ANGERS bureau ecute上野店

アンジェ ビュロー エキュート ウエノテン

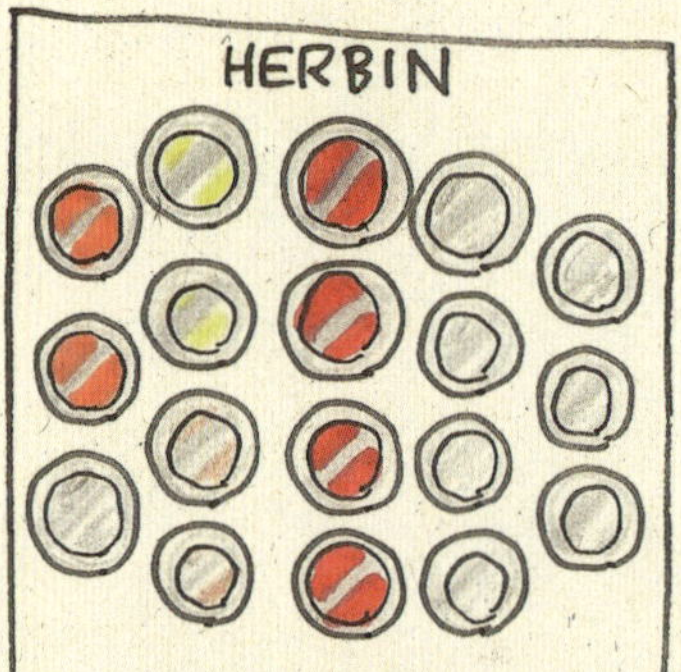

お気に入りの書斎にいるような

最高の気分。

ちょっと暗めの照明が良い

営業 8:00～22:00、日・祝／～21:30
休み 無休
URL https://www.angers.jp

住所 台東区上野7-1-1 JR上野駅構内3F ecute上野内
電話 03-5826-5681
駅 JR各線上野駅構内

駅ナカの商業施設ecute《エキュート》上野にある文具・雑貨店ANGERS《アンジェ》 bureau《ビュロー》では、書籍も充実している。母体が書店であるため、早くから書籍の取り扱いや見せ方にも注力。セレクトショップに本を置くというスタイルを定着させた。

書籍とともに並べるのは、机に向かう時間やビジネスシーンをかっこよく、小粋にしてくれるものたち。日本・ドイツ・アメリカを中心に、世界中から集めている。他では取り扱いを止めた良品や昔はやったもの、逆輸入のプロダクトなどを見つけ出す努力を惜しまず、商品選びへのこだわりも強い。「店舗の照明を暗めにして、陳列されたものがよく見えるようにアレンジしている」と店長。自分の書斎でお気に入りの品に触れているような、優雅なひと時を味わえる。

SHOP COMMENT
こだわりの文房具以外にも、お土産としておすすめの上野店限定オリジナルグッズをはじめ、手ぬぐいや和雑貨など贈り物にピッタリなものもたくさん取りそろえております。

上野でしか買えない
日本土産が見つかるライブラリー

GRAPHIA
アトレ上野店

グラフィア アトレウエノテン

ふせんにデザインされたパンダたちがキュート

文具と雑貨が融合したユニセックス向けの文具・雑貨店。カジュアル、ポップ、カラフルなアイテムが並ぶ。

上野という一大観光地にあるため、訪れるのは観光客や修学旅行生が多い。パンダや動物関連のグッズの他、外国のお客さんが喜ぶような和風のお土産など、上野ならではのラインナップが人気だ。中でも、パンダグッズは充実。パンダの胴体にマスキングテープがセットできる「アニマリアホルダー」のインパクトが強い。

デザイン文具や雑貨を製造・販売するマークスが運営しているため、同社のオリジナル製品も購入できる。ペンやチケットなどが収納できる、スライド式ジッパーケースが便利な「ストレージドットイット」がおすすめだ。

営業 10:00～21:00
休み 無休
URL https://www.marks.jp/shop/GRAPHIA

住所 台東区上野7-1-1 アトレ上野7番街1F
電話 03-5826-5832
駅 JR各線上野駅中央改札口からすぐ

アニマリア ホルダー
マスキング テープ
ハンカチ
胴体が伸びていてユニークな形
トイレットペーパーやマスキングテープが
ボディになる
ポチ袋
オブジェ
masté
travel kit
travel wallet
ストレージ ドット イット
スライド式ジッパー付の
カバーがついたノート
や手帳、トラベルウォレット
などのシリーズ
のり巻きタオル
(食べられません)
ゴム付き
タオル固定
壁かけ用
ネームタグも
ある
のり巻きタオル 納豆巻
謹製
のり巻きタオル かっぱ巻
文具以外の
オモシロ土産
寿司キャンドル
ワサビ入り
お寿司キャンドルB
(ハマチ・エビ・ワサビ入り)
(ガリ付)

SHOP COMMENT 複数の鉄道が乗り入れする上野駅は通勤・通学のお客さんが多い場所。オフィスや学校で使用する商品をはじめ、ギフトにぴったりの文具や雑貨・バッグ・スマホケースなどをそろえています。

Chapter

06

JR

新宿駅から西の方角に伸びる中央線に乗れば、ワクワクの文具トリップの始まりだ。中央線は駅ごとに独自のカルチャーがある。街歩きを楽しみながら、お目当ての文具屋をゆっくり目指そう。

新宿からほど近い中野には、旅をテーマにした『旅屋』、高円寺には紙マニアによる『ハチマクラ』、三鷹や国立などにも、それぞれこだわりのテーマで営む文具屋がある。

若者や家族連れで賑わう街、吉祥寺の文具屋は、レトロで懐かしい雰囲気の店内にユニーク

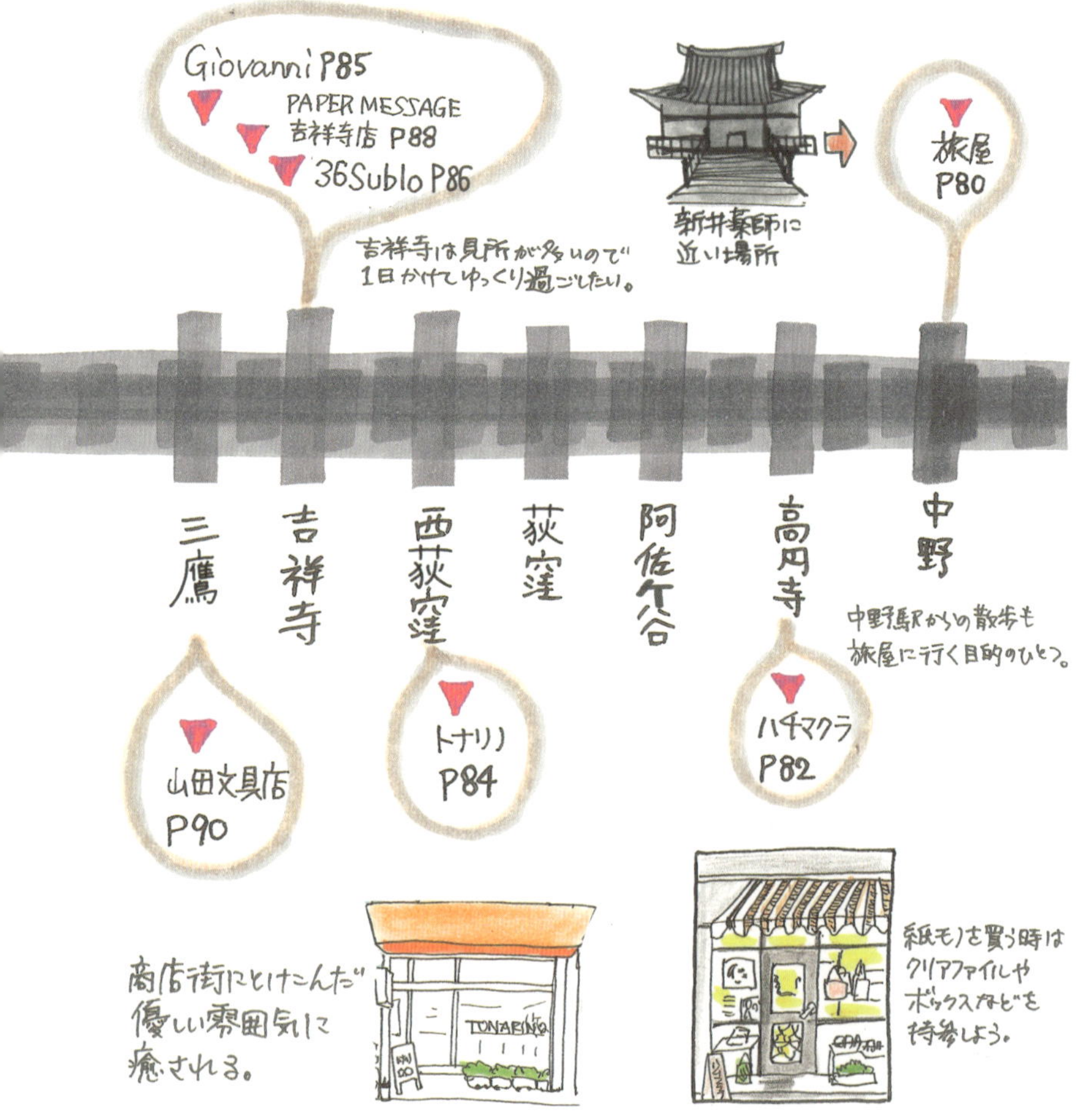

Giovanni P85
PAPER MESSAGE 吉祥寺店 P88
36Sublo P86
吉祥寺は見所が多いので 1日かけてゆっくり過ごしたい。
新井薬師に近い場所
旅屋 P80
三鷹
吉祥寺
西荻窪
荻窪
阿佐ケ谷
高円寺
中野
中野駅からの散歩も 旅屋に行く目的のひとつ。
山田文具店 P90
トナリノ P84
ハチマクラ P82
商店街にとけこんだ 優しい雰囲気に 癒される。
TONARINO
紙ものを買う時は クリアファイルや ボックスなどを 持参しよう。

な文具がそろう『36Sublo《サブロ》』、伝統的なイタリア文具を紹介する『Giovanni《ジョヴァンニ》』、さまざまなペーパーアイテムをそろえる『PAPER《ペーパー》 MESSAGE《メッセージ》吉祥寺店』など、こちらもバラエティに富む。

　国立まで行けば、文具ファンの間でも有名な『つくし文具店』があるので、ぜひ足を伸ばしたい。

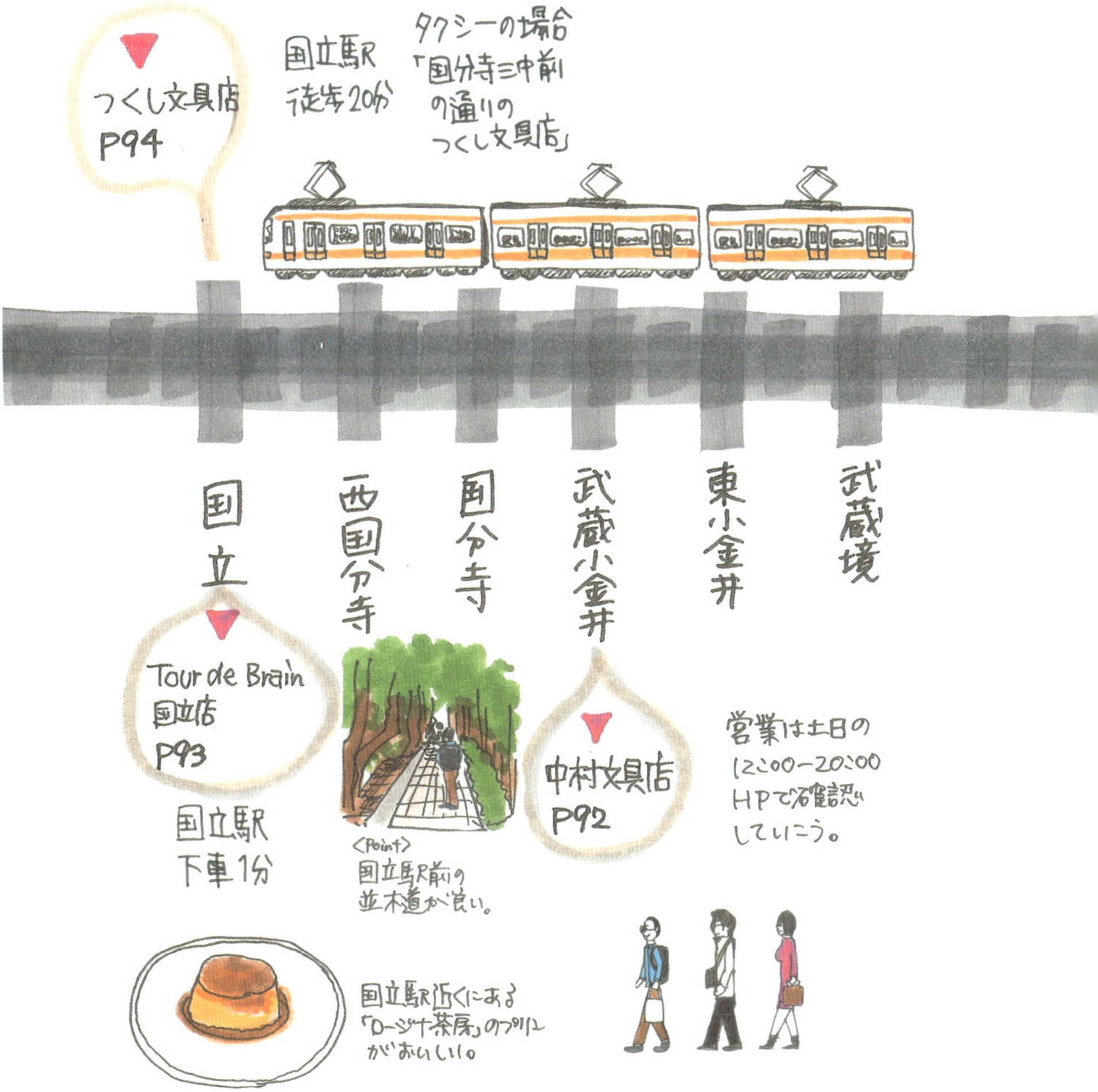
つくし文具店
P94
国立駅
徒歩20分
タクシーの場合
「国分寺三中前
の通りの
つくし文具店」
国立
西国分寺
国分寺
武蔵小金井
東小金井
武蔵境
Tour de Brain
国立店
P93
国立駅
下車1分
<Point>
国立駅前の
並木道が良い。
中村文具店
P92
営業は土日の
12:00−20:00
HPで確認
していこう。
国立駅近くにある
「ロージナ茶房」のプリン
がおいしい。

旅に出たい気分になる文具と紙雑貨たち

旅屋

タビヤ

営業 11:00〜17:30
休み 水・日・祝
URL http://www.stationerytabiya.com
住所 中野区新井1-37-2 加藤マンション1F
電話 03-5318-9177
駅 JR中央線・総武線、東京メトロ東西線中野駅北口から徒歩12分

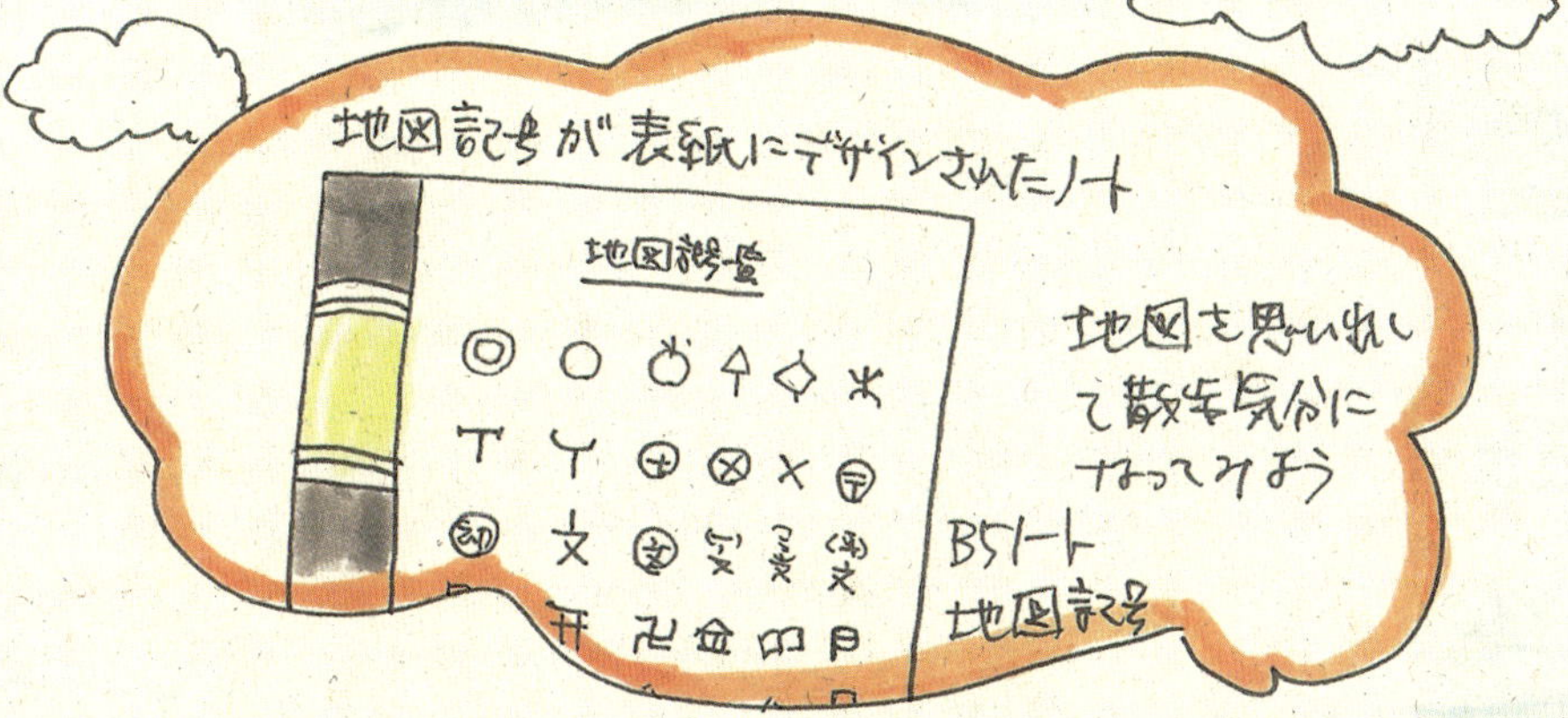

「自分でお店をやりたい」という店主の気持ちが高まり、2010年に開店。人生を旅と捉えて、心が豊かになるような文具・雑貨を集めている。

特に豊富なのは、ヨーロッパで買いつけた万年筆や文具、紙雑貨など。ヨーロッパ諸国の使用済み切手や文具モチーフのアクセサリー、トラベラーズノート関連商品やパスポートノートブック、トレニアートの鉄道文具など、旅に出たくなるようなアイテムを数多くそろえる。

他にも、日本各地の都道府県を白地図にしたポストカード、一筆箋、革小物などのオリジナルグッズを販売。店主との旅や文具の情報交換が楽しいと評判で、リピーターが多い。最近ではヨーロッパからのお客さんも増えているという。

SHOP COMMENT 「旅」は人生そのもの。誰もが常に旅をしています。想像し、計画し、楽しみ、記録し、そして思い出に。そんな人生の旅をより楽しく、より豊かにするモノたちを集めました。

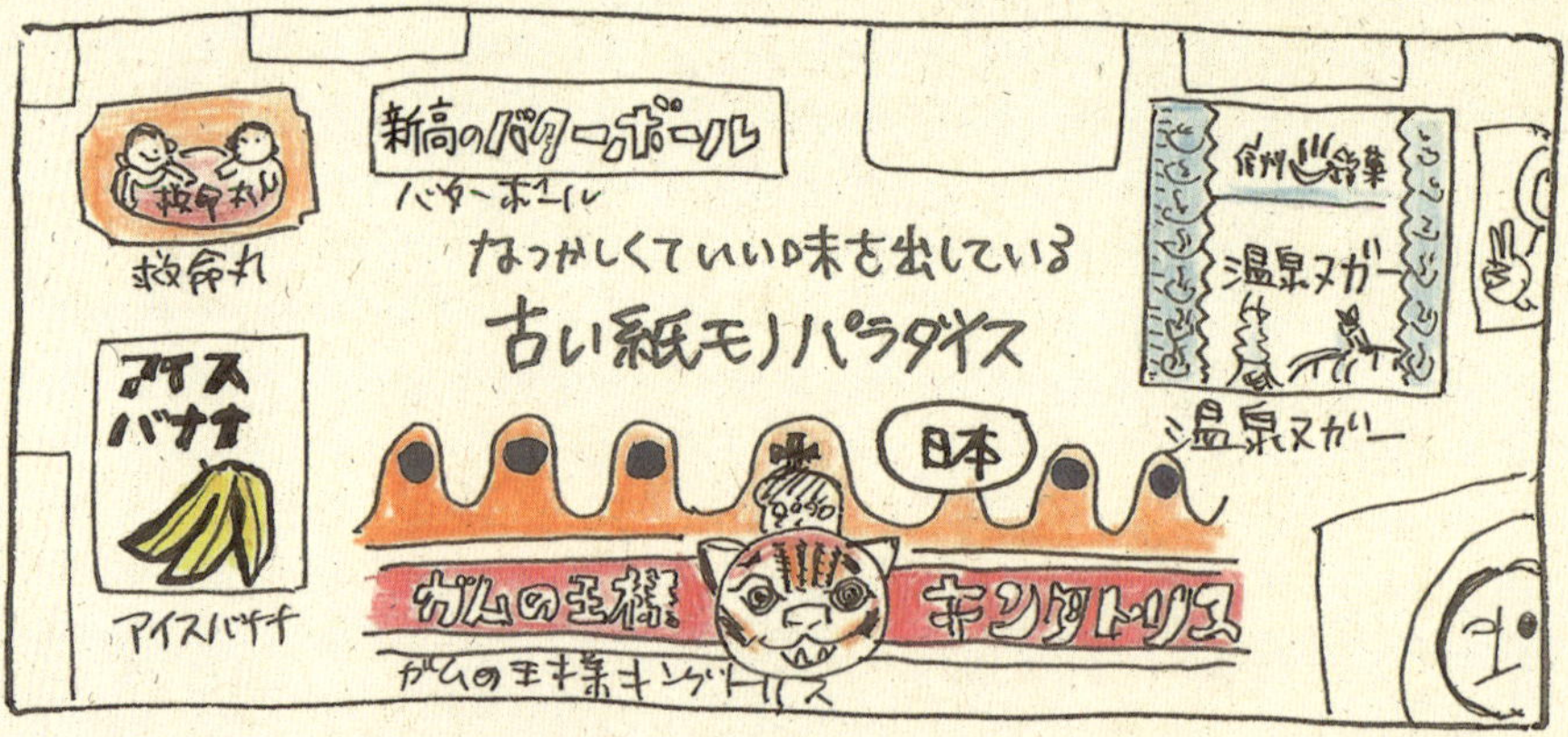

究極コレクターによる紙ものの逸品の数々

ハチマクラ

所せましと並ぶ紙・紙・紙

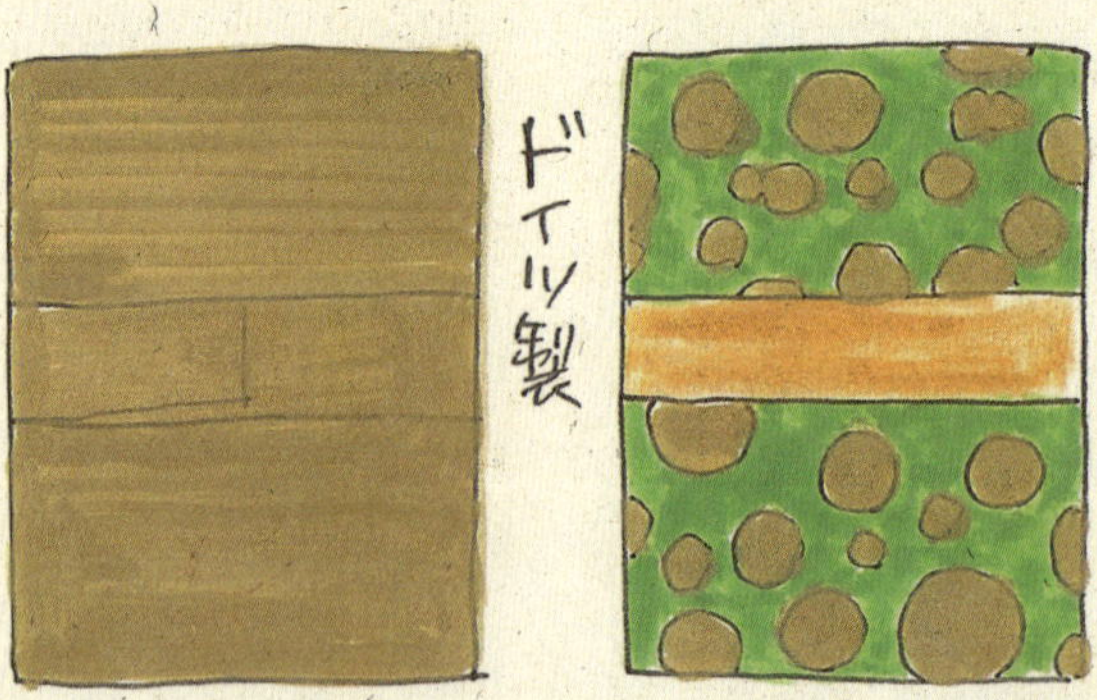

ゴールドの封筒とグリーンの封筒にひとめぼれ

お店の正面

営業 13:00〜20:00、日・祝／〜19:00
休み 月・火
URL http://hachimakura.com
住所 杉並区高円寺南3-59-4
電話 03-3317-7789
駅 JR中央線・総武線高円寺駅南口から徒歩5分

元々、高円寺に住んでいた店主が紙の扱いからスタートさせた同店。次第に古物もそろえるようになった。

店内の調度品は歴史を重ねたものばかりで、どこか懐かしい雰囲気が漂う。近所の電気店の解体時にもらったショーケースや、古いアパートの郵便受けなどの家具の中に、日本と海外から集めた紙ものがたくさん収納されている。

サラサ千代紙からスタートしたコレクションは、ドイツから仕入れた紙やタイのグラシン紙、昔の図案家による包装紙など、めずらしいものばかり。工業用紙パッドやタイの紙を使ったオリジナル製品も作っている。

そんな逸品ぞろいの同店には、コラージュ作家や紙コレクターが、一点物や掘り出し物を探しにわざわざ訪れるという。

タイの紙もセレクト
タイの地球紙パッド
タイのカラーグラシン紙
タイのシャリシャリPaper
工業用紙パッド
タイの薄葉紙
タイの薄用紙
KEEP THIS COUPON
50
チケット紙のロールが並ぶ風景
ステキな柄の紙が並ぶ風景
紙が大好きな
オーナーの小倉さん

SHOP COMMENT 戦前のマッチラベルや醤油ラベル、昔のタバコ箱やカミソリのパッケージ、糸巻きの他、仙花紙・ガリ版原紙・昭和初期のノートなど、コレクタブル系の紙ものを集めています。

TONARINO
商店街に並ぶ
お店の外観
がカワイイ

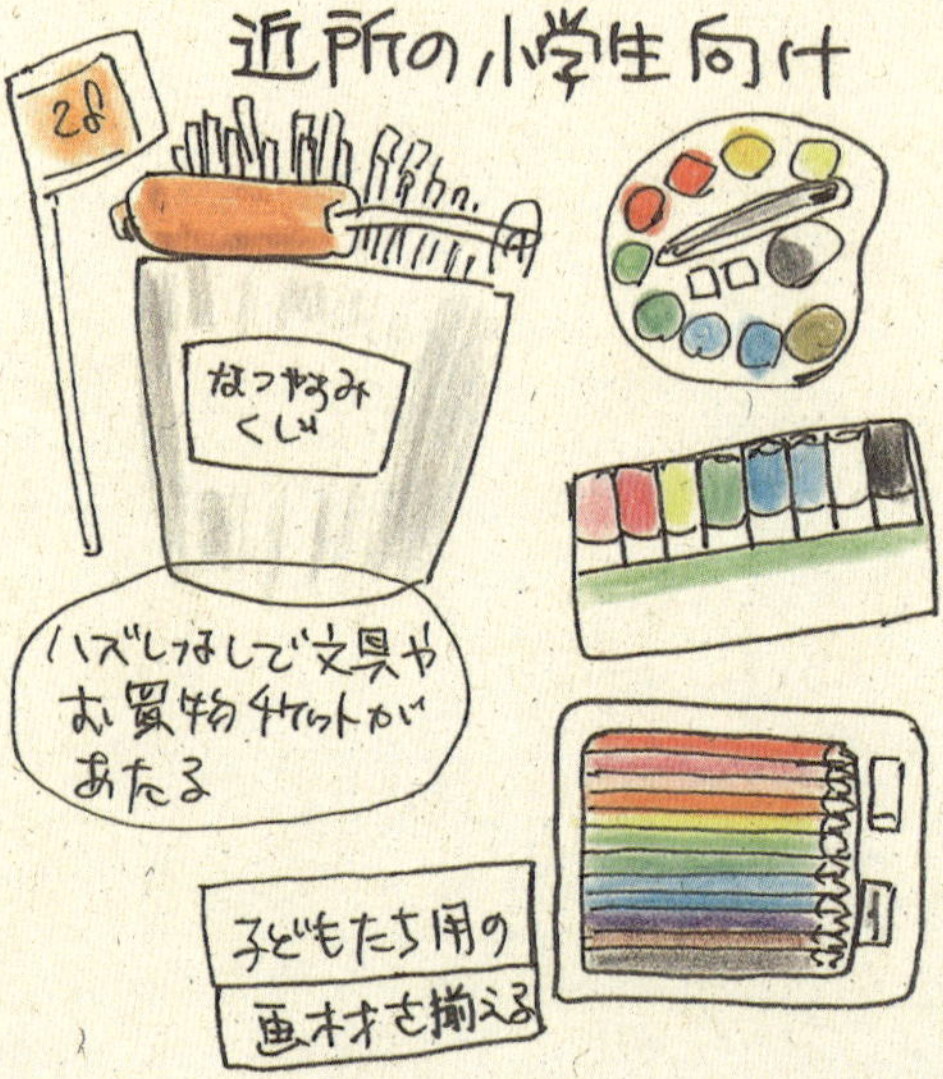
近所の小学生向け
28
なつやすみ
くじ
ハズレなしで文具や
お買物チケットが
あたる
子どもたち用の
画材を揃える

商店街の一角にある
町の子どもたちの美術室

トナリノ

音符クリップ
楽器ブローチ
音楽
アイテム
ピアノ
クリップ

西

荻窪を散歩中のお客さんや商店街を散策する人が、ふらりと立ち寄るような地元密着の文具店。「いつも隣に置いておきたい」と思える、愛着の感じられる文具を扱う。

同じ大学の美術専攻メンバーが、西荻窪ののんびりとした雰囲気を気に入って始めた同店。地域に溶け込む店作りを目指し、子どもたちにもっと文具を使ってもらうためワークショップも開催してきた。今も美術の先生のような役割で、楽しく描く体験を生み出している。

営業 11:00〜20:00
休み 第1・3水（月により変動あり）
URL http://tonarino.ocnk.net
住所 杉並区西荻南1-18-10
電話 03-5941-6946
駅 JR中央線・総武線西荻窪駅南口から徒歩10分

フィレンツェの工房とつながる
吉祥寺のイタリア

Giovanni

ジョヴァンニ

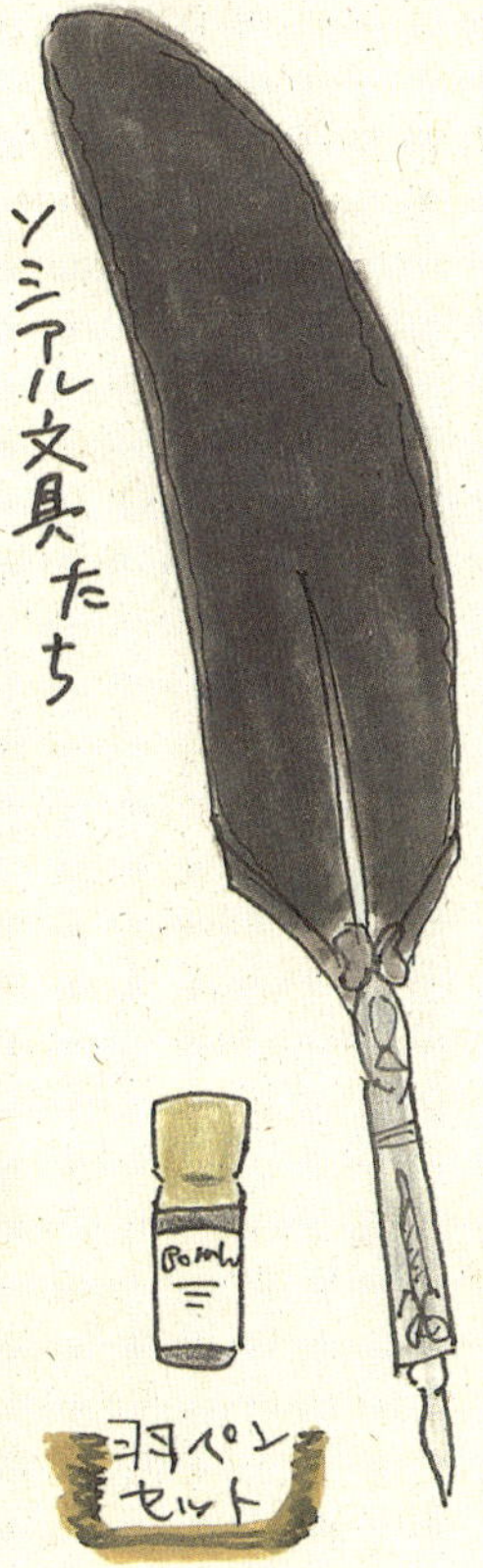

イタリアの王室や議会で使われるソシアル文具を扱う店。イタリア旅行で出合ったソシアル文具に衝撃を受けた店主が開いた。店舗を構える街として選んだのは、小さいけれど個性的な店が多く、外国のような雰囲気を持つ吉祥寺だ。

イタリアから直接仕入れ、現地の工房に依頼してオリジナル文具を作るなど、ホンモノを徹底追及。店名はフィレンツェでよく使われる人名で、ロゴには現地で一般的な書体を使っている。イタリア人も感心するほどのこだわりようだ。

営業 11:00～20:00
休み 水
URL https://www.giovanni.jp

住所 武蔵野市吉祥寺本町4-13-2
電話 0422-20-0171
駅 JR中央線・総武線吉祥寺駅北口から徒歩11分

懐かしさとゆるさで楽しむ
ユニークな文具の発掘体験

36 Sublo

サブロ

営業 12:00〜20:00
休み 火
URL http://www.sublo.net

住所 武蔵野市吉祥寺本町2-4-16 原ビル2F
電話 0422-21-8118
駅 JR中央線・総武線吉祥寺駅北口から徒歩7分

クスッと笑える商品がそろったこのお店は、どこかレトロで懐かしい雰囲気が漂う。店主の実家は京都市伏見区にある文具店で、「サブロ」という店名は店主のおじいさんの名前に由来している。店内の商品の4割がオリジナルグッズで、デザインの豊富なハンコが人気だ。他にも小さくてかわいい事務用文具や、アーティストとのコラボレーション作品などがある。

お客さんは吉祥寺好きのリピーターが中心で、次から次へと来店し、おしゃべりしながら楽しくてユニークな文具を探している。最近は台湾からの観光客がお土産用にハンコを買っていくことが多いという。

外から見える36の看板、昭和レトロな家具、味のあるカウンターなど、文具以外にもじっくりと観察したいものがある。

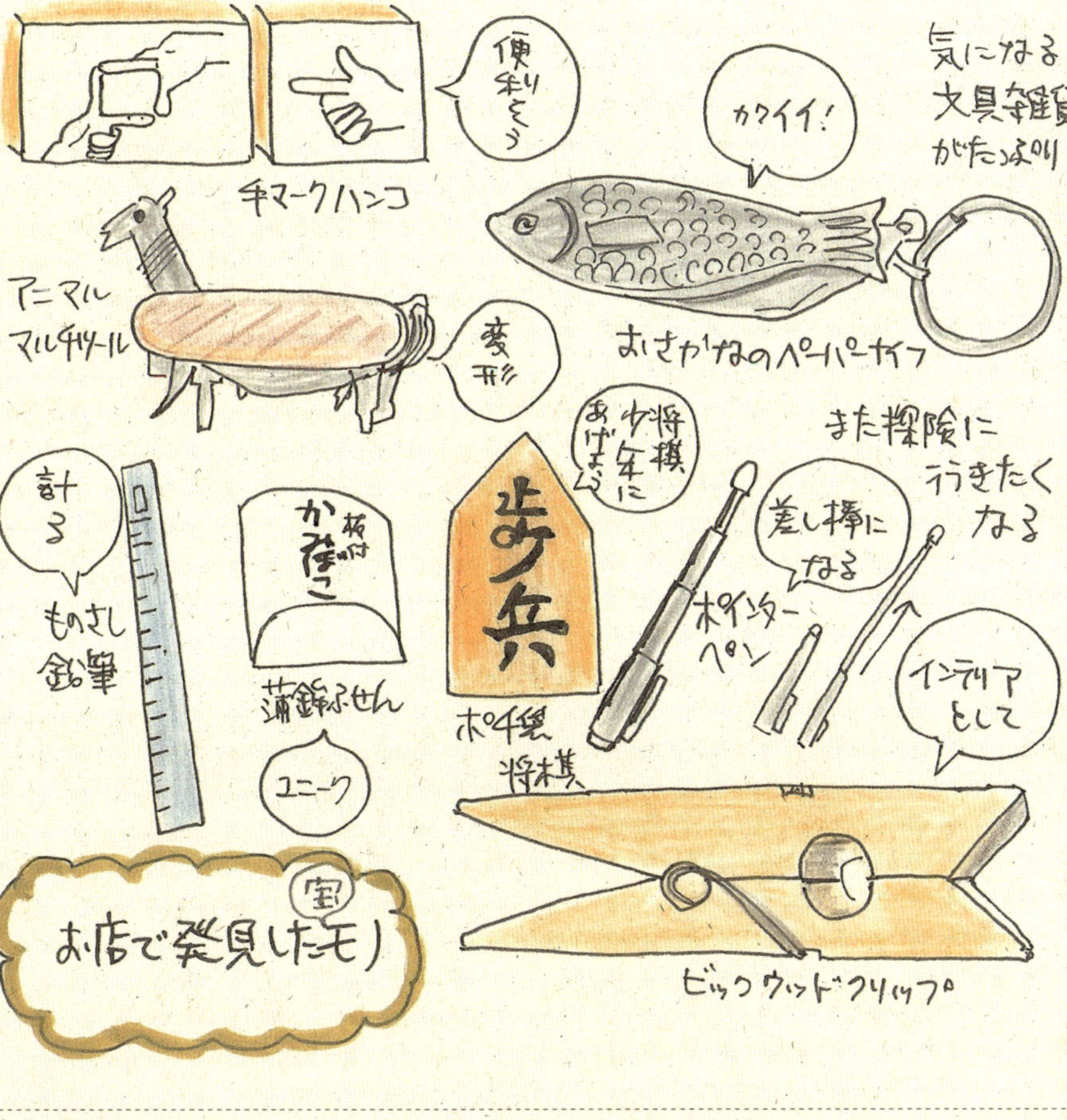

SHOP COMMENT いち押しはイラストレーターmakomoさんに描いていただいた、吉祥寺非公認ゆるキャラ「吉《きち》ぞうさん」の商品です。メモ帳やハンコ、消しゴム、ミニタオルなどがそろっています。

ウェディングペーパーアイテム「travel」
ステキなサービス
WEDDING PASSPORT
JULY 25, 2020
Profile

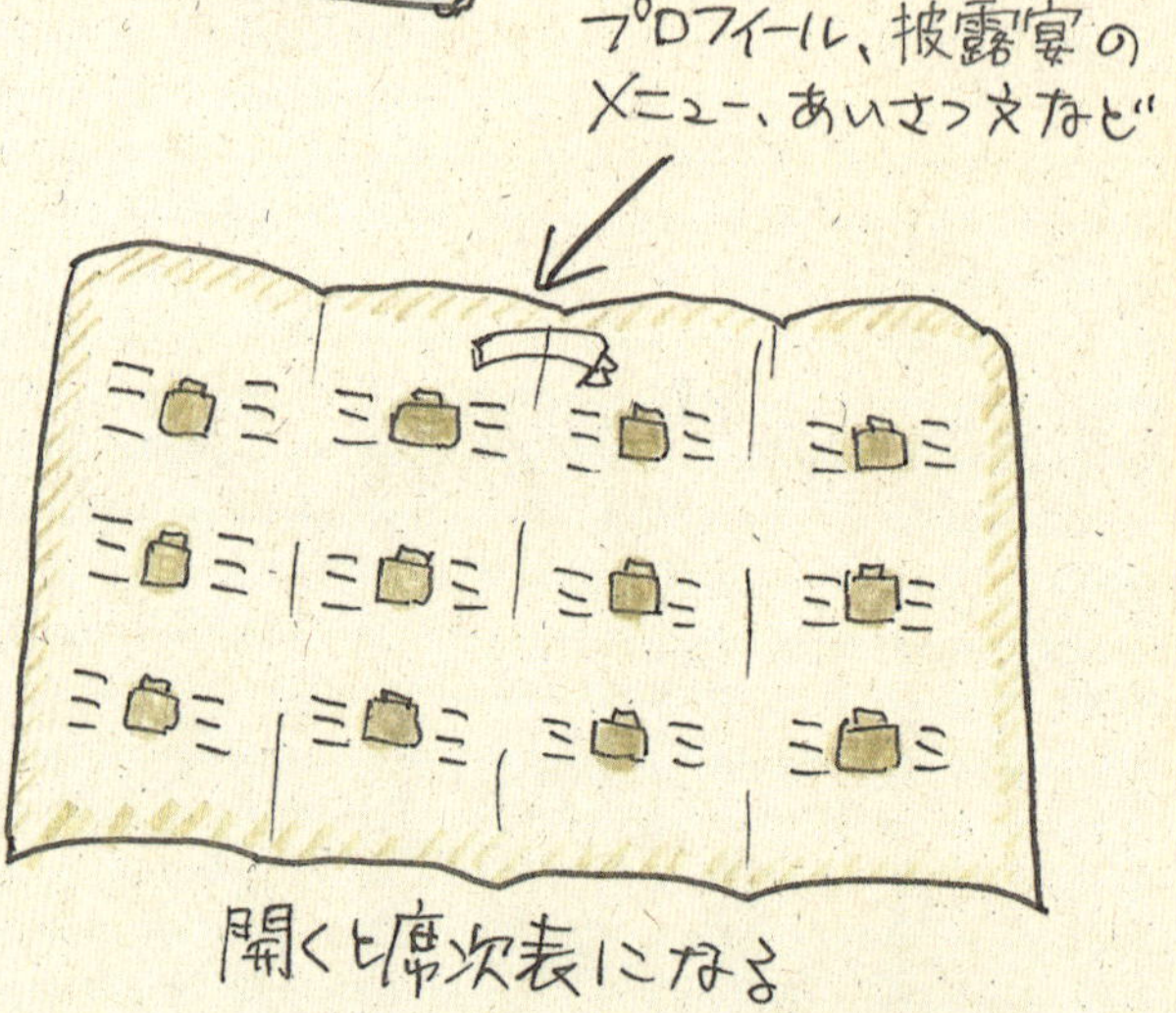

プロフィール、披露宴のメニュー、あいさつ文など
開くと席次表になる

普段の生活が
グッと楽しくなる紙もの

PAPER MESSAGE 吉祥寺店

ペーパー メッセージ キチジョウジテン

Invitation
To Our Wedding
JULY 25 2020
Passenger Ticket
JUL 25
We are getting married!!
一般の招待状よりワクワクしそうな航空券のようなデザイン
招待状も旅をテーマに

営業 11:00～19:00
休み 不定休
URL http://www.papermessage.jp

住所 武蔵野市吉祥寺本町4-1-3
電話 0422-27-1854
駅 JR中央線・総武線吉祥寺駅北口から徒歩10分

吉祥寺に、封筒やカードなどのペーパーアイテムを紙一枚から注文できるお店がある。

元々オーナーが惚れ込んだデザイナーの作品を扱うために、高知市で1号店をオープン。東京進出の地を吉祥寺に選んだ理由は、自然が多くて居心地がよかったから。年に5回のイベントを企画・運営し、ここでたくさんの紙ものアイテムも生まれてきた。

「紙ものを選ぶ楽しさを知ってもらいたい」という思いのもと、店内には製本機や箔押し機を展示。メモパッドやレターセット、便箋、メッセージカード、お祝い袋などを自社工場で生産・販売している。

ウェディング向けアイテムの印刷受注や、近隣の店舗・吉祥寺在住の作家からの名刺注文も多い。紙アイテムが必要な時に、頼りたい店だ。

フォトプロップス
たのしい
メガネ
持ち手
ヒゲ
紙製
手で持ち顔に当てる
撮影で大活躍

すてきな カードもたくさん
お花と花瓶を自由に組み合わせ
花瓶のカード
一輪挿しのカード
おすし
たべもの
日本名物の形抜きカード
リアル!
富士山
観光客に人気

SHOP COMMENT ペーパーメッセージの商品は、ほとんどが一枚からばら売りをしています。メッセージカードと封筒、お花と花瓶のカードなど、贈る相手に合わせた組み合わせを選んでいただけます。

国籍や年代にとらわれない
懐かしくて味のある文具

山田文具店

ヤマダブングテン

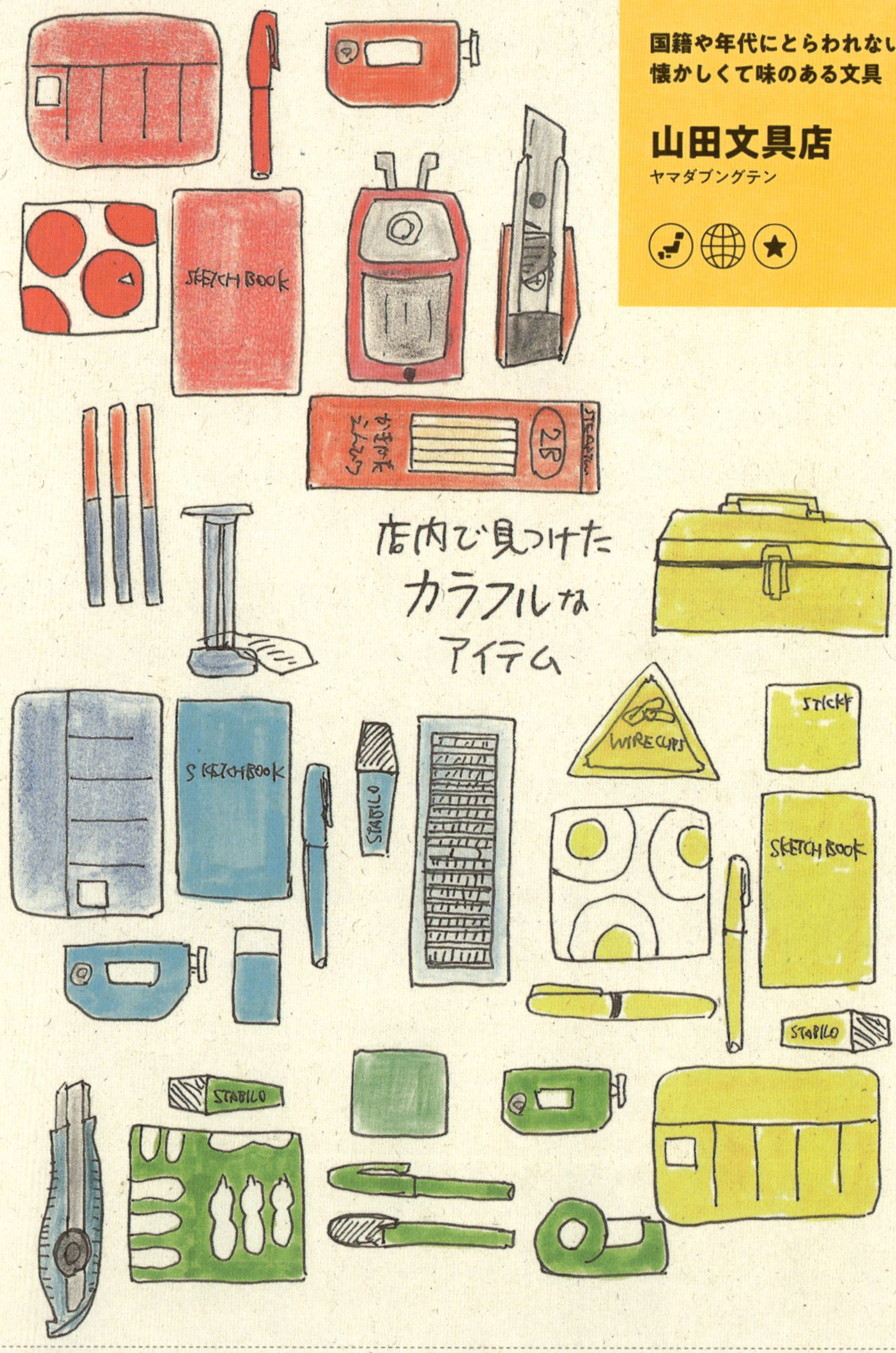

営業 11:00～19:00、土・日・祝／～20:00
休み 不定休
URL http://yamadastationery.jp

住所 三鷹市下連雀3-38-4 三鷹産業プラザ1F
電話 0422-38-8689
駅 JR中央線・総武線三鷹駅南口から徒歩9分

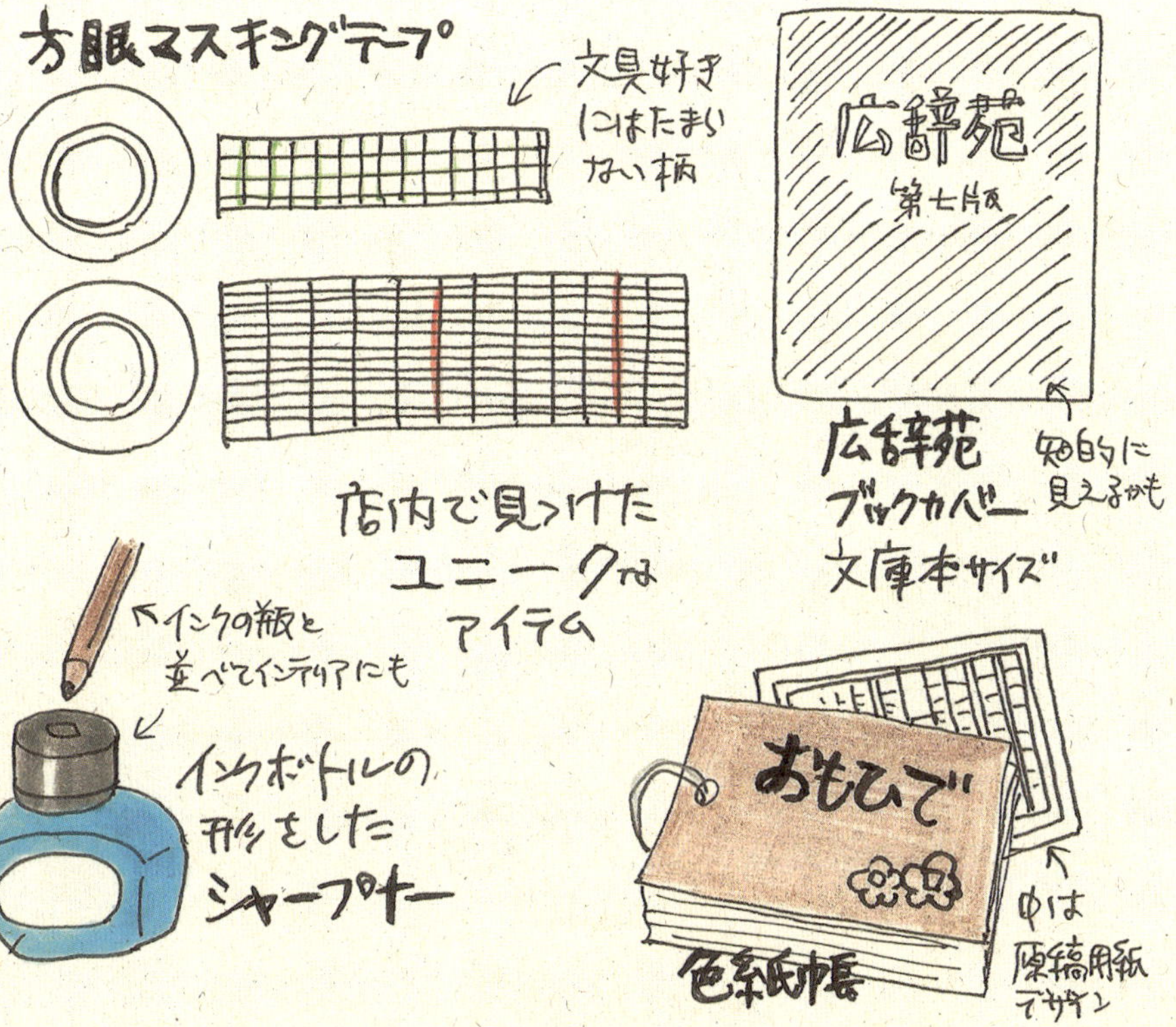

山田文具店は三鷹駅前の商店街から一本入った場所にある、文具を愛する人のための雑貨セレクトショップ。

古い・新しいにはこだわらず、ユーモアと実用性の絶妙なバランスを備えた文具、テーマがユニークで買い物客に会話が生まれるような特徴のある文具を集めている。

活版印刷で作品を作るアーティストや、レトロな包装紙を作る作家、文具を作る小規模メーカーなどの売り込みから仕入れることもあるため、他にはない商品が見つかるはずだ。

陳列コーナーには「パン文具」や「きのこ」「こけし」「果物」「ノート」など、テーマ別に商品をディスプレイ。いつの間にか掘り出し物を見つけたくなることだろう。誰もが宝探しの感覚になって楽しくなってしまう。

SHOP COMMENT 小さい頃、100円を持って駄菓子屋さんに訪れた時のようなワクワクした気持ちを感じていただけるよう、どこか懐かしくて味のある文具をギュッと詰めてディスプレイしています。

店内には
昔の文具パッケージの
デザインがたっぷり

貴重な在庫の数々
「古文具」と出合える店

中村文具店
ナカムラブングテン

市場に出ないまま、デッドストックとして残っていた「古文具」を手に入れることができる、都内随一の文具店。

古いものが好きな店主が廃屋を1年かけて作り込んだ店内には、年代を重ねたビンテージ文具や、昔の文具の商品パッケージ、味のある看板がたっぷりと並んでいる。古文具を材料にして制作したメモ帳など、店舗限定のオリジナル文具も必見だ。

現在ではめずらしいアイテムが多いので、ぜひ店内で掘り出し物を発掘してほしい。

営業 12:00～20:00
休み 月～金
URL http://nakamura-bungu.com

住所 小金井市中町4-13-17
電話 042-381-2230
駅 JR中央線武蔵小金井駅南口から徒歩5分

モバイルワーカーのための
文具・雑貨を発見

Tour de Brain
国立店

ツール・ド・ブレイン クニタチテン

国立駅の商業施設内にある同店では、文具を中心とした男性向けのライフスタイルを提案。主に、フリーデスクやテレワークの広がりで新たに必要となったアイテムをそろえている。

お客さんがノマドワークを意識できるよう、バッグの中を整理するインナーバッグやペンケース、小物入れなどをカテゴリーごとに配置。豊富なラインナップの中から、自分のスタイルに合う商品を探すおもしろさがある。仕事帰りに立ち寄りたいスポットだ。

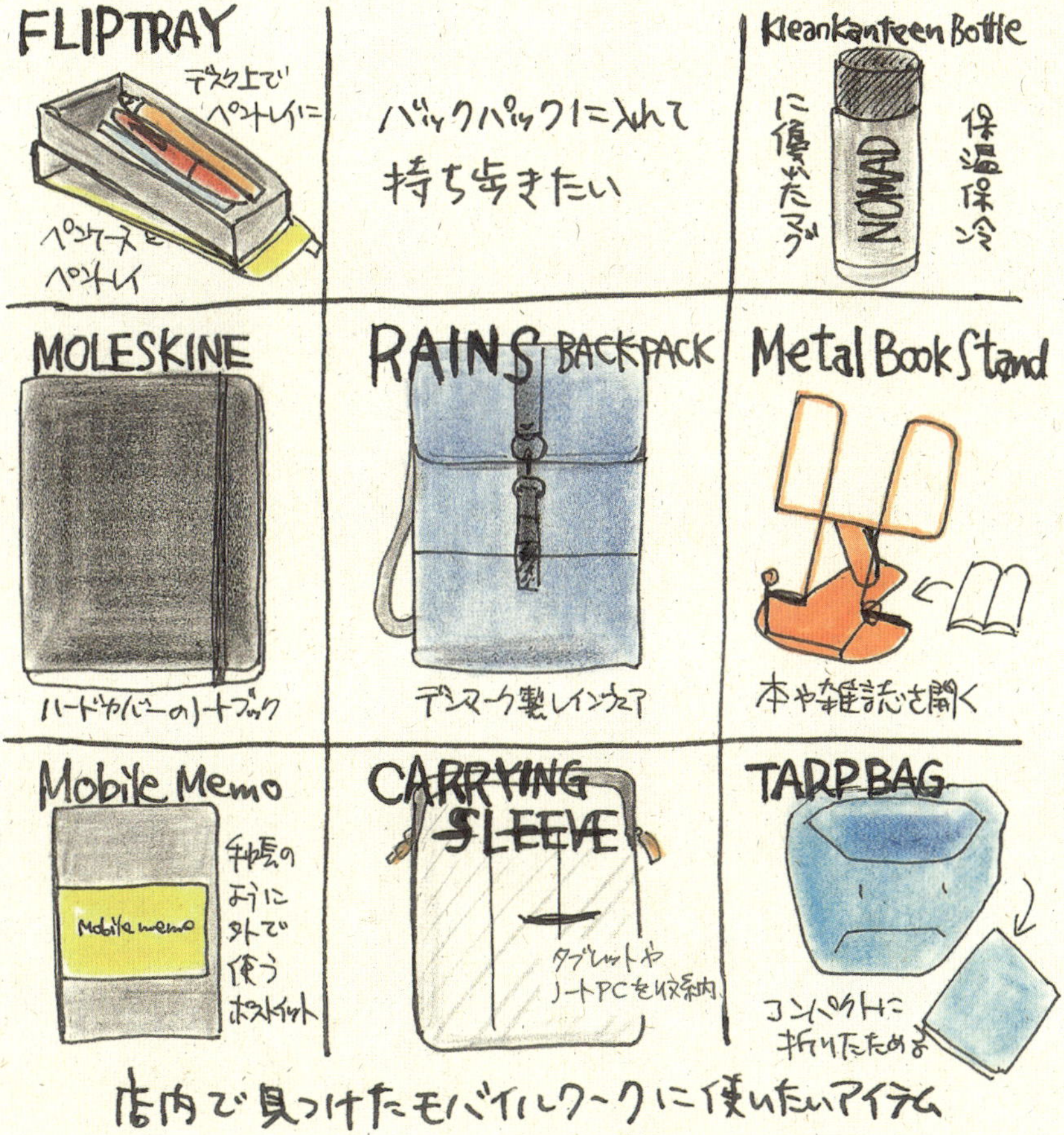

営業 10:00～21:00
休み 無休
URL https://www.tourdebrain-web.com
住所 国立市北1-14-1 nonowa国立 EAST
電話 042-573-3533
駅 JR中央線国立駅北口から徒歩1分

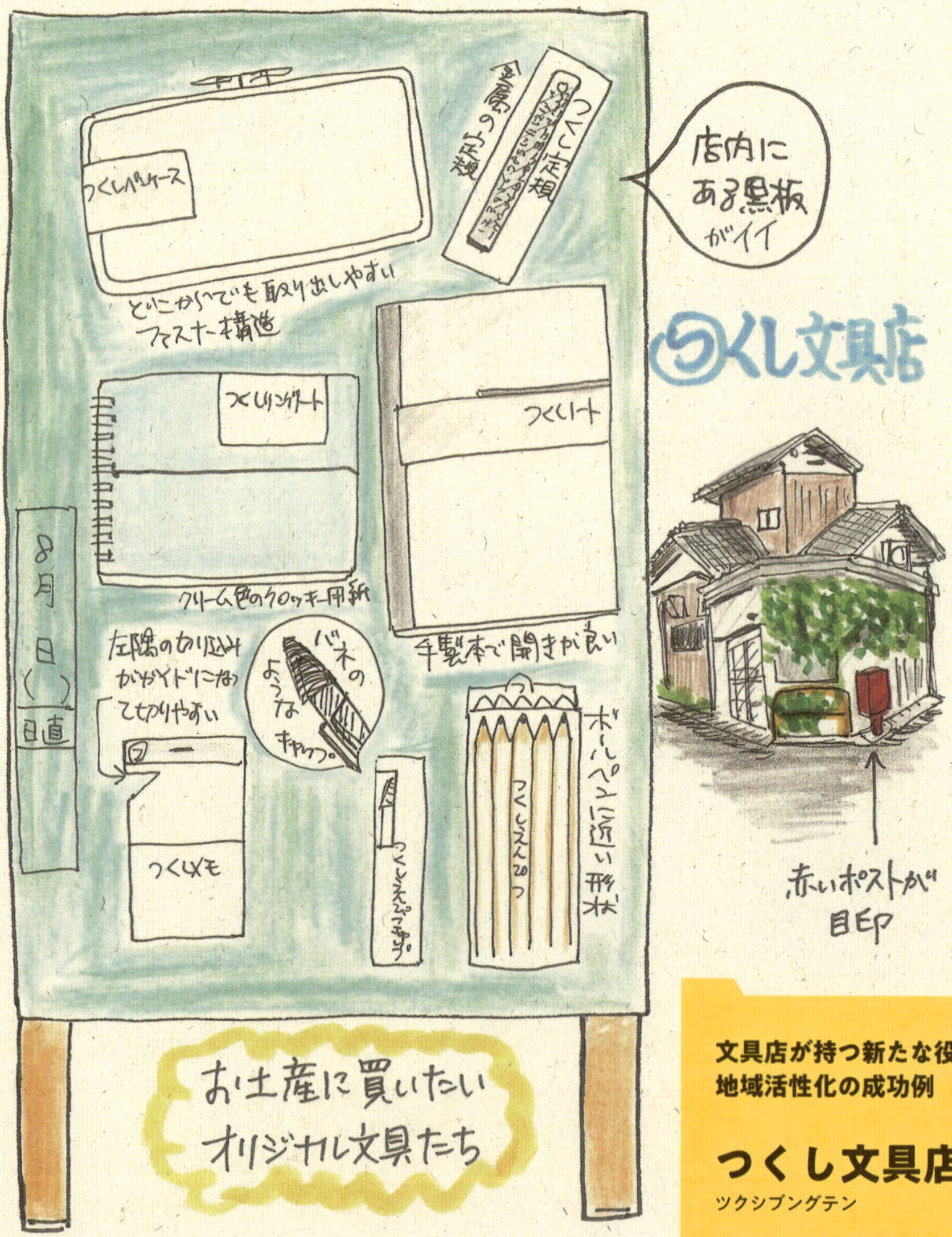

文具店が持つ新たな役割と
地域活性化の成功例

つくし文具店

ツクシブングテン

営業 12:00〜17:00
休み 火
URL http://www.tsu-ku-shi.net
住所 国分寺市西町2-21-7
電話 042-537-7123
駅 JR中央線国立駅北口から立川バス、国分寺第三中学入口バス停から徒歩5分

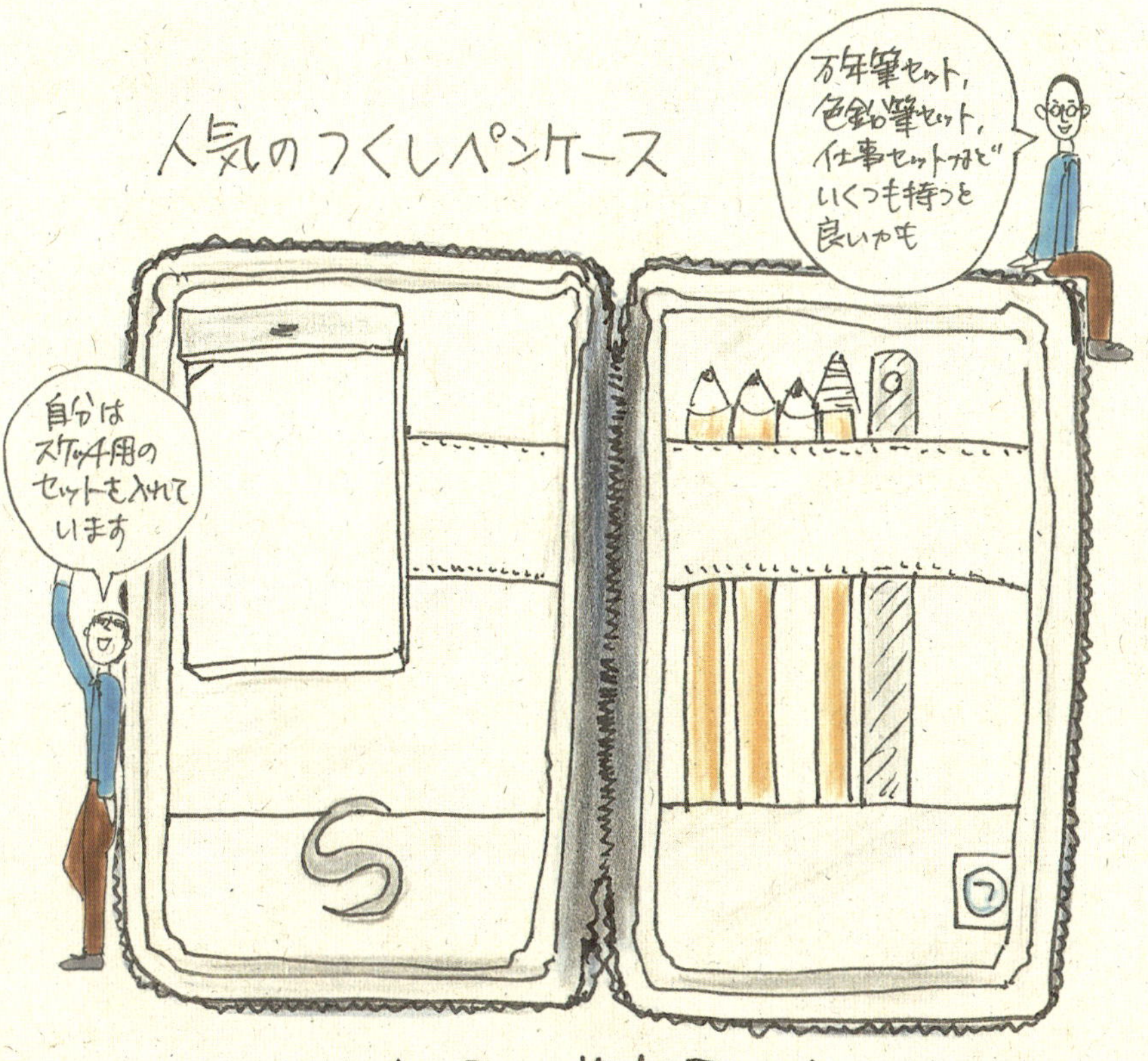
人気のつくしペンケース
万年筆セット、色鉛筆セット、仕事セットなどいくつも持つと良いかも
自分はスケッチ用のセットを入れています

つくしペンケースは複数買って、たくさんの筆記具を入れてみたいアイテム

こだわりの文具を扱う店・つくし文具店は、東京都国分寺市の住宅街の一角にある。店主の実家だった文具店を改装し、2005年にスタート。文具好きの大人がわざわざ訪れるコミュニティスペースでもある。

2012年には「ちいさなデザイン教室」という試みを始め、文具好きの参加者が日直として店番をするシステムを展開。6年間で150人以上が参加し、2019年は8期生が活動する。教室の出身者は様々な形で多摩エリアで活躍し、つくし文具店は町と繋がる場所となった。

オリジナル文具はペンケース、封筒、便箋、リングノート、メモ、鉛筆、鉛筆キャップ、定規、クリップなど。中でも「つくしペンケース」は複数持ちする人もいるほど、文具ファンの間で人気の商品だ。

SHOP COMMENT 駅から歩いて約20分、静かな住宅街にある3坪の小さな店です。海外や地方からも、のんびりした空気感を味わいたい人たちが訪れます。日直とのさりげない会話を楽しむ時間がそこにあります。

表参道・原宿

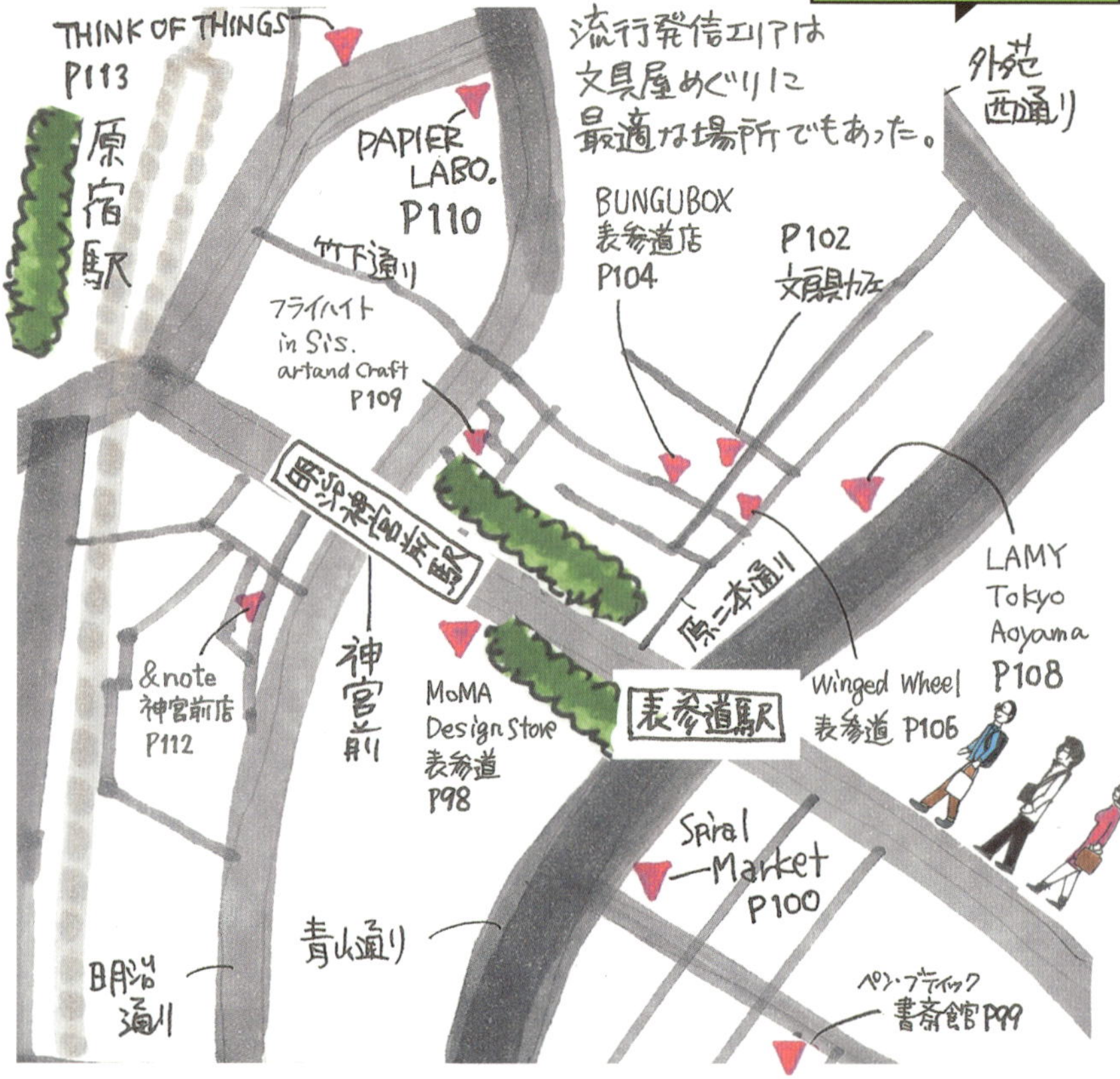

渋谷

Chapter 07

JR 原宿駅から並木道を歩くと、東京メトロ表参道駅に到着する。ファッションの街であり、若者のデートコースとしても人気のエリアだ。

意外かもしれないが、このあたりは文具スポットが多い。散策のスタート地点は原宿駅と表参道駅、どちらでもOK。デザイン性の高い文具に出合えるミュージアムショップ『MoMA《モマ》 Design Store《デザインストア》 表参道』や万年筆専門店の『BUNGUBOX《ブングボックス》表参道店』、店内のカフェスペースで文具や画材が自由に使える『文房具カフェ』も外せない。

渋谷から東横線に乗り、代官山や中目黒にある人気メーカーの直営店にも、ぜひ立ち寄りたい。「情報発信地として知られるエリアだからこそ、店を構えた」という文具屋が多い。足を運んで、それぞれのこだわりを感じてほしい。

代官山・中目黒

両店ともに外観と内部のデザインやインテリアがステキなので一見の価値あり。
旧山手通り
代官山駅
P116
TRAVELER'S FACTORY
NAKAMEGURO
STÁLOGY LABORATORY TOKYO P115
中目黒駅
目黒川
ライフ中目黒店
山手通り

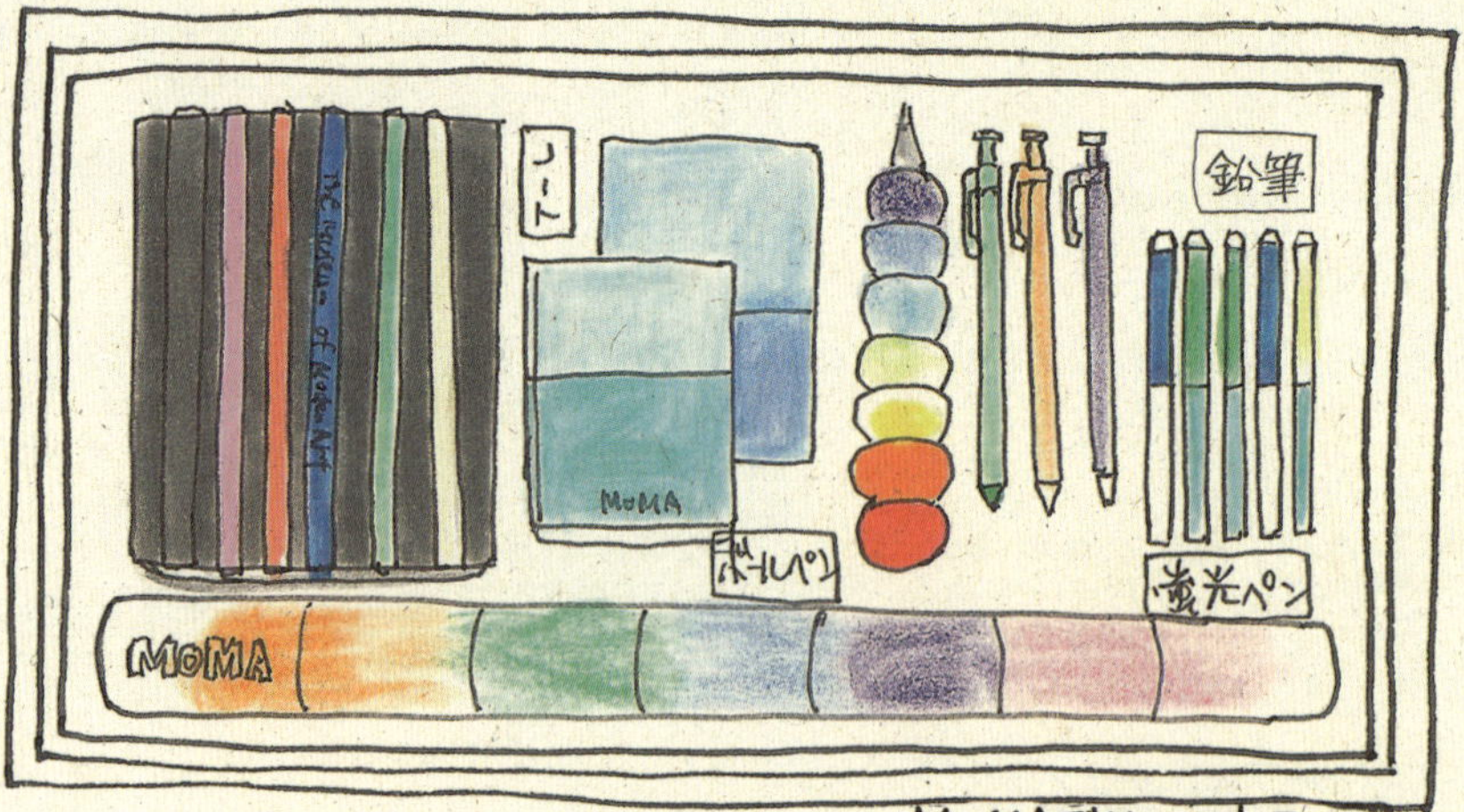

MoMAデザインの文具

先端のデザイン文具

先端のアイテム

表参道で出合う
ニューヨークの審美眼の数々

MoMA Design Store 表参道

モマ デザインストア オモテサンドウ

MoMA《モマ》美術館のキュレーターが厳選した、革新性・独創性にあふれるアイテムが並ぶミュージアムショップ。ニューヨーク以外では、日本にしかない。

MoMAの世界観を表現したオリジナルグッズは、流行を生む原宿エリアの特性や、店舗が入っているファッション複合施設GYRE《ジャイル》のラグジュアリーな雰囲気にもマッチしている。

手頃な値段の文具から高級雑貨まで、幅広いアートを体感してもらいたい。

営業 11:00〜20:00
休み 無休（GYREビルに準ずる）
URL http://www.momastore.jp

住所 渋谷区神宮前5-10-1 GYRE3F
電話 03-5468-5801
駅 東京メトロ千代田線・副都心線明治神宮前駅4番・7番出口から徒歩4分

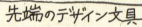

広い書斎空間で
試して見つけるお気に入り

ペン・ブティック 書斎館

ペン・ブティックショサイカン

国

内外の幅広いブランドを扱う筆記具専門店。「ペンもファッションの一部」という考えのもと、お客さんが自分好みのペンに出合えるようサポートする。

プライス順の陳列など、見やすく分類された筆記具を「持ってみたい」「使ってみたい」と感じたものからじっくり試し、満足するまで検討して1本を選ぶ。

レトロなアンティークの調度品があるカフェも併設。店内で過ごす時間が上質になるような工夫であふれている。

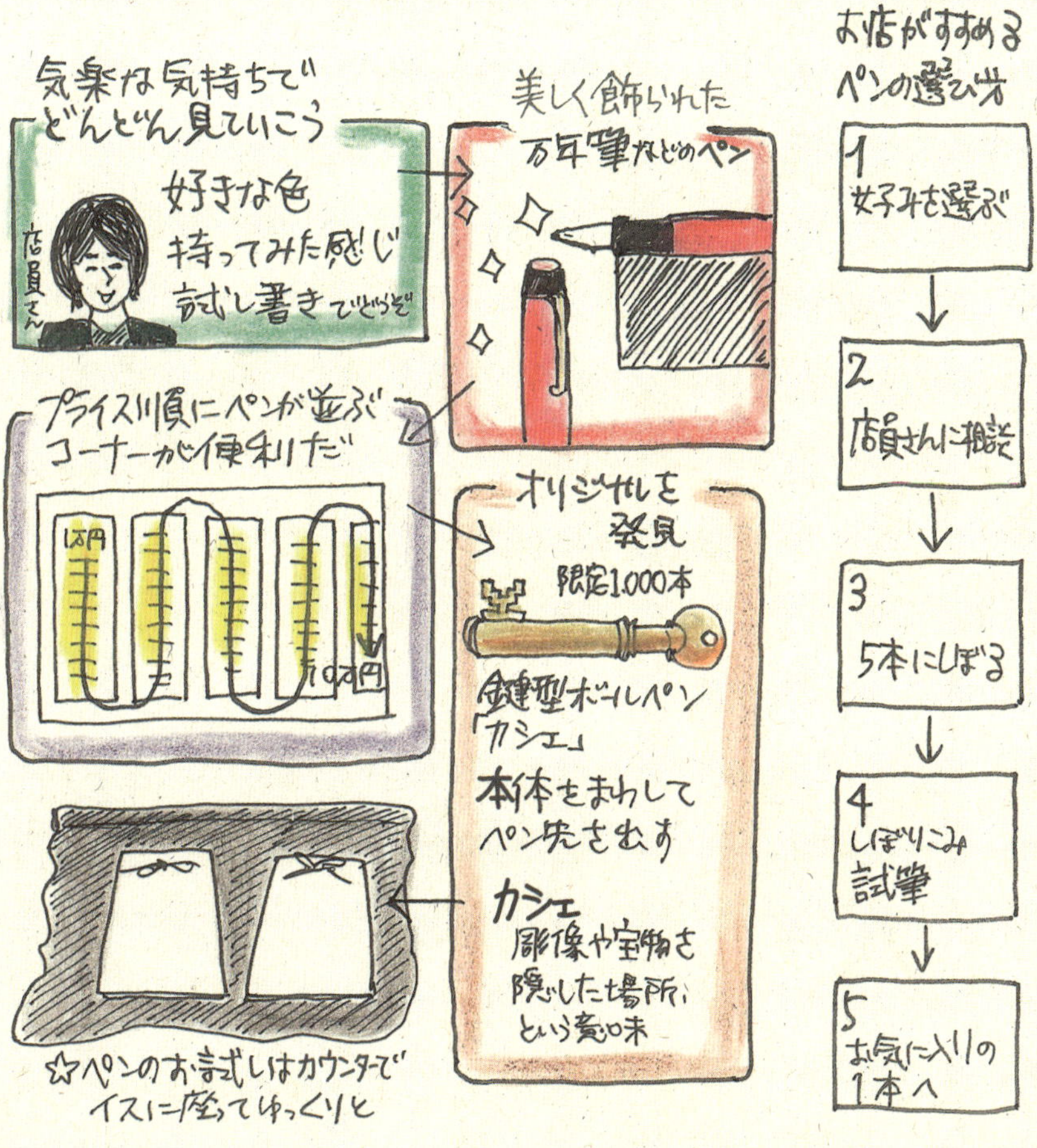

営業 11:00～20:00
休み 水（祝日の場合は翌日）
URL http://www.shosaikan.co.jp

住所 港区南青山5-13-11 パンセビル1F
電話 03-3400-3377
駅 東京メトロ各線表参道駅B1出口から徒歩5分

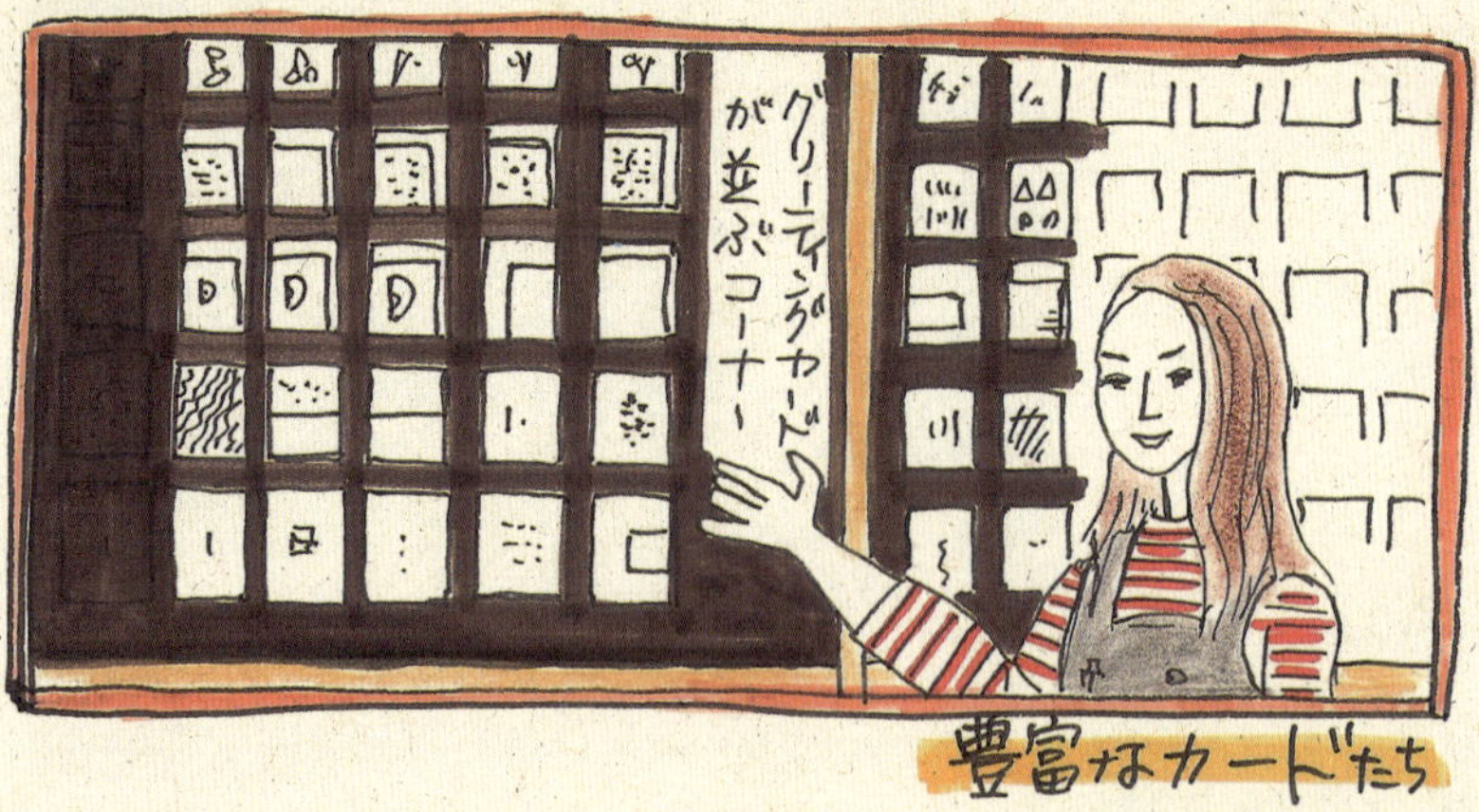
グリーティングカードが並ぶコーナー
豊富なカードたち

永く使えるデザインが並ぶ
青山のアート空間

Spiral Market

スパイラル マーケット

オリジナルノート B6タテスリム
B6タテ, A5タテ, A5ヨコ
それぞれ6色のラインナップ

ノートパッドA4

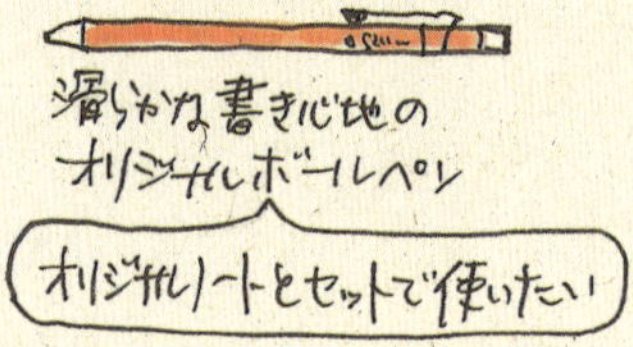
滑らかな書き心地の
オリジナルボールペン
オリジナルノートとセットで使いたい

notebook
A5ヨコ

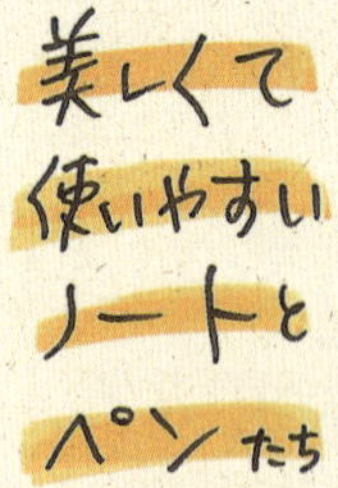
美しくて
使いやすい
ノートと
ペンたち

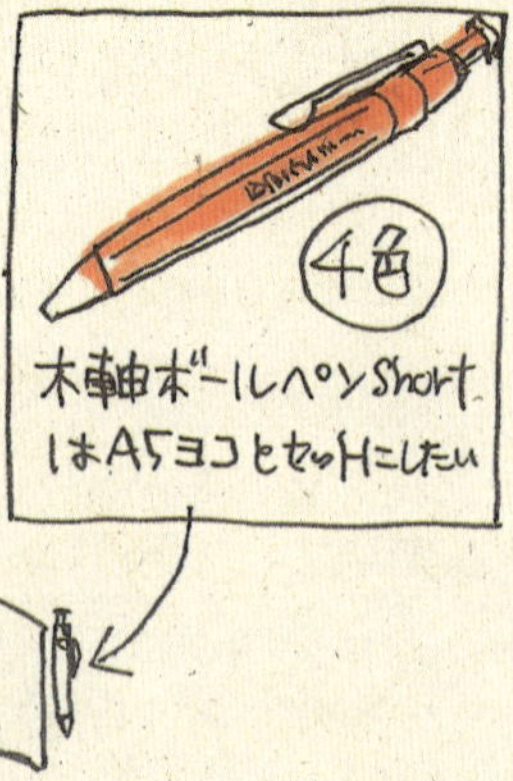
4色
木軸ボールペンShort
はA5ヨコとセットにしたい

営業 11:00〜20:00
休み 無休（スパイラルに準ずる）
URL http://www.spiralmarket.jp

住所 港区南青山5-6-23 スパイラル2F
電話 03-3498-5792
駅 東京メトロ各線表参道駅B1出口からすぐ

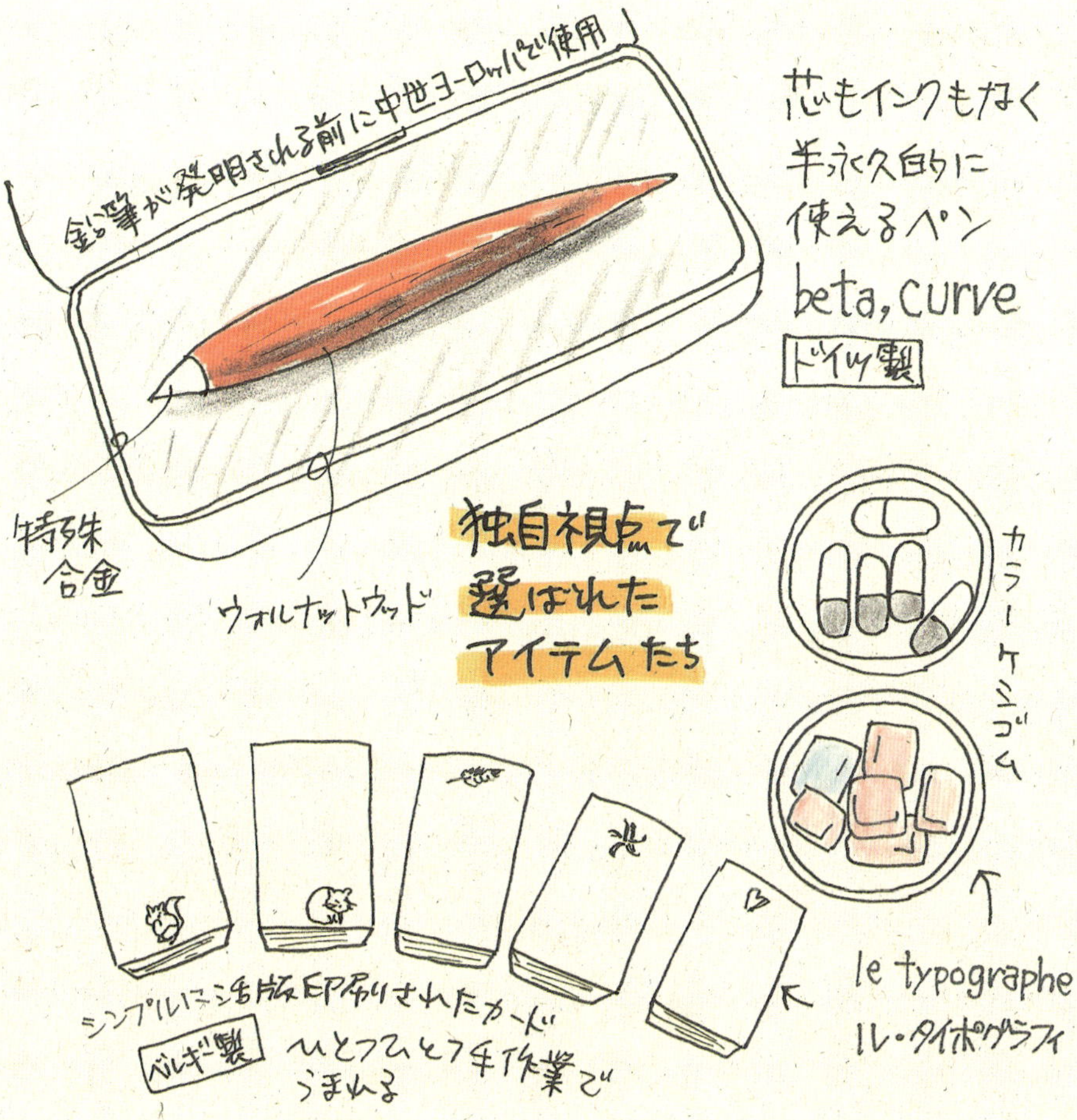

アートスペースを持つ複合文化施設スパイラル内のセレクトショップSpiral《スパイラル》 Market《マーケット》は、1985年にセレクトショップの先駆けとしてスタートした。「エターナルデザイン」をコンセプトに、暮らしに溶け込み永く愛用でき、作り手の思いが伝わってくるような生活雑貨を集めている。

ディスプレイはシーズンごとに入れ替え、国内外問わずラインナップ。ベルギーの活版印刷によるペーパープロダクトブランドのグッズやドイツのノートブランドなどの海外もの、こだわりを持った作り手による国内文具などが並ぶ。木軸ボールペンやノートなどのオリジナルグッズも人気だ。

ラッピング関連のグッズも多い。品物を持ち込むと、店員さんが包装紙に包んでくれるサービスもあるので便利だ。

SHOP COMMENT 生活に携わる分野のモノ作りをしている作家・クリエイターの作品をご紹介するシリーズ企画「spiral market selection」も開催。400回以上を数える人気企画なので、ぜひご覧ください。

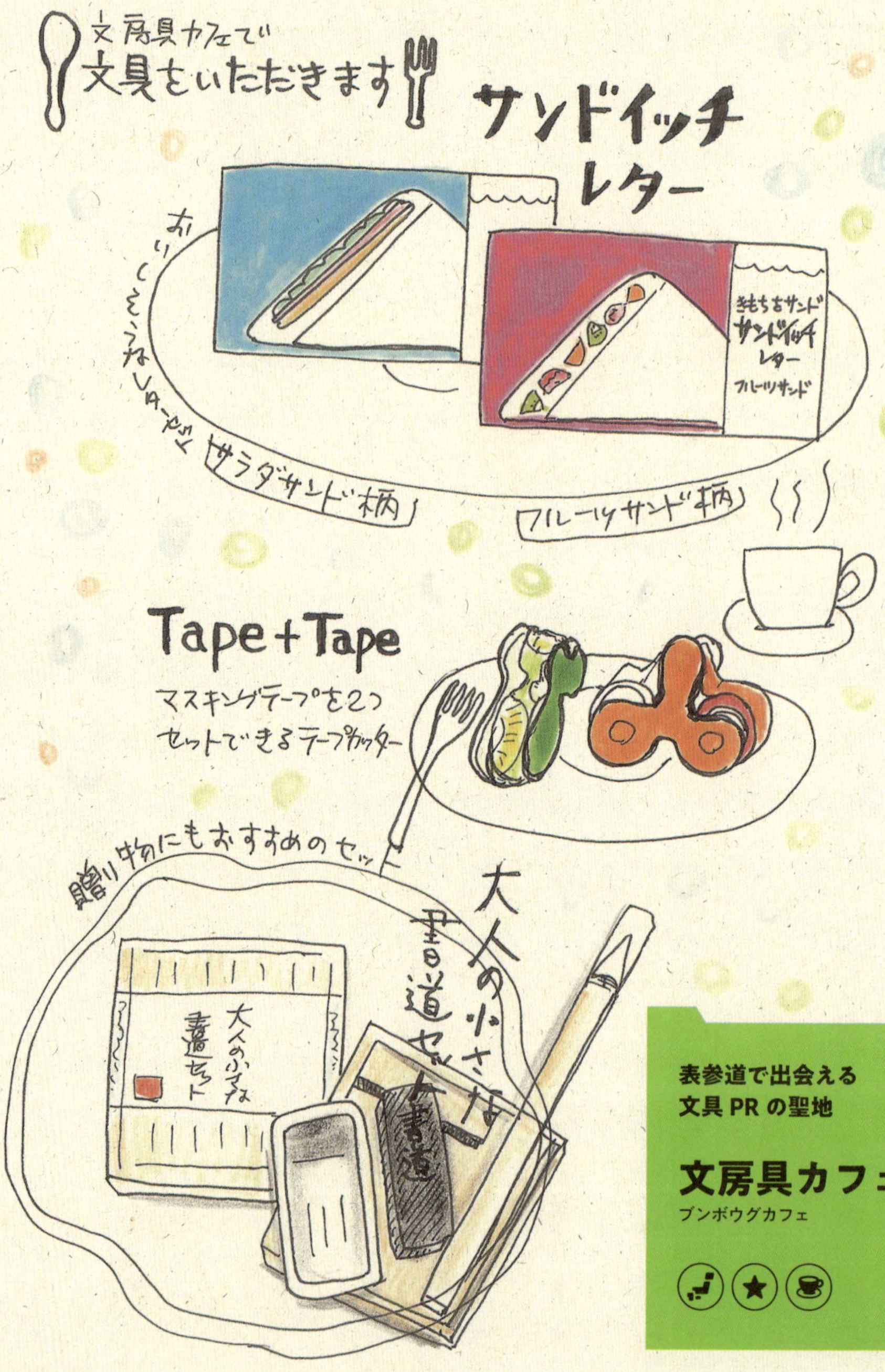

表参道で出会える
文具 PR の聖地

文房具カフェ

ブンボウグカフェ

営業 11:00～22:00
休み 火
URL https://www.bun-cafe.com

住所 渋谷区神宮前4-8-1 内田ビルB1F
電話 03-3470-6420
駅 東京メトロ各線表参道駅A2出口から徒歩4分

一流ファッションブランドの路面店が並ぶ表参道には、かつて「文具」というキーワードがなかった。そんな表参道にあえて、「品質の良さでは文具もファッションアイテムに負けない」という考えのもと生まれたのが同店である。

店内のカフェスペースでは、自由に使える文具や画材を用意。さらに、新製品発表会やトークイベントなど、文具メーカーとユーザーを近づける潤滑油のような楽しいイベントを数多く手掛けている。

表参道という場所柄、直感的に「かわいい文具を使ってみたい」というようなライトユーザーも多く来店する。最近ではアニメコラボのトータルプロデュースも展開。飲食メニューの開発、コラボグッズの販売などを通じて、アニメファンからも注目を浴びている。

文房具福袋
1000円以上の文具が入っている
お得な福袋
しょうが、ねり梅、生わさびのマーカー
特選 生しょうが
ねり梅
特選 生わさび
割り箸ボールペン
いろマーカー
チューブもしぼってしまいそうなマーカー
おつまみによさそうな…
豆腐一丁
かまぼこ
ふせんもお皿にのせてみました
ごちそうさまでした

SHOP COMMENT 文房具カフェオフィシャル会員（入会費700円）になると、店内の机の引き出しの合鍵がもらえて裏メニューを注文できたり、中に入っている文房具を自由にお使いいただけます。

BUNGUBOX
オリジナルボトルインク
Ink tells more

ガラスのハイヒールのような形の美しいボトルを店舗でチェックしよう

レジカウンター

スイスの家具メーカーUSMの棚がカッコイイ

こだわりのインクボトルに出合う
流行発信地の万年筆専門店

BUNGUBOX
表参道店

ブングボックス オモテサンドウテン

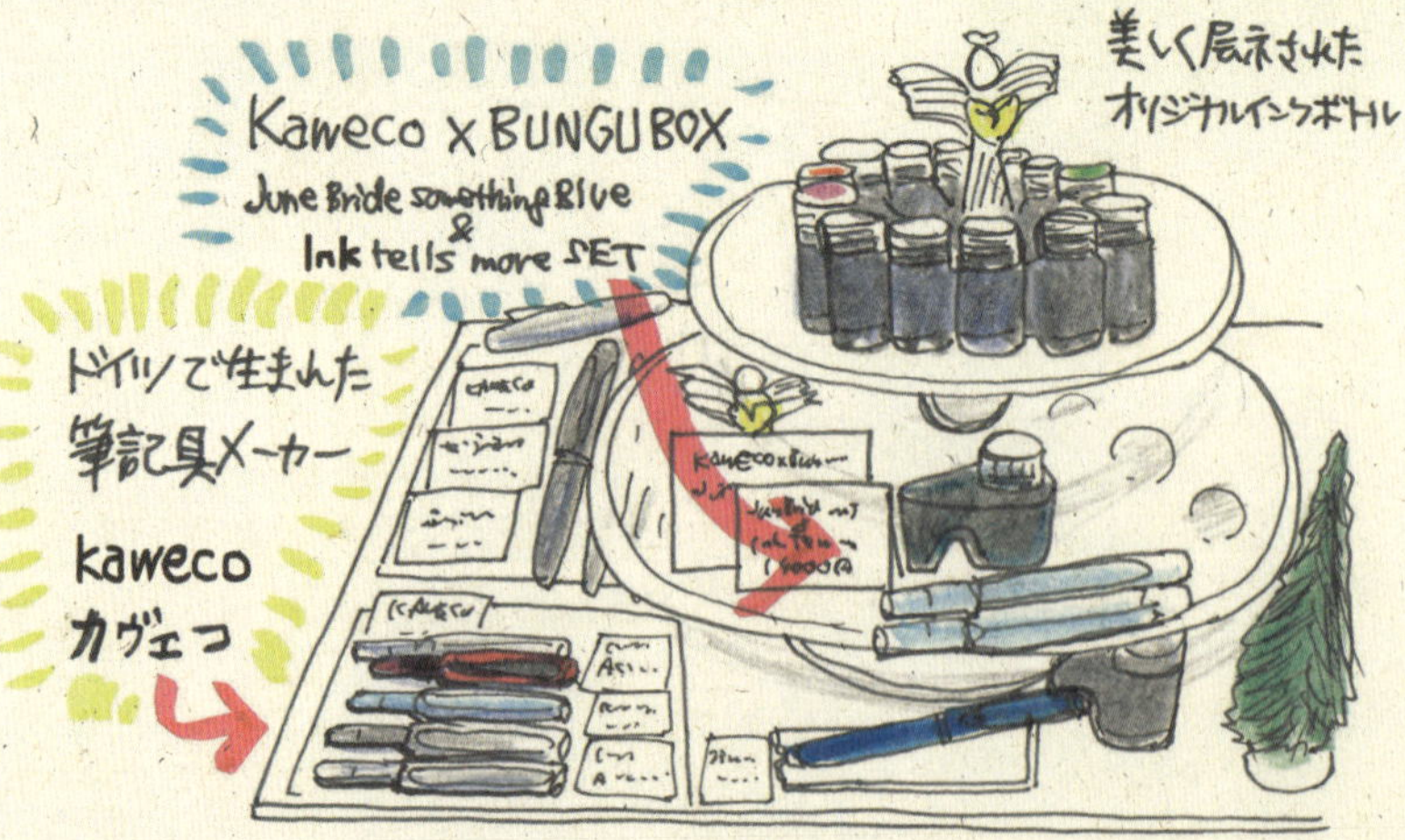
美しく展示された
オリジナルインクボトル
Kaweco x BUNGUBOX
June Bride something Blue
&
Ink tells more SET
ドイツで生まれた
筆記具メーカー
kaweco
カヴェコ

営業 11:00～19:00、日・祝／～18:00、
毎月最終金／15:00～21:00
休み 不定休
URL http://bung-box.com

住所 渋谷区神宮前4-8-6 メイプルハウスD-1
電話 03-6434-5150
駅 東京メトロ各線表参道駅A2出口から徒歩3分

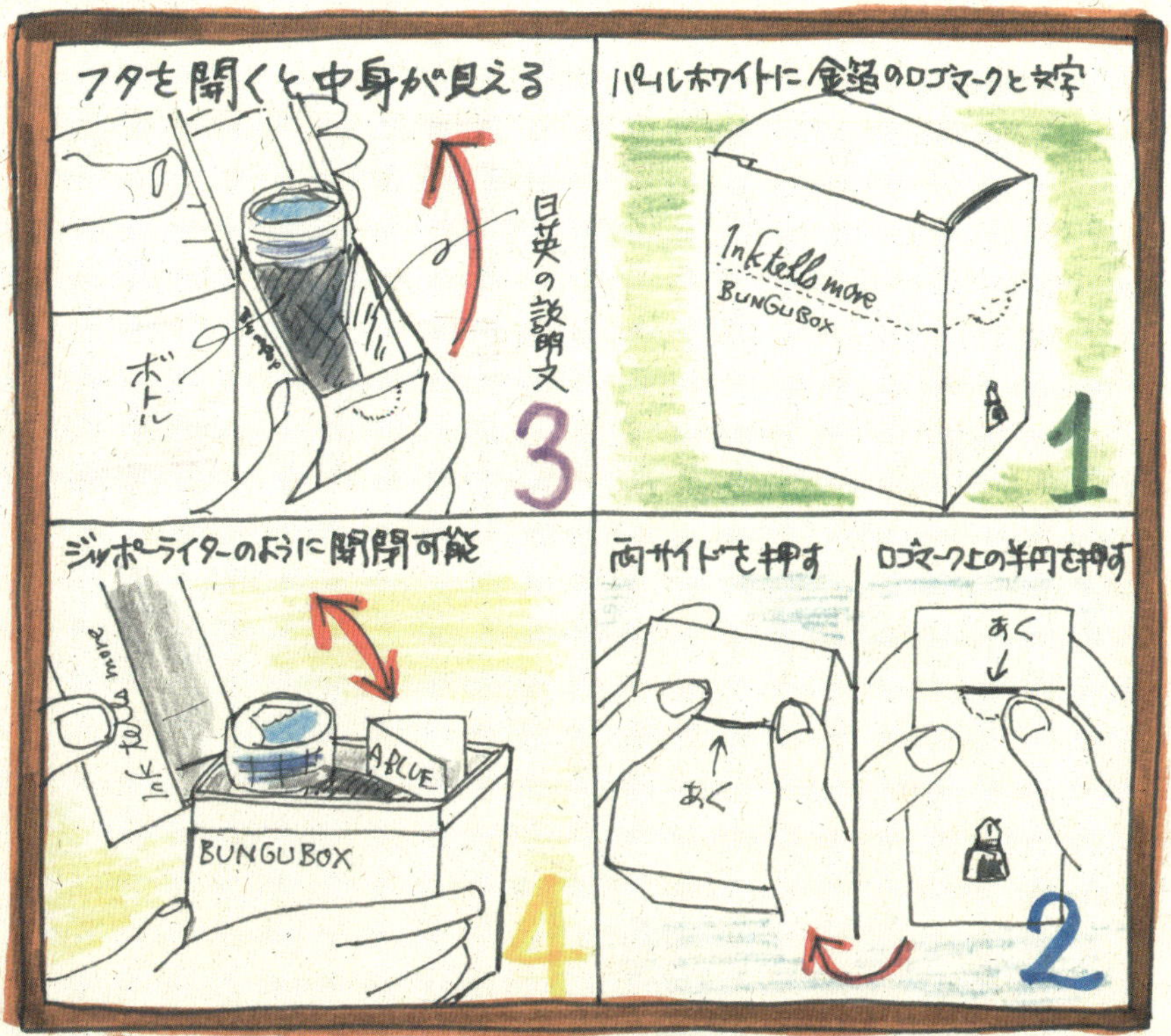

Ink tells moreのボックス 開け方と利用方法

静岡県で人気の万年筆専門店が東京に進出。表参道を選んだのは、万年筆とオリジナルインクにイメージが合う町だったからだという。

万年筆から万年筆関連グッズまで幅広く展開し、2018年にはガラスのハイヒールのような形状の新型ボトルインクを発売。インクの吸い出しやすさを熟考した、こだわりのデザインだ。ボトルにラベルやシールを貼らないことで、インクの色も映える。他に、万年筆専門家とコラボしたオリジナルアイテムも人気だ。

国内客と、海外からの観光客の割合は半々。アメリカ・シンガポール・台湾・中国・オーストラリアなど、世界中の万年筆愛好家が同店のオリジナルグッズを求めて訪れている。

SHOP COMMENT 一流万年筆メーカーに依頼して作った、美しい軸の色と天冠にワンポイントで施された輪島螺鈿蒔絵《らでんまきえ》が魅力のオリジナル万年筆は、ここでしか買えない超おすすめの商品です。

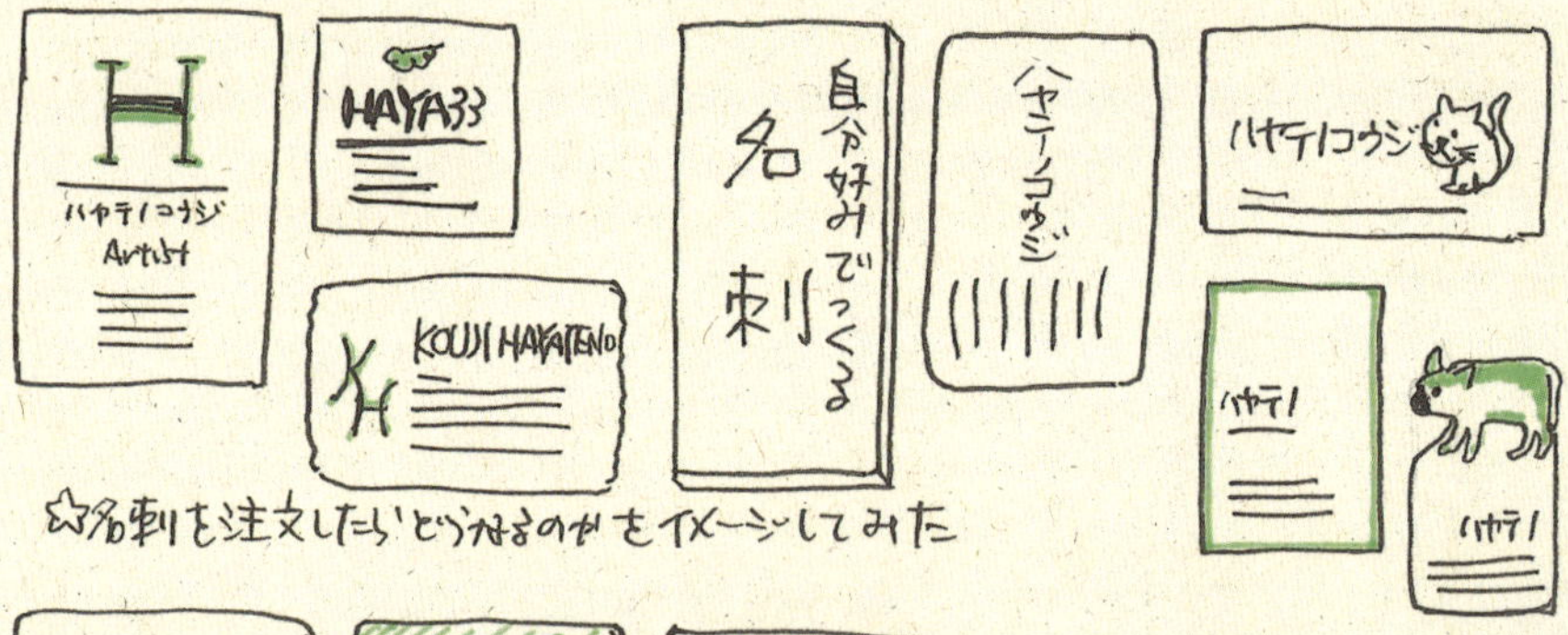
ハヤテノコウジ
Artist
HAYA33
KOUJI HAYATENO
自分好みでつくる名刺
ハヤテノコウジ
ハヤテノコウジ
ハヤテ!
ハヤテ!
☆名刺を注文したらどうなるのかをイメージしてみた

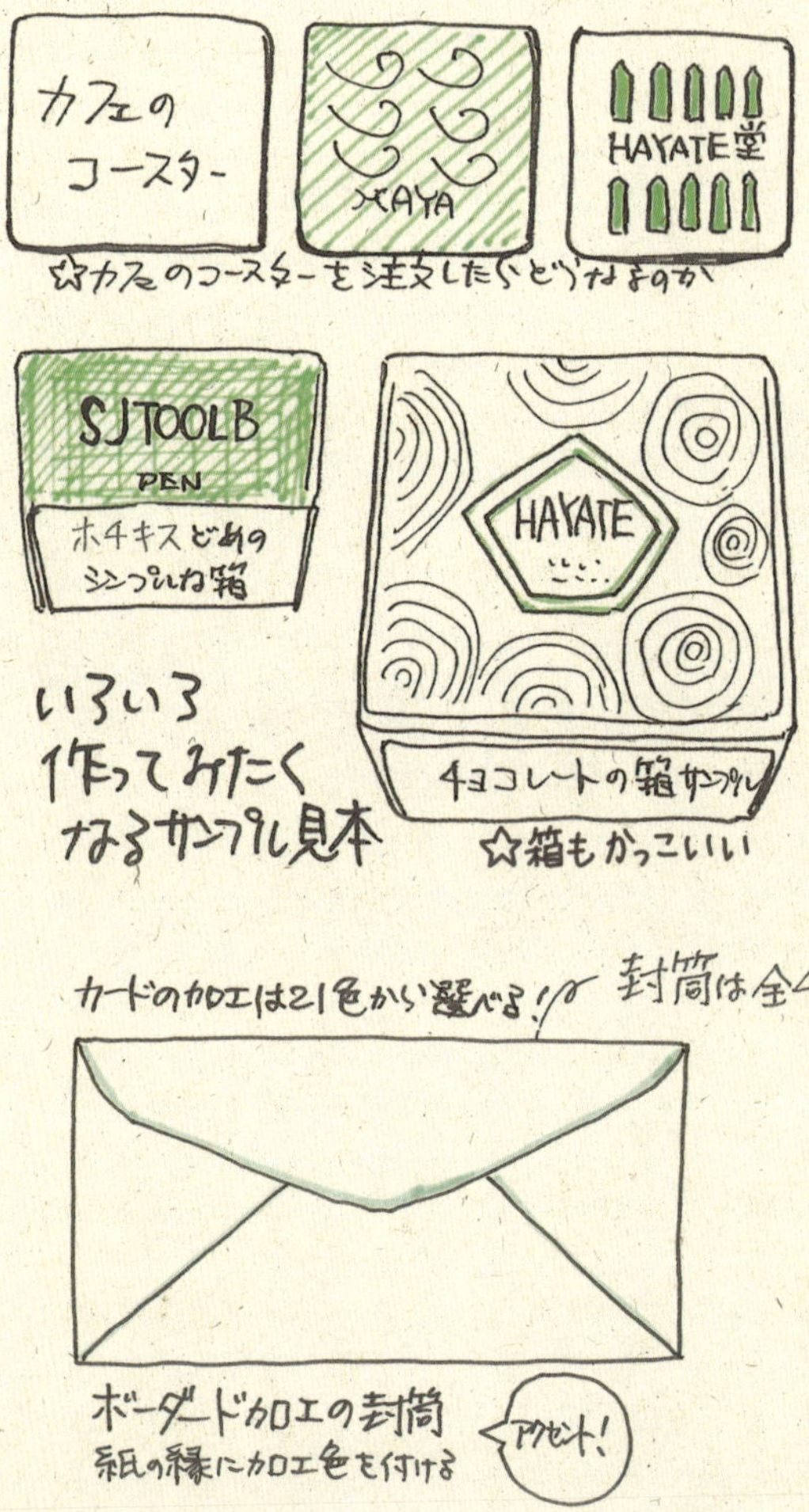
カフェのコースター
HAYA
HAYATE堂
☆カフェのコースターを注文したらどうなるのか
SJTOOLB
PEN
ホチキスどめのシンプルな箱
HAYATE
チョコレートの箱サンプル
☆箱もかっこいい
いろいろ作ってみたくなるサンプル見本
カードの加工は21色から選べる!
封筒は全4色
ボーダード加工の封筒
紙の縁に加工色を付ける
アクセント!

国産の手紙用品専門店で
豊富な紙に触れる幸せ

Winged Wheel
表参道

ウイングド・ウィール オモテサンドウ

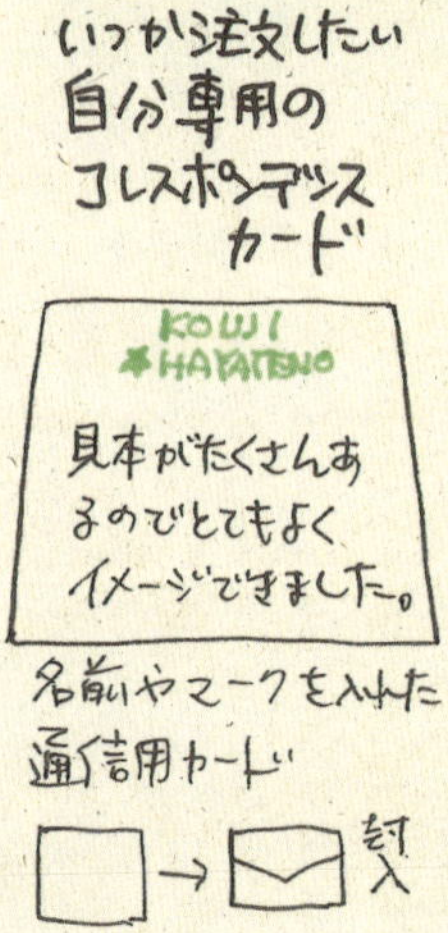
いつか注文したい
自分専用の
コレスポンデンス
カード
KOUJI
HAYATENO
見本がたくさんあるのでとてもよくイメージできました。
名前やマークを入れた
通信用カード
封入

営業 11:00～20:00
休み 火（祝日の場合は営業）
URL https://www.winged-wheel.co.jp

住所 渋谷区神宮前4-5-4
電話 03-5785-0719
駅 東京メトロ各線表参道駅A2出口から徒歩3分

SOAP
美しくて見やすい
サンプルを確認
イメージがどんどん
ふくらむ
厚紙の四隅をホチキス
で留めたシンプルな箱

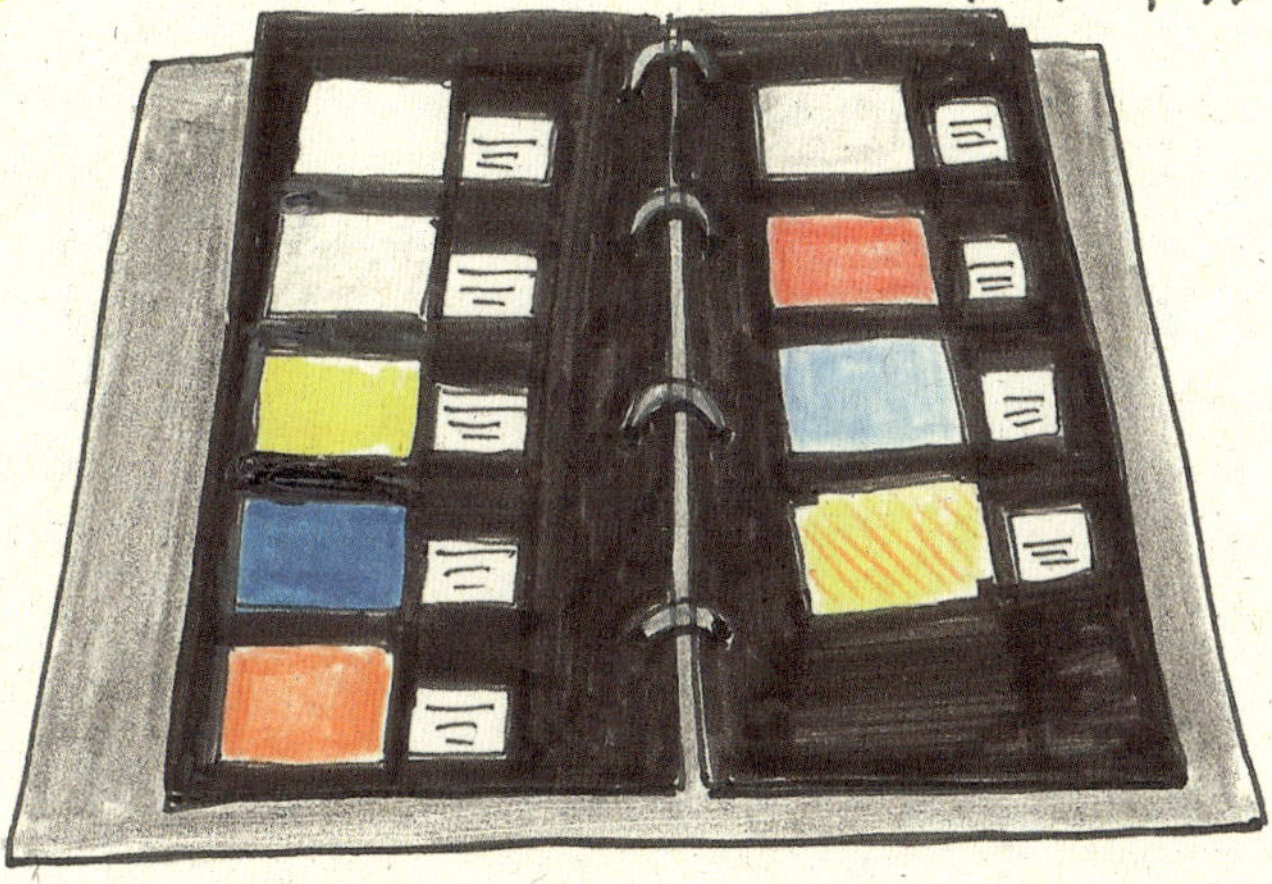
ネームカードの見本

封筒メーカーが運営する手紙用品専門店Winged《ウイングド》 Wheel《ウィール》表参道では、封筒・カード・便箋など素材にこだわり、すべて自社工場で生産したアイテムを販売している。

「わざわざ来店してもらえる店にしたい」と考え、奥まった路地に店舗を構えた。紙は触らないとわからないので迷っているお客さんが多い。そこでお客さんの用途を聞き、最適な商品を選べるようにサポートしている。

アパレル企業の発表会に使用する案内状の印刷オーダーや、ウエディングを控えたカップルから招待状などの相談を受けることも多いという。場所柄、海外からの観光客も訪れる。手紙文化に慣れた欧米のお客さんたちは、ここで購入した手紙を自分宛に投函し、帰国する頃に届くのを楽しんでいるとか。

SHOP COMMENT 店内には数百種類の紙製品が並んでいます。ほとんどの商品に、オーダーメイドで加工することが可能。アナログな雰囲気の活版印刷や箔押し加工を施し、名刺や案内状が作れます。

LAMYファン必見
試しながら買い物を満喫

LAMY Tokyo Aoyama

ラミートウキョウアオヤマ

ドイツの筆記具メーカーLAMY《ラミー》による、ドイツ国外では初めての路面店である。

　世界中で売れているSafari《サファリ》や2000など、様々なシリーズを展開。気になる製品があれば手に取って、店員さんの解説を聞きながら書き味や持ち味を試してみよう。LAMYが持つシンプルでモダンなスタイル、使うことで感じる機能美を、店員さんとおしゃべりしながら味わうことができる。天候による特別サービスも実施しているので注目だ。

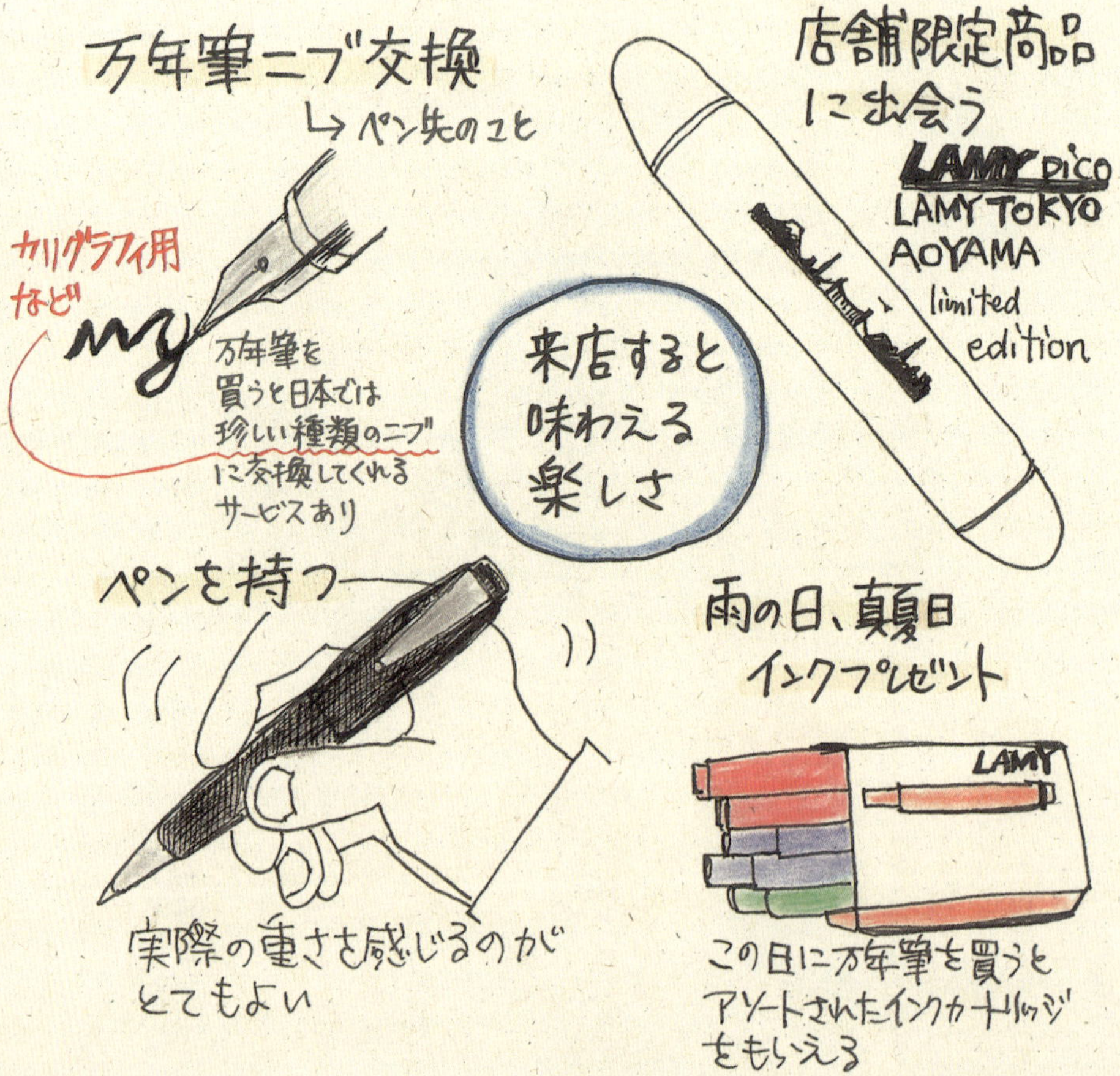

万年筆ニブ交換
→ペン先のこと
カリグラフィ用など
万年筆を買うと日本では珍しい種類のニブに交換してくれるサービスあり
来店すると味わえる楽しさ
店舗限定商品に出会う
LAMY pico
LAMY TOKYO AOYAMA
limited edition
ペンを持つ
実際の重さを感じるのがとてもよい
雨の日、真夏日
インクプレゼント
LAMY
この日に万年筆を買うとアソートされたインクカートリッジをもらえる

営業 11:00～20:00
休み 無休
URL http://www.lamy.jp
住所 港区北青山3-5-8
電話 03-6721-0771
駅 東京メトロ各線表参道駅A3出口から徒歩4分

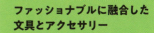

ファッショナブルに融合した
文具とアクセサリー

フライハイト in Sis. art and craft

フライハイト イン シス アート アンド クラフト

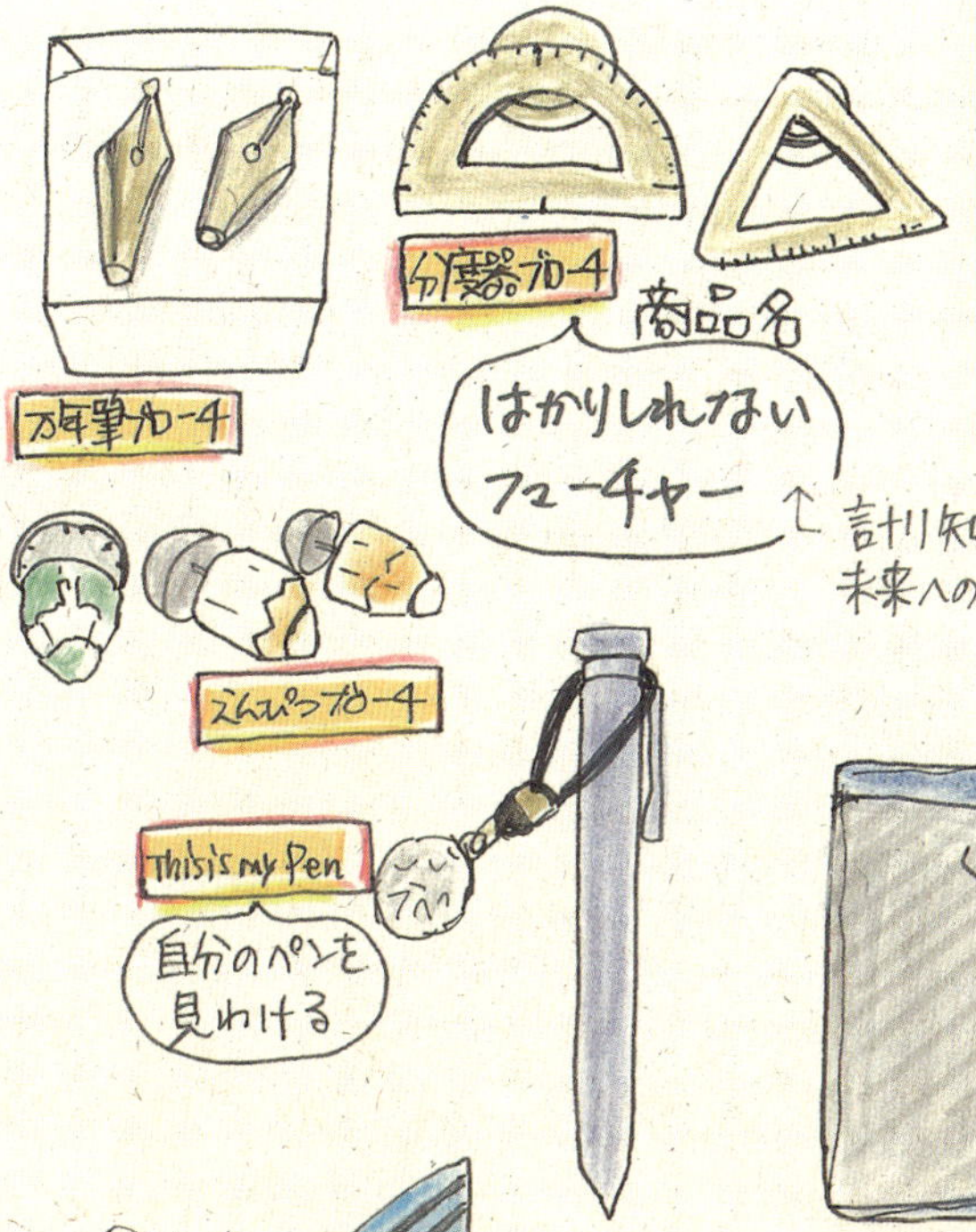

万年筆ブローチ
分度器ブローチ
商品名
はかりしれないフューチャー
えんぴつブローチ
This is my Pen
自分のペンを見わける

↑計り知れない可能性を秘めた未来への思いも込めたピンブローチ
リンゴモチーフのバッグ
↑店長シスターのアート

ペンチーフ

文具ファンの間で人気だった原宿の文具ショップ・フライハイト。惜しまれながら2014年に閉店し、現在は同じビルの雑貨店Sis.《シス》の店内で、ひとつのコーナーとして営業している。

誰も見たことがないような文具や雑貨を、海外での買いつけや仕入れによってセレクト。店主のお姉さんが制作したアートを、デザイン雑貨にしたグッズも人気だ。文具をモチーフにしたオリジナルアクセサリーがフライハイトとSis.のコラボで生まれ、話題を呼んでいる。

営業 13:00〜20:00
休み 月（祝日の場合は翌日）
URL http://www.freiheit-net.com
住所 渋谷区神宮前4-31-16 原宿'80 3F
電話 03-3479-6303
駅 東京メトロ千代田線・副都心線明治神宮前駅から徒歩1分

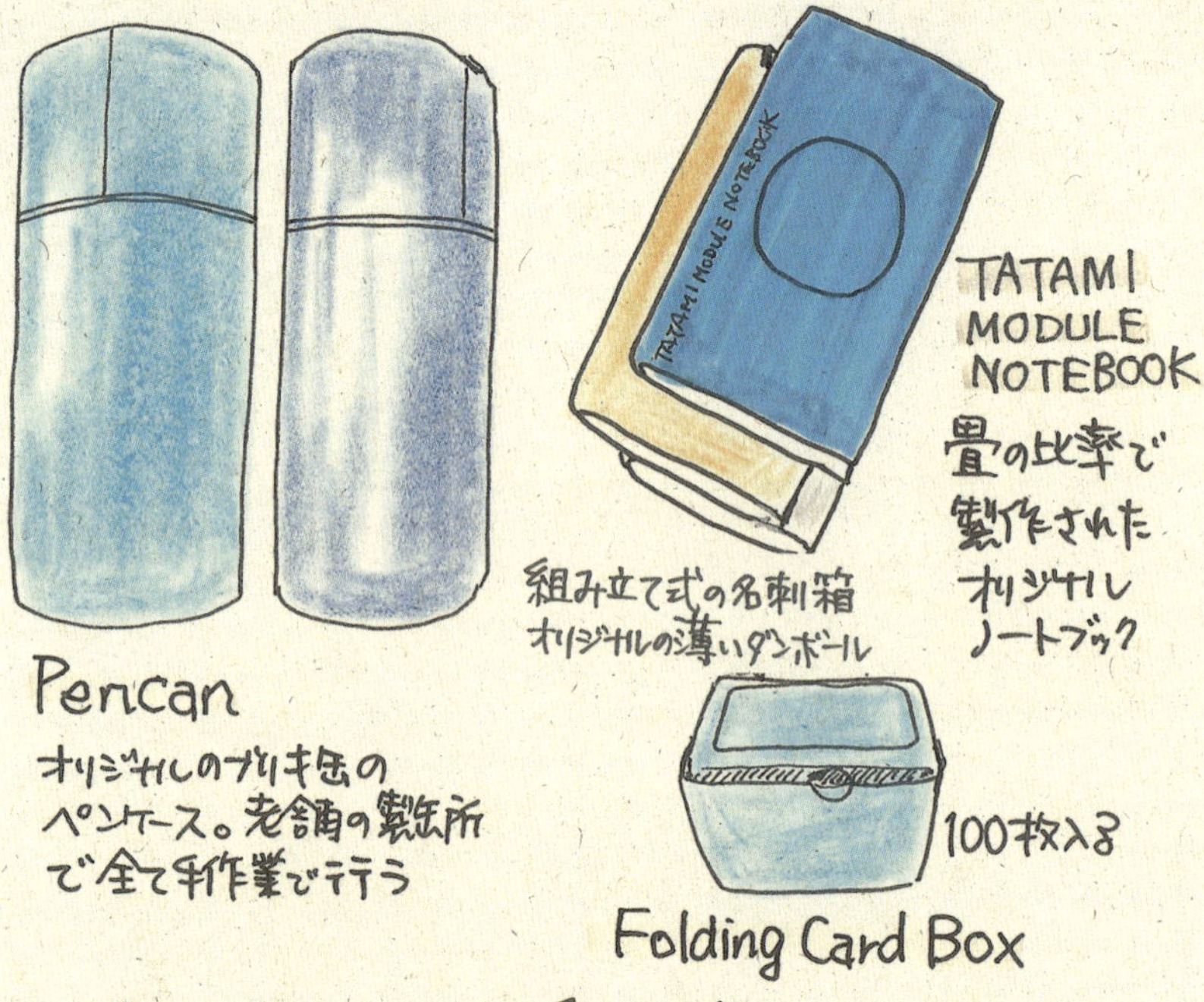
TATAMI MODULE NOTEBOOK
TATAMI
MODULE
NOTEBOOK
畳の比率で
製作された
オリジナル
ノートブック
組み立て式の名刺箱
オリジナルの薄いダンボール
Pencan
オリジナルのブリキ缶の
ペンケース。老舗の製缶所
で全て手作業で行う
100枚入る
Folding Card Box

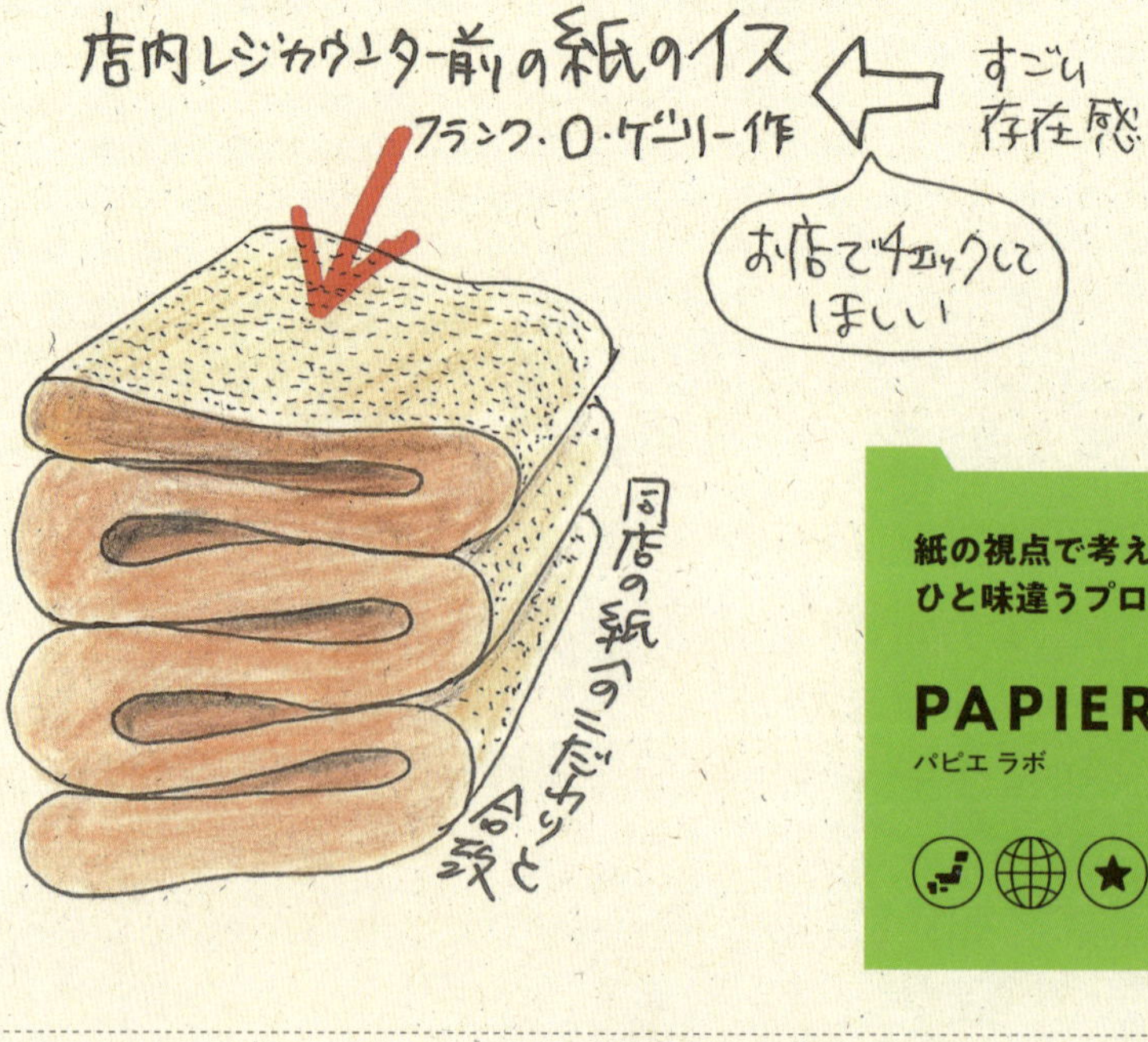
店内レジカウンター前の紙のイス
フランク・O・ゲーリー作
すごい
存在感
お店でチェックして
ほしい
同店の紙へのこだわりと合致

紙の視点で考え抜かれた
ひと味違うプロダクト

PAPIER LABO.

パピエ ラボ

営業 11:00〜19:00
休み 月
URL http://papierlabo.com

住所 渋谷区神宮前1-1-1
電話 03-5411-1696
駅 JR山手線原宿駅から徒歩８分

「紙と紙にまつわるプロダクト」をテーマにした雑貨店。紙の種類や印刷方法によって、モノ作りや表現が広がることにおもしろさを感じた店主がオープンした。

現在は紙をきっかけに繋がっていく発想や作り手とのネットワークをもとに、オリジナルプロダクトの開発を行う。活版印刷による名刺など、印刷物のオーダーも受けている。

お客さんが買い物をする際には、紙や印刷について一言添えるようにしている。商品ごとになぜ色が違うのか。なぜこの構造になっているのか。それを聞いたお客さんの反応を伝えると、印刷の職人たちも喜んでくれるという。印刷加工に興味を持ったお客さん、印刷のプロや感度の高い人々が来店し、様々なアイデアが交換されている。

カウンター風景

Pencilvilla
家型の鉛筆削り
シャープナーはステッドラー製
CHACOLI Card case
美しい名刺ケース
台付きしおり
関昌生

SHOP COMMENT オリジナルプロダクトの他にも、出掛けた先で見つけたものや縁ある人が作っているものなど、国内外問わず、店主の好みや繋がりを頼りにセレクトしたプロダクトを取り扱っています。

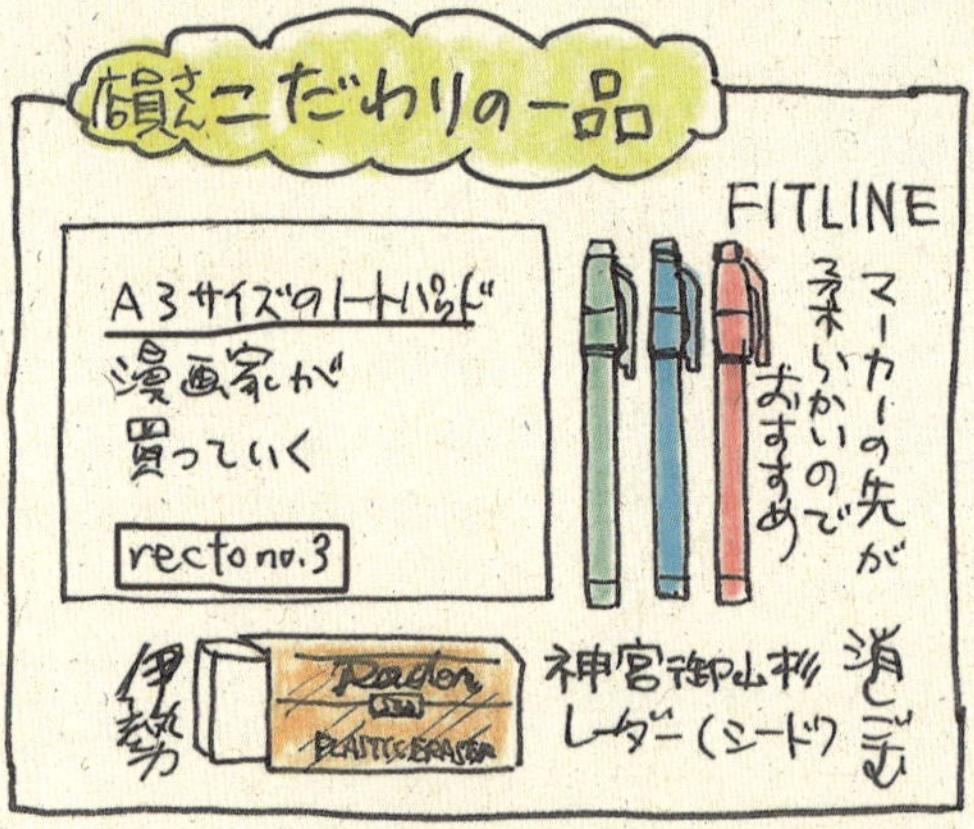

路地裏のドキドキ
推し文具を探す楽しみがある

＆note神宮前店

アンドノート ジングウマエテン

明治神宮前にある文具・雑貨店＆note《アンドノート》では、大手が扱わない・他ではあまり見かけない文具をそろえている。新製品やキャラクターものは扱わないのがこだわりだ。

お客さんに自分の〝推し文具〟を見つけてもらうため、メーカーから提供された什器を使わずに独自のセンスで陳列。「黄色文具コーナー」など、一味違ったカテゴリーを設定している。

同店の母体である雑貨メーカーが制作したオリジナルノートも人気だ。

営業 11:00〜19:00
休み 不定休
URL https://www.and-note.com

住所 渋谷区神宮前6-32-5 ドルミ原宿1F
電話 03-6427-4784
駅 東京メトロ千代田線・副都心線明治神宮前駅7番出口から徒歩1分

クリエイティブを生む
文具とカフェの曖昧な境界

THINK OF THINGS

シンク オブ シングス

文具と家具、飲食を楽しめる複合的な店舗が千駄ヶ谷にある。文具とオフィス家具、事務機器を扱うメーカーのコクヨが実験店として運営。デザインやクリエイティブに関心がある国内外のお客さんが多い。

紙と鉄、ダンボールとファイルなど異分野の素材をかけ合わせたオリジナル文具や、完成までの仕上げをユーザーに委ねる〝ハーフメイド〟の雑貨など、今までの既成概念を打ち破るようなプロダクトの数々に出会える。

CAFE
カフェ、庭、文具、雑貨のあいまいな境界を体験する空間

営業 10:00～20:00
休み 第2・4水
URL https://think-of-things.com
住所 渋谷区千駄ヶ谷3-62-1
電話 03-6447-1113
駅 JR山手線原宿駅竹下口から徒歩3分

包む楽しさを伝える
渋谷のラッピングスペース

WRAPPLE wrapping and D.I.Y.+cafe

ラップル ラッピング アンド
ディーアイワイ プラスカフェ

包装紙や紙袋、ラッピングから文具用品まで幅広く扱う、文具商社シモジマの新業態店。コンシューマー向けラッピング素材の普及促進を目的に、ラッピングとDIYをテーマにした商品を展開。1階にはカフェもある。

手作りを楽しむ女子を応援するために、アルバム作りや水引き、消しゴムはんこなどのワークショップも多数実施。紙のDIYが好きな店員さんがスタンバイし、持ち込みラッピングサービスも行っている。

営業 10:00〜20:00
休み 不定休
URL http://www.wrapple.jp
住所 渋谷区宇田川町12-17 プロトビル1F・2F
電話 03-5428-8284
駅 東京メトロ各線渋谷駅から徒歩6分

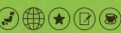

代官山でセットする
文具のギフトボックス

STÁLOGY LABORATORY TOKYO

スタロジー ラボラトリー トウキョウ

社員の
ブランド担当
文具好きの皆さん
レジ裏の棚が郵便局を想像させる

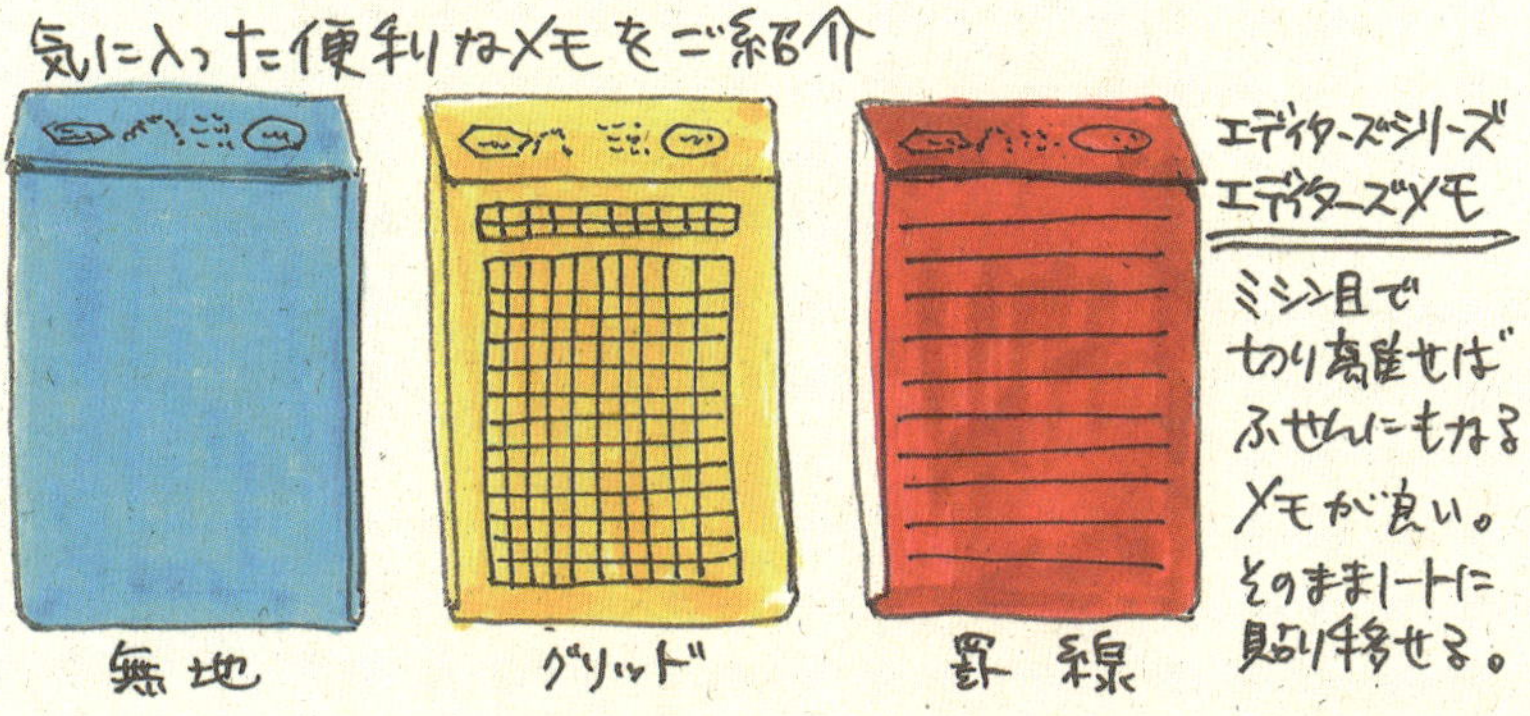
気に入った便利なメモをご紹介
エディターズシリーズ
エディターズメモ
ミシン目で切り離せばふせんにもなるメモが良い。
そのままノートに貼り移せる。
無地
グリッド
罫線

日用品を扱うニトムズの文具ブランドSTÁLOGY《スタロジー》のアンテナショップ。文具店がありそうでなかった代官山に構える。店内にはポスト風のオブジェや手紙区分棚が設置され、約1年後に手紙が届く「未来レター」サービスを行っている。スペースの半分を占めるギャラリーでは、新人アーティストをピックアップして紹介。

オリジナルトートバッグの販売や、STÁLOGY製品を詰め合わせるギフトボックスなど店舗限定の取り組みも見どころだ。

STALOGY
ギフトボックスにお気に入りのスタロジー製品を選んでみる

営業 12:00〜19:00
休み 火
URL http://stalogy.com/shop

住所 渋谷区恵比寿西 1-35-16 代官山アドブルビル
電話 03-3464-9011
駅 東急東横線代官山駅中央口からすぐ

店2階のソファでトラベラーズノートに
絵を描く店主
上目黒
3丁目
13-10
2階にあがって
ひとときを過ごして欲しい
TRAVELER'S FACTORY

使い手同士が必然に触れ合う
トラベラーズノートの聖地

TRAVELER'S FACTORY NAKAMEGURO

トラベラーズ ファクトリー ナカメグロ

営業 12:00〜20:00
休み 火（祝日の場合は営業）
URL https://www.travelers-factory.com

住所 目黒区上目黒3-13-10
電話 03-6412-7830
駅 東急東横線、東京メトロ日比谷線中目黒駅南口から徒歩3分

カスタマイズ志向が強い文具ブランド・トラベラーズカンパニーのフラッグシップショップは、ユーザーの交流の場となっている。ひとりで来た者同士が2階のテーブルに座ってノートを見せ合い、会話しているのを見かける。国を超えた交流もあるという。「ここに来ると旅に出掛けたくなる」という声も多い。

1階ではトラベラーズノートの関連アイテムに加え、旅をテーマにした文具や雑貨がたっぷりとそろう。

2階の部屋は、建築の足場の板を使ったテーブルと床で構成され、落ちたペンキの色合いが素敵だ。大阪の家具メーカーTRUCK《トラック》 FURNITURE《ファニチャー》のソファに座ると、ゆったりした気分になる。徳島のアアルトコーヒーによるオリジナルブレンド、トラベラーズブレンドもおすすめだ。

SHOP COMMENT 2階のフリースペースではイベントやワークショップなどを開催しています。詳細はホームページでご案内しているので、チェックしてみてください。

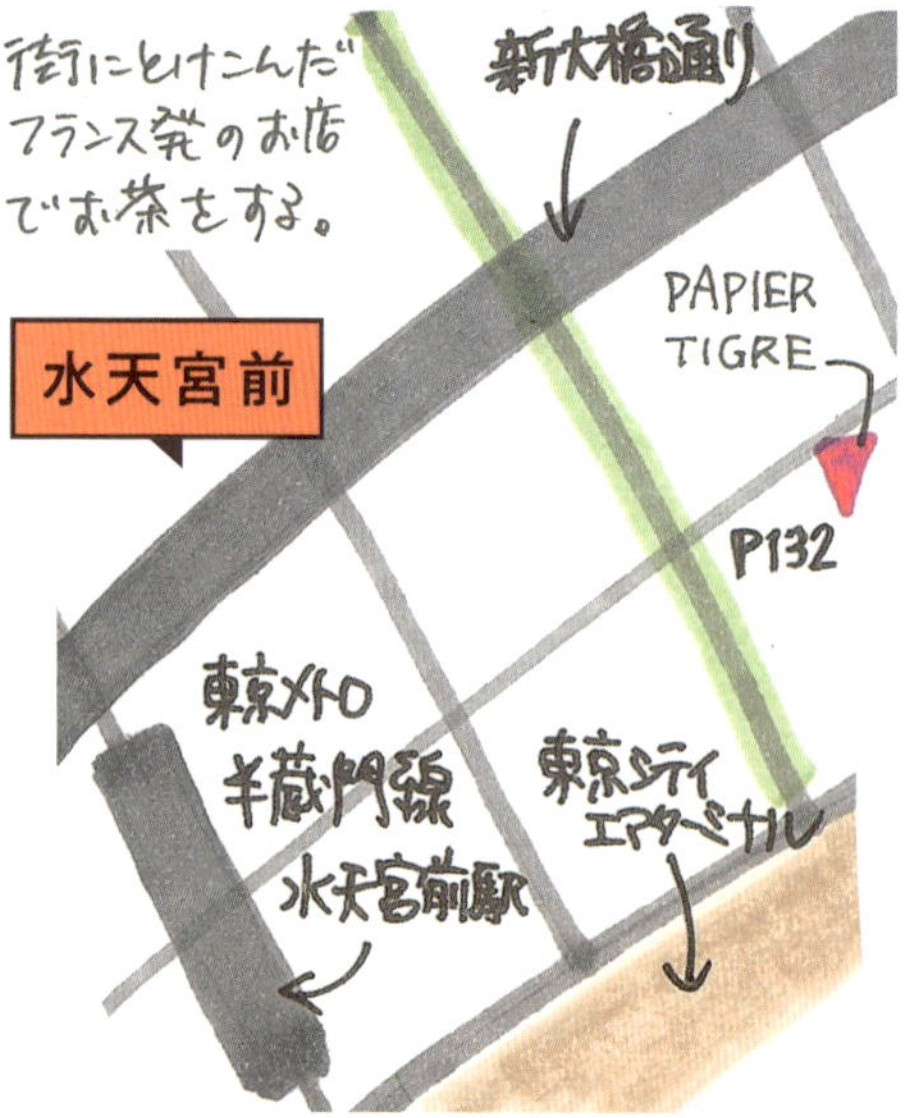
街にとけこんだ
フランス発のお店
でお茶をする。
新大橋通り
PAPIER
TIGRE
P132
水天宮前
東京メトロ
半蔵門線
水天宮前駅
東京シティ
エアターミナル

大井町
大井町駅ビルにある。
JR大井町駅
アトレ
大井町
Forma
アトレ大井町店
P131

アートの街、六本木で
上質な文具屋めぐり。
国立新美術館
東京ミッドタウン
Faber-Castell
東京ミッドタウン
P121
SOUVENIR
FROM TOKYO P130
六本木通り
六本木
etrangerdi costarica
六本木AXIS店
P120
外苑東通り
LIVING MOTIF
P122
AXISビル
六本木

本章では、今までのエリアでは紹介し切れなかった東京23区内の文具屋を取り上げる。オシャレなスポットが多い自由が丘では、ヨーロッパで買いつけた文具や雑貨が並ぶ『six《シックス》』、新たな観光地として注目を集める奥渋谷《おくしぶ》では、好きなパーツを選んでオリジナルノートが作れる『HININE NOTE《ハイナインノート》』がおすすめ。

六本木エリアでは美しいディスプレイが魅力の『LIVING《リビング》 MO《モ》TIF《ティーフ》』をはじめ、東京ミッドタウンの海外文具メーカー直営店、国立新美術館内にあるミュージアムショップなど、大人の街ならではの文具屋めぐりを満喫してほしい。水天宮前駅近く、フランス発の文具ブランド直営店『PAPIER TIGRE《パピエティグル》』にも足を伸ばしたいところだ。魅力的な文具屋が、まだまだたくさんあることに気づかされるだろう。

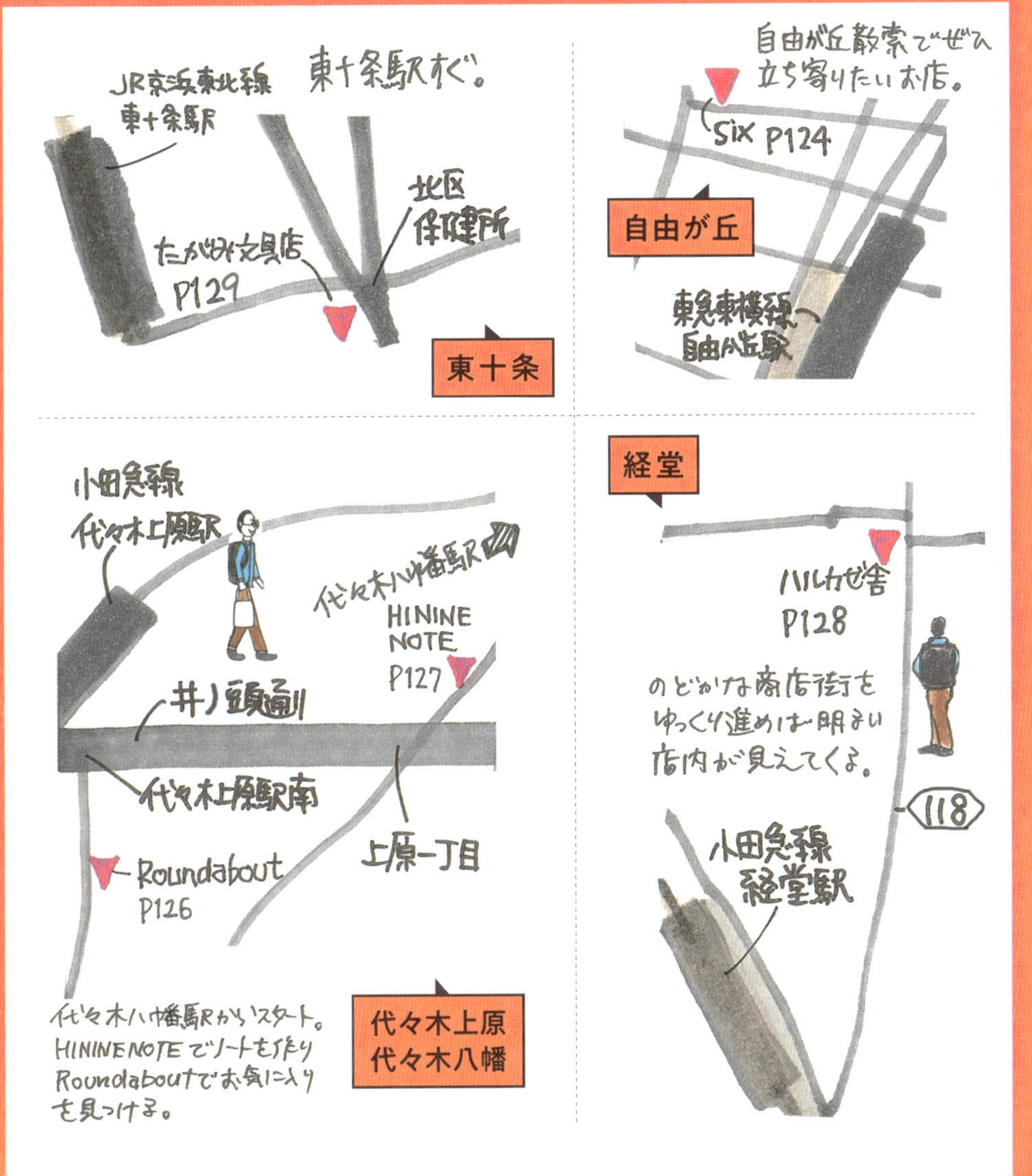

JR京浜東北線
東十条駅
東十条駅すぐ。
北区
保健所
P129
東十条
自由が丘散策でぜひ
立ち寄りたいお店。
six P124
自由が丘
東急東横線
自由が丘駅
小田急線
代々木上原駅
代々木八幡駅
HININE
NOTE
P127
井ノ頭通り
代々木上原駅南
上原一丁目
Roundabout
P126
代々木八幡駅からスタート。
HININE NOTEでノートを作り
Roundaboutでお気に入り
を見つけよ。
代々木上原
代々木八幡
経堂
ハルカゼ舎
P128
のどかな商店街を
ゆっくり進めば明るい
店内が見えてくる。
118
小田急線
経堂駅

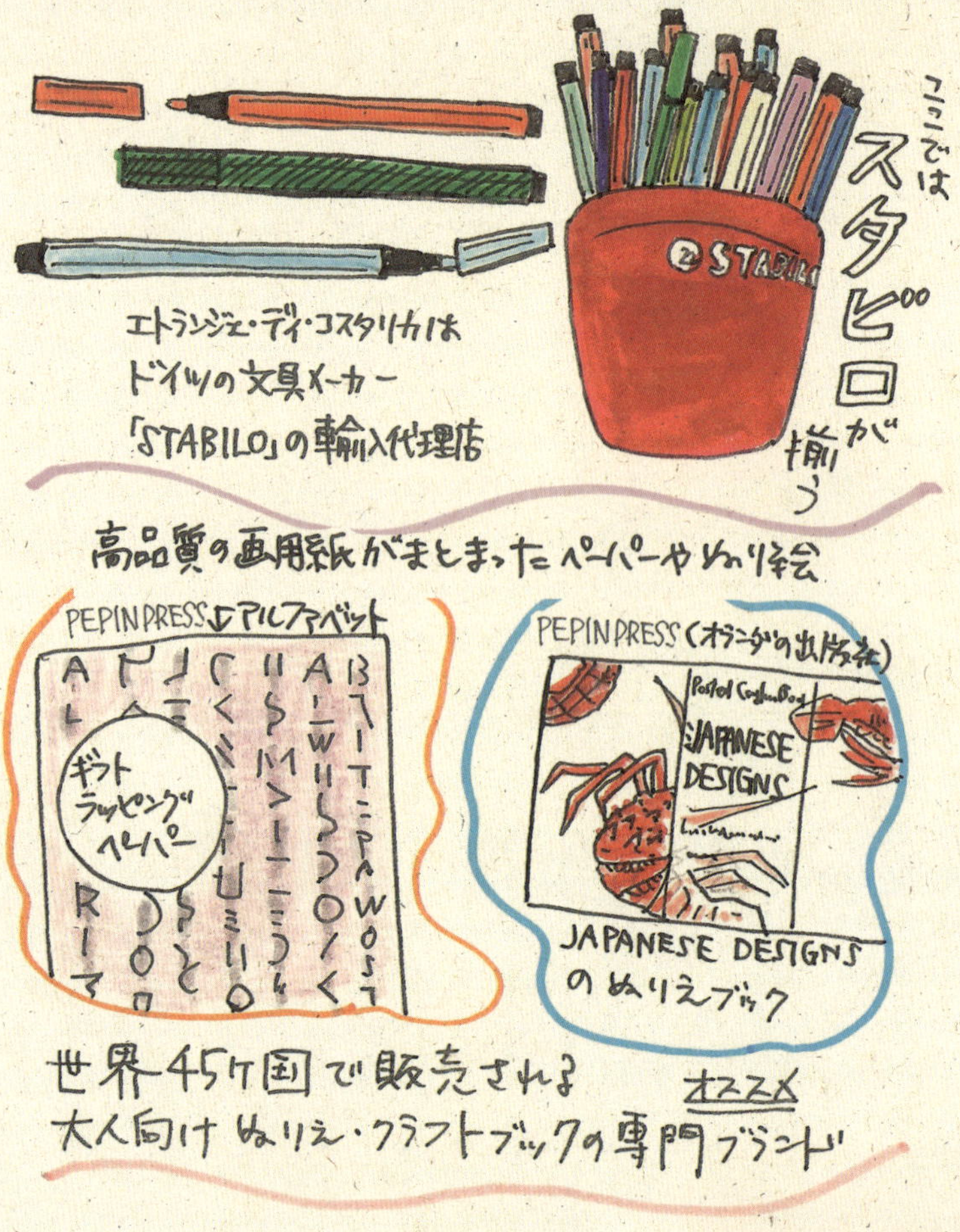
ココでは
スタビロが揃う
STABILO
エトランジェ・ディ・コスタリカは
ドイツの文具メーカー
「STABILO」の輸入代理店
高品質の画用紙がまとまったペーパーやぬり絵
PEPIN PRESS アルファベット
ギフトラッピングペーパー
PEPIN PRESS（オランダの出版社）
JAPANESE DESIGNS
JAPANESE DESIGNS
のぬりえブック
世界45ケ国で販売される
大人向け ぬりえ・クラフトブックの専門ブランド
オススメ

六本木で出合う
ヨーロッパ文具の最先端

etranger di costarica 六本木AXIS店

エトランジェ・ディ・コスタリカ
ロッポンギアクシステン

自社製造の文具および、ヨーロッパブランドの文具・雑貨を輸入販売する企業の直営店兼東京支社。日常が楽しくなるデザインの商品をそろえている。

人気なのは、ドイツの老舗筆記具ブランドSTABILO《スタビロ》のマーカーや色鉛筆。大人から子どもまでファンが多い。他にも、オランダの出版社Pepin Press《ペピンプレス》が発行する大人の塗り絵は、美しいデコラティブアートやテキスタイルなど、塗るだけでアーティスト気分を味わえるのでおすすめだ。

営業 11:00～19:00
休み 不定休
URL http://www.etrangerdicostarica.com

住所 港区六本木5-17-1 AXISビルB1F
電話 0120-777-519
駅 東京メトロ日比谷線、都営大江戸線六本木駅3番出口から徒歩8分

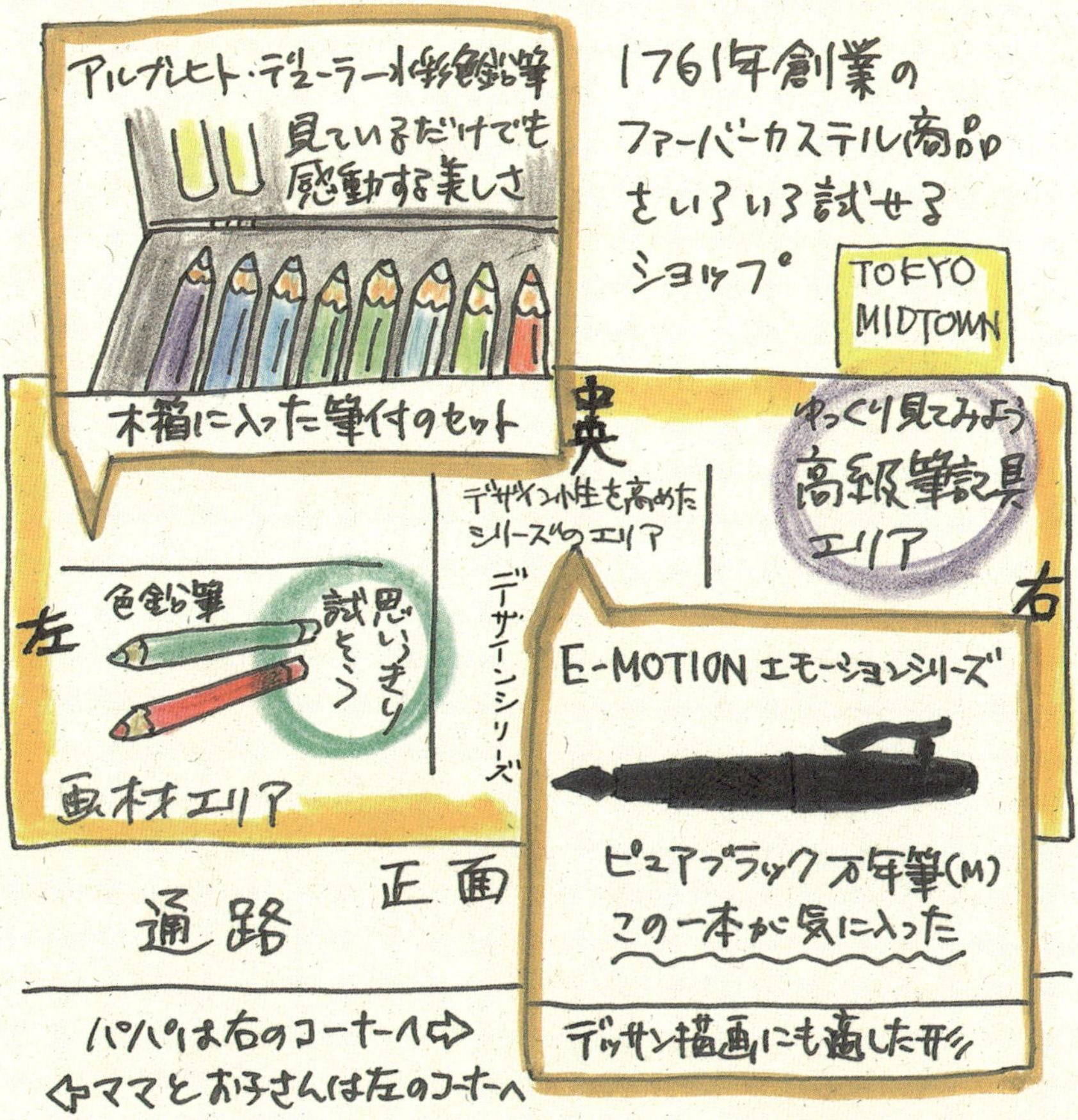

ドイツの筆記具ブランドによる
上質のクリエイティブツール

Faber-Castell
東京ミッドタウン

ファーバーカステル
トウキョウミッドタウン

世界最古・最大の鉛筆メーカーであり、世界中で事業展開するFaber《ファーバー》-Castell《カステル》の直営店。横長の店舗は左側が画材エリアで、耐光性（光による劣化を防ぐ）のある120色の色鉛筆やアーティスト用のペンがずらりと並ぶ。右側は高級万年筆エリアで、万年筆愛好家たちが品定めによくやって来るという。

店舗中央には「ファーバーカステル デザインシリーズ」のコーナーがあり、万年筆に興味を持ちだした30代に人気だ。

営業 11:00〜21:00
休み 無休
URL http://www.faber-castell.jp

住所 港区赤坂9-7-4 東京ミッドタウン ガレリア3F
電話 03-5413-0300
駅 東京メトロ日比谷線六本木駅4a出口から地下通路直結、都営大江戸線六本木駅8番出口直結

自宅のデスクに置きたい
上質なプロダクトの数々

LIVING MOTIF

リビング・モティーフ

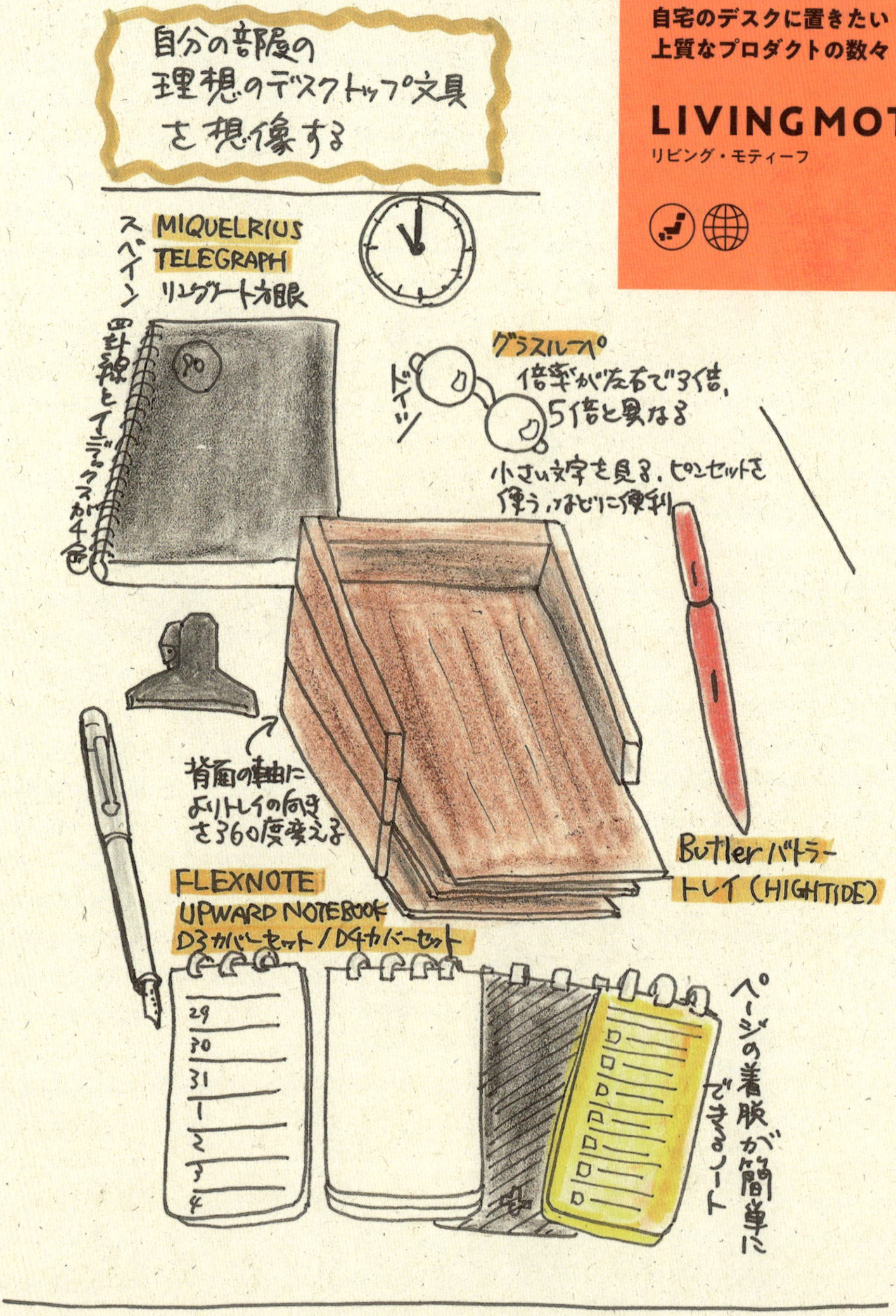

自分の部屋の
理想のデスクトップ文具
を想像する
スペイン
MIQUELRIUS
TELEGRAPH
リングノート方眼
四罫線とイデックスが4色
グラスルーペ
ドイツ
倍率が左右で3倍、
5倍と異なる
小さい文字を見る、ピンセットを
使う、などに便利
背面の軸に
よりトレイの向き
を360度変える
Butler バトラー
トレイ (HIGHTIDE)
FLEXNOTE
UPWARD NOTEBOOK
D3カバーセット/D4カバーセット
29
30
31
1
2
3
4
ページの着脱が簡単に
できるノート

営業 11:00〜19:00
休み 無休
URL https://www.livingmotif.com

住所 港区六本木5-17-1 AXISビルB1F・1F・2F
電話 B1F／03-5575-8980、1F／03-3587-2784、
2F／03-3587-2463
駅 東京メトロ日比谷線、都営大江戸線六本木駅 3番出口から徒歩8分

インテリア雑貨を扱うショップLIVING MOTIF《リビング・モティーフ》は、生活に上質な雰囲気を与えるグッズを豊富にそろえる。「インテリアの中にある文具」を提案するために、センスのいい製品をデスク上に陳列する。文具カテゴリーごとに選び抜かれたプロダクトが、紙や木など素材ごとに分類して陳列されているから、自分の仕事部屋に置きたい逸品を見つけやすい。

サテライトオフィスやリモートワークなどの取り組みで、自宅にもデスクを置く人が増加。加えて、以前よりオフィスもオシャレになり、インテリアへのこだわりが高まったことでデスク周りの文具にも関心が高まっているという。

海外の見本市で買いつけた、センスのいい文具で作り上げるインテリアにぜひ触れてほしい。

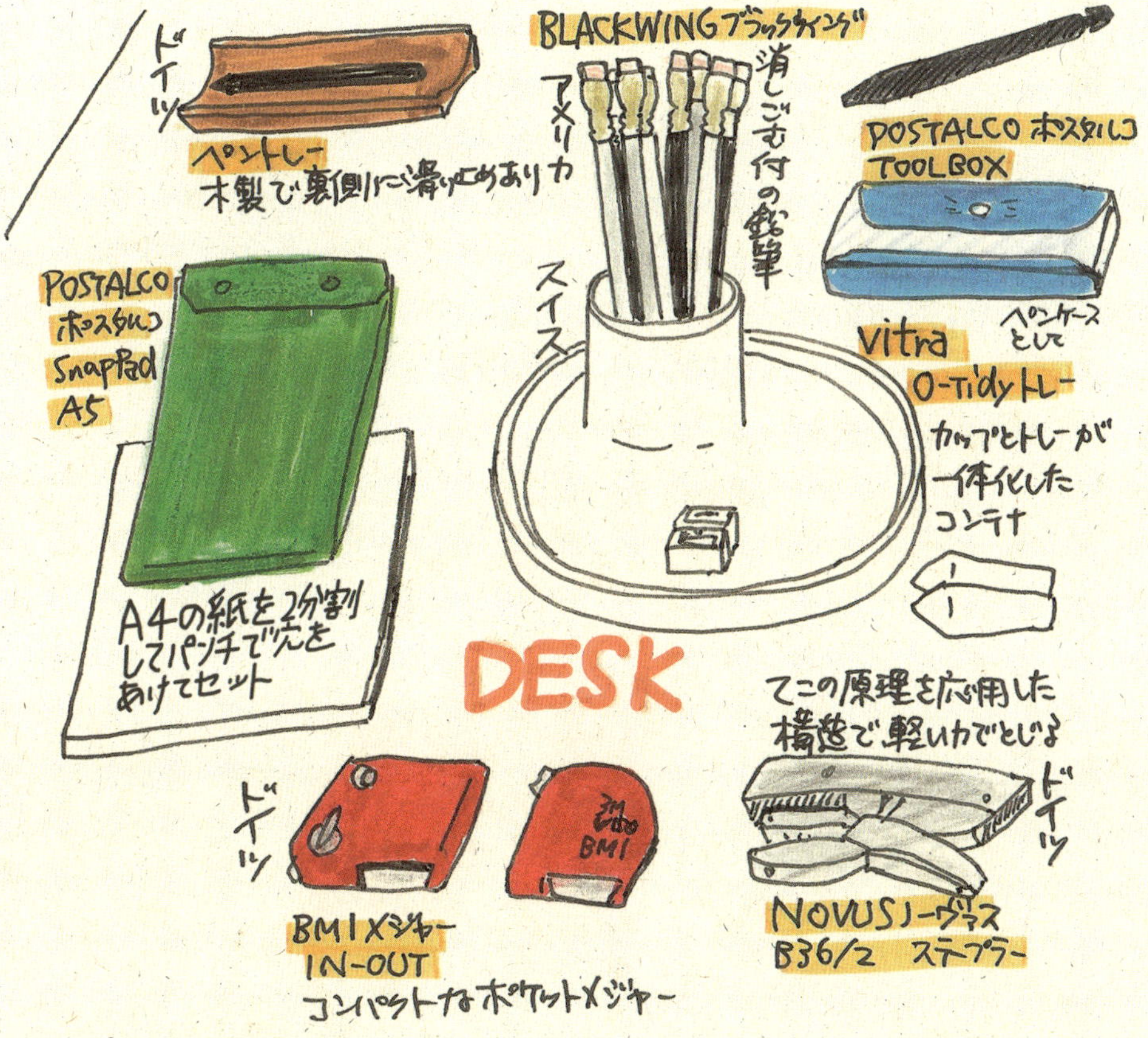

ドイツ
ペントレー
木製で裏側に滑り止めあり
BLACKWING ブラックウィング
アメリカ
消しごむ付の鉛筆
POSTALCO ポスタルコ
TOOLBOX
ペンケースとして
POSTALCO
ポスタルコ
SnapPad
A5
スイス
vitra
O-Tidy トレー
カップとトレーが一体化したコンテナ
A4の紙を2分割してパンチで穴をあけてセット
DESK
てこの原理を応用した構造で軽い力でとじる
ドイツ
BMI
BMI メジャー
IN-OUT
コンパクトなポケットメジャー
ドイツ
NOVUS ノーヴァス
B36/2 ステープラー

SHOP COMMENT オフィスや自宅で使う文具の他にも、マネートレイやスタンド式のペン、資料やカタログ用に使えるA4の布張りファイルなど、接客に必要な店舗用の備品もそろえていただけます。

オーダーメイドで作られたカウンター
ヨーロッパのヴィンテージ、デッドストック
店内がヨーロッパの雰囲気

海外旅行中のような気分になる

店内にあふれる
自分の部屋をヨーロッパ風にするヒント

チェコのカラフルな鉛筆
日本では見かけないデザイン

ヴィンテージ文具を
じっくり堪能できる空間

six
シックス

営業 11:00〜20:00
休み 無休
URL http://sixpresssix.jp

住所 目黒区自由が丘2-8-13
電話 03-3723-7767
駅 東急東横線・大井町線自由が丘駅正面口から徒歩５分

部屋に置きたい
オレンジ色
のアクセント
ダネーゼ ランペドゥーサ
DANESE LAMPEDUSA
ペン立て
ENZO MARI, 1967
エンツオ・マーリ作
ミラノ
アーティストの
ポスターも
ある
アンディ
ウォーホール
THE VELVET
UNDERGROUND
&nico
GraFit 90g
Sketch 41lb
GraFit 90g
Sketch 41lb
GraFit 90g
Sketch 41lb
Clairefontaine
フランス
Clairefontaine
カラフルで落ちついた
トーンのノートが並ぶ

ステーショナリーメーカーのDELFONICS《デルフォニックス》が最初にオープンさせた文房具と雑貨の店。２０１９年にはオープンから25周年を迎える。

ヨーロッパ各国から買いつけたヴィンテージやデッドストックを販売。デザインのいいプロダクトをセレクトし、お客さんが海外文具にたっぷり触れる機会を提供している。特に、イタリア文具やスウェーデン雑貨の品ぞろえが良い。

店内に設置された味のある什器は、ほとんどオーダーメイドで作られたこだわりのもの。ヴィンテージに興味を持ったお客さんが、店内の品々をじっくりと手に取ってもらえるようなディスプレイも魅力だ。もちろん、ロルバーンのノートやダイアリーなどの自社製品も扱っている。

SHOP COMMENT
店前では小さな蚤の市を開催し、不定期で商品を入れ替えています。
ヴィンテージやデッドストックの、他では見られないアイテムをじっくりご覧になっていただけます。

これから100年、200年続く
クラシックを提案

Roundabout

ラウンダバウト

いろいろな使い方を楽しめそうな箱
竹内紙器製作所
Stapled type A
ステッチ留め平箱
ダブ&オリーブ
イタリアンレザー
リングファイルA5
とても味のあるレザーは手ざわりもすばらしい
定番の使いやすさ
ブロックロディア
(メモパッド)
Dove&Olive
MUCU
ブランクノート

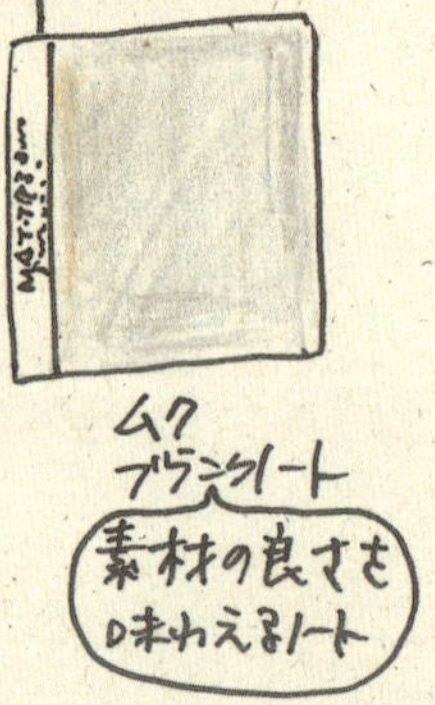

ムク
ブランクノート
素材の良さも味わえるノート

代々木上原にある生活雑貨店Roundabout《ランダバウト》では、ロングセラー製品や美しい工業製品など、独自の視点で選んだものを置く。

文具のセレクトでは、3つのこだわりを軸にする。蚤の市に並んでいたら、買ってもらえるかどうか。100年後にアンティークとなり得るか。どこかクラシックな雰囲気を持っているか。POSTALCO《ポスタルコ》やMUCU《ムク》など、道具としての存在感を持ち、経年変化も楽しめるプロダクトが多い。一生使えるお気に入りを、じっくり選びたい。

営業 12:00〜20:00
休み 火
URL http://roundabout.to
住所 渋谷区上原3-7-12 B1
電話 03-6407-8892
駅 東京メトロ千代田線、小田急小田原線代々木上原駅から徒歩4分

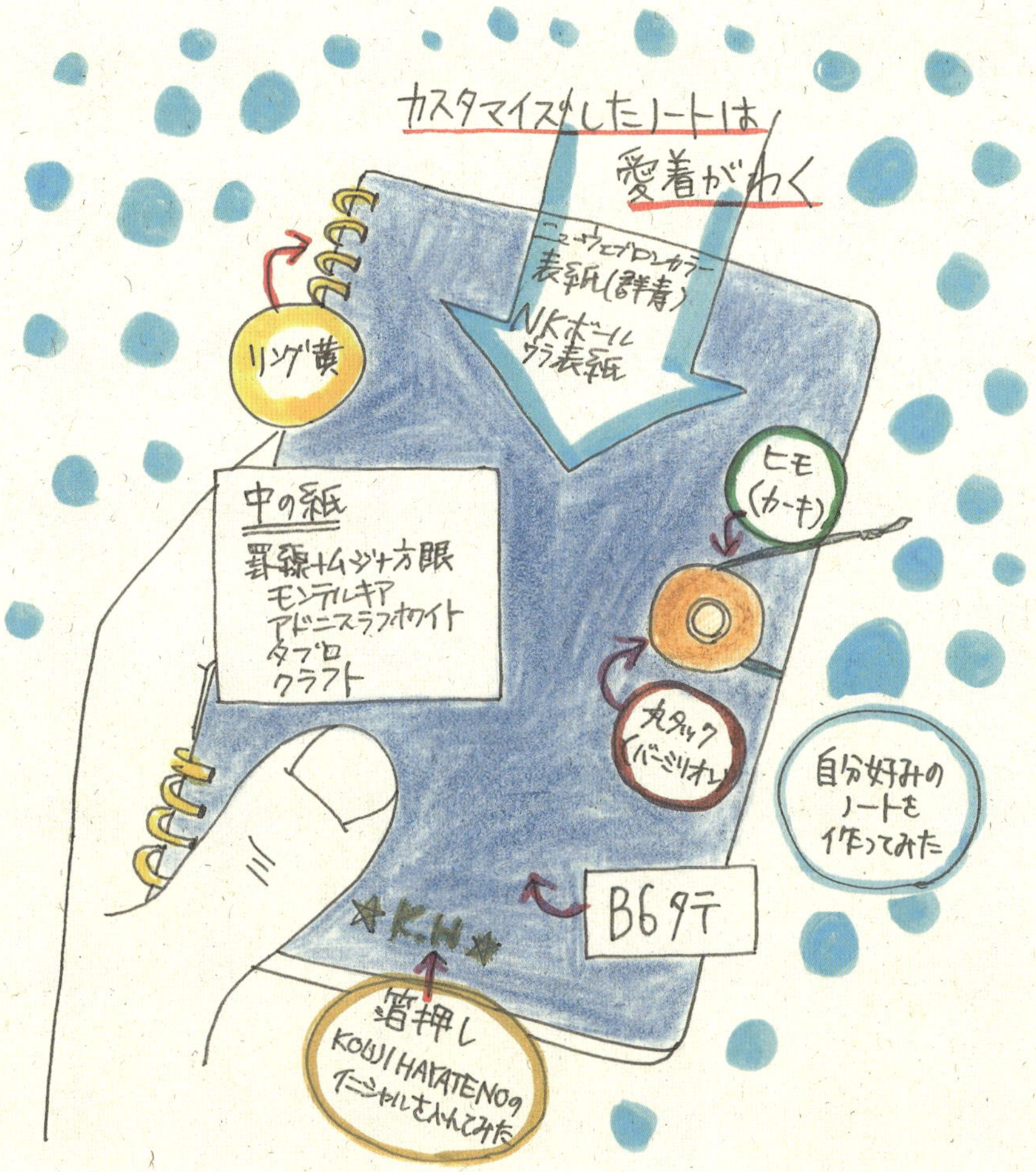

奥渋谷《おくしぶ》で作る
自分好みのノート

HININE NOTE

ハイナイン ノート

HININE NOTE《ハイナインノート》は、アパレル関係の印刷を手掛ける印刷会社が運営している。目玉は、一冊からオーダーメイドできるオリジナルノートだ。

注文内容を記入しながら、サイズ・表紙・中の紙・留め具など好きなパーツを選んでいく。最後に店員さんがノートを組み立てて完成。人気はB6サイズのリングノートで、組み合わせは数万通りある。中の紙は交換できるので、皮カバーを選んだ常連のお客さんたちが来店して、感想を教えてくれることも多いとか。

営業 13:00〜20:00、土・日・祝／〜19:00
休み 火
URL http://hininenote.jp

住所 渋谷区上原1-3-5 SK 代々木ビル1F HININE Inc.内
電話 03-6407-0819
駅 小田急小田原線代々木八幡駅南口から徒歩5分

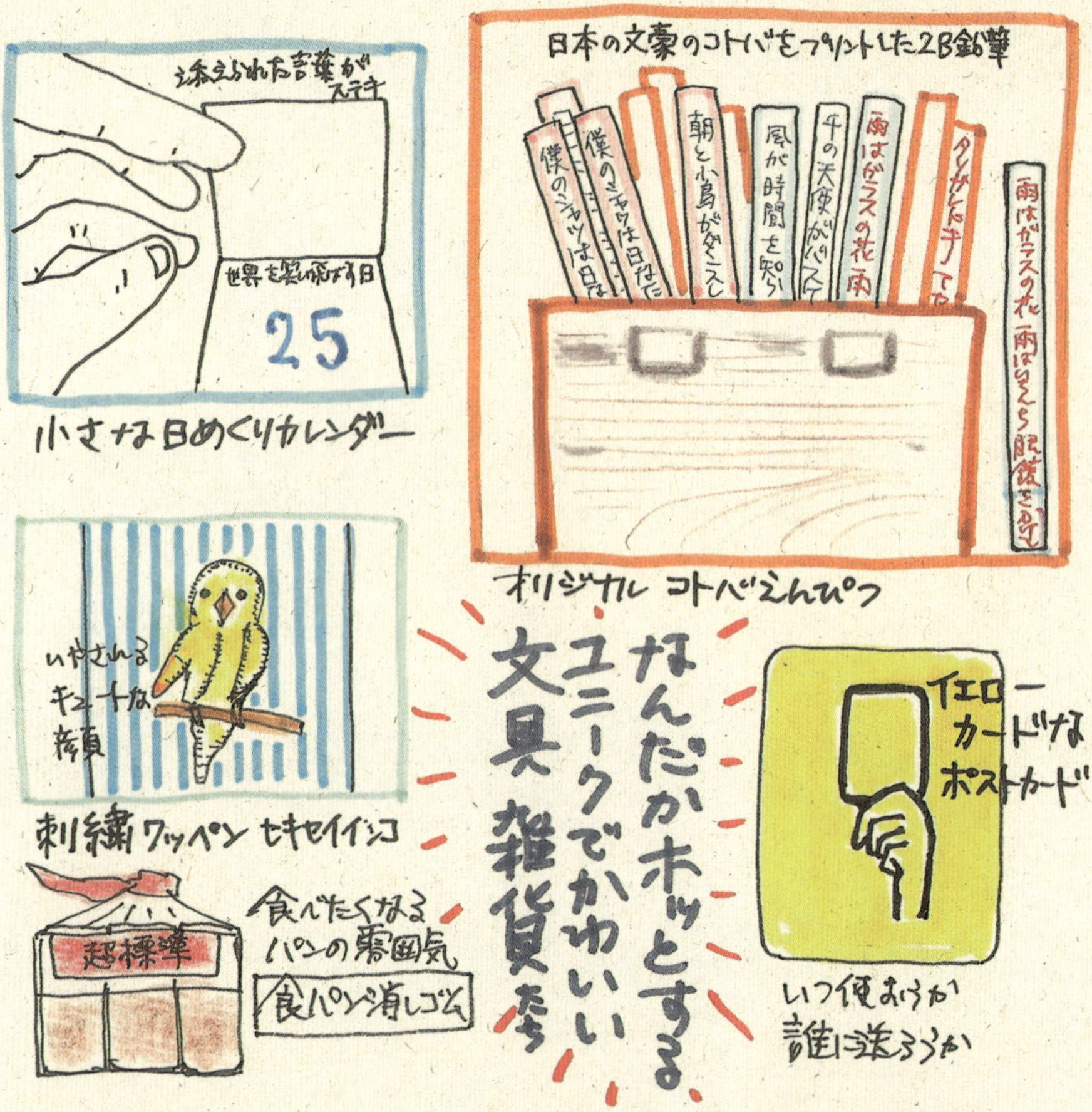

添えられた言葉がステキ
25
小さな日めくりカレンダー
日本の文豪のコトバをプリントした2B鉛筆
オリジナル コトバえんぴつ
いやされるキュートな顔
刺繍ワッペン セキセイインコ
なんだかホッとするユニークでかわいい文具雑貨たち
イエローカードなポストカード
いつ使おうか 誰に送ろうか
超標準
食べたくなるパンの雰囲気
食パン消しゴム

商店街に溶け込む
個性派ぞろいの文具店

ハルカゼ舎

ハルカゼシャ

経堂の商店街にあるハルカゼ舎は、雑貨店で働いていた店主が自分の好きな文具に特化して開いた店だ。「商店街の中にある文具店なので、誰でも入りやすいようにしたい」という。

日めくりカレンダーや鉛筆などのオリジナル文具、BIC《ビック》の4色ボールペンシリーズ、PAPIER《パピエ》 LABO.《ラボ》の製品、Noritake《ノリタケ》グッズ、紙雑貨などを扱う。店内では幅広い年代のお客さんと店員さんのトークが弾む。明るい雰囲気も魅力だ。

営業 12:00〜20:00
休み 火・第1・3水
URL http://harukazesha.com

住所 世田谷区経堂2-11-10
電話 03-5799-4335
駅 小田急小田原線経堂駅北口から徒歩7分

昔ながらの商店街にある
町の文具屋さん

たがみ文具店

タガミブングテン

JR

東十条駅を下車して徒歩5分の場所に、散歩の途中で見つけた一軒の文具店がある。奥行きのある店舗には学童文具から画材、オフィス文具まで幅広く並ぶ。一度見たら忘れない、オリジナルキャラクターのグッズも。手作りポップや解説文がわかりやすく、店内にない文具は取り寄せてくれる。

ビジネスコンビニとしてのサービスも豊富で、大判コピーから各種印刷まで対応。自分の住む町にもあってほしい、〝町の文具屋〟の見本のような店だ。

営業 9:00～19:00、土／10:00～18:00
休み 第2土・日・祝
URL http://www.tagami-bungu.com
住所 北区東十条2-5-15
電話 03-3914-5651
駅 JR京浜東北線東十条駅南口から徒歩５分

美術館で見つかる
掘り出し物の極上ギフト

SOUVENIR FROM TOKYO

スーベニア フロム トーキョー

六本木の国立新美術館内にある同店では、老舗メーカーによる伝統工芸品から若手作家の作品まで、新旧ジャンルを問わないユニークなグッズを幅広くセレクトしている。

積極的に取り扱うのは、「夜長《よなが》堂《どう》」のレトロモダン雑貨、「かみの工作所」の紙もの雑貨など他にはないもの、大量生産できないもの、掘り出し物など。ミュージアムショップとしては商品数が多い。行けばきっと、新しい気づきやアイデアが生まれるはずだ。

営業 10:00～18:00、金・土／～20:00
休み 火（美術館に準ずる）
URL https://www.souvenirfromtokyo.jp
住所 港区六本木7-22-2 国立新美術館B1F・1F
電話 03-6812-9933
駅 東京メトロ千代田線乃木坂駅6番出口直結

地元民に選ばれる
駅ビルの文具店

Forma
アトレ大井町店

フォルマ アトレオオイマチテン

CAMPO MARZIO
カンポマルツィオは
イタリアローマ発の
デザイン文具メーカー
イエローリボンで
ギフト向け
商品だと
一目で
わかる
国内外の
筆記具ギフト
が並ぶ
ギフト気分
が高まる
イエローリボンのディスプレイ
フォルマはギフトに力を入れていて、イエローリボン付でディスプレイ

ギフトセット
CARL
鉛筆コーナーでは
鉛筆けずり、消しゴム
をセットにして
飾るわかりやすさ

駅ビルのアトレ大井町内にある文具店。駅直結の利便性から、大井町駅を利用するオフィスワーカーだけでなく、途中下車して来店するお客さんも多い。地元の人から「近くにあってよかった」と喜ばれる存在を目指しているという。

こだわるのは、商品を陳列する間隔。手に取って選びやすいよう、丁寧に店作りしているのも魅力だ。ギフトにも注力し、イエローリボンをアクセントにしたラッピングを施してくれる。

営業 10:00～21:00
休み 無休（アトレに準ずる）
URL http://www.kadoya-act.com

住所 品川区大井1-2-1 アトレ大井町3F
電話 03-5709-7357
駅 JR京浜東北線大井町駅東口からすぐ

イーストサイドに溶け込む
パリのデザインに触れる

PAPIER TIGRE

パピエ ティグル

営業 4～9月／11:00～20:00、10～3月／～19:00
休み 月・火（祝の場合は営業）
URL https://papiertigre.jp

住所 中央区日本橋浜町 3-10-4
電話 03-6875-0431
駅 東京メトロ半蔵門線水天宮前駅から徒歩5分、都営浅草線・東京メトロ日比谷線人形町駅から徒歩7分

フランスの文具ブランドPAPIER《パピエ》 TIGRE《ティグル》では、グラフィックと紙を組み合わせたプロダクトを展開している。

パリの直営店はセーヌ川のイーストサイドにある。日本橋浜町は「東京のイーストサイド」とも呼ばれることから、日本1号店の地として選ばれた。

1961年建設のビルをリノベーションした店舗には大きなガラス窓があり、外から店内を確認できる。オープンしてすぐ地元に溶け込み、今では昼休みのOLやビジネスマン、家族連れのお客さんがふらっとやって来るという。

独創的なデザインのノートや手紙用品、ポーチに加え、フランスの手帳ブランドQuo《クオ》 Vadis《バディス》やメガネブランドJINS《ジンズ》とコラボレーションした商品などを生み出している。

SHOP COMMENT 東京店の空間だからこそ感じられる、PAPIER TIGREならではの遊び心あふれるプロダクトの数々をぜひお店に来て、実際に手で触れて、楽しんでいただきたいです。

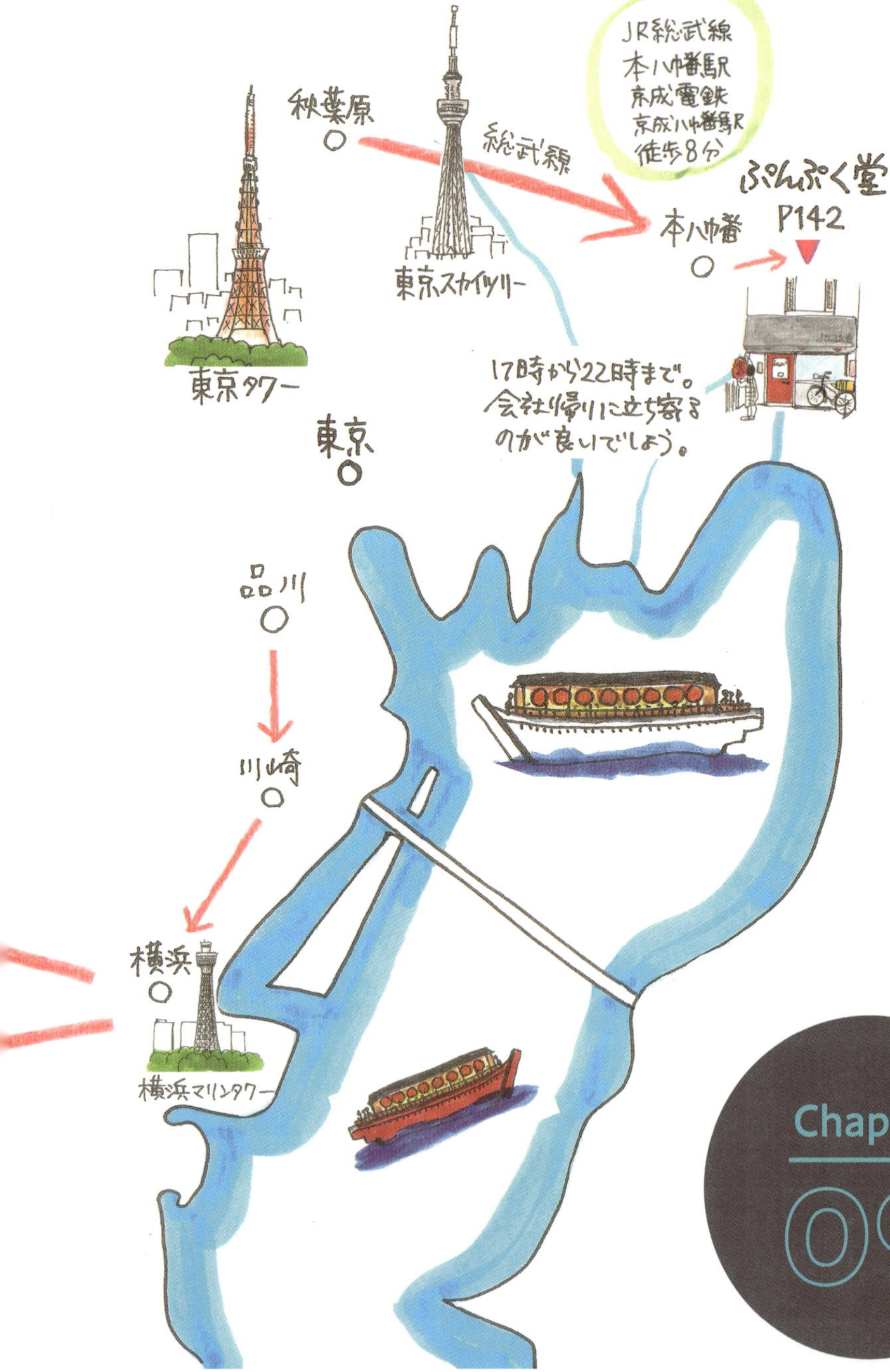
JR総武線
本八幡駅
京成電鉄
京成八幡駅
徒歩8分
ぷんぷく堂
P142
秋葉原
総武線
本八幡
東京タワー
東京スカイツリー
17時から22時まで。
会社帰りに立ち寄る
のが良いでしょう。
東京
品川
川崎
横浜
横浜マリンタワー

Chapter 09

都心から電車に乗って1時間程度の場所にも、私が通っている文具スポットがいくつかあるので紹介したい。

まずは、東京郊外エリア。東京都稲城市の若葉台駅近くにある『コーチャンフォー若葉台店』は、書籍や文具などを扱い、カフェも併設する複合店。広い店内には国内外の商品がそろい、何時間いても飽きない。

次は神奈川県の港北エリア。この地区は人口が増えつつあり、文具店『ink《インク》港北TOKYU《トウキュウ》S.C.《ショッピングセンター》店』は、そんな地元の文具需要に応えている。観光地として人気の鎌倉では、『コトリ』と『TUZURU《ツズル》』には必ず立ち寄りたい。

最後に千葉県へ。市川市八幡の『ぷんぷく堂』は、午後5時にオープンするユニークな文具屋だ。アイデアあふれるオリジナル文具を楽しみたい。

ワクワク×実用性
鎌倉のハッピーな空間

コトリ

鎌倉駅→若宮大路右折→下馬交差点左折→大町

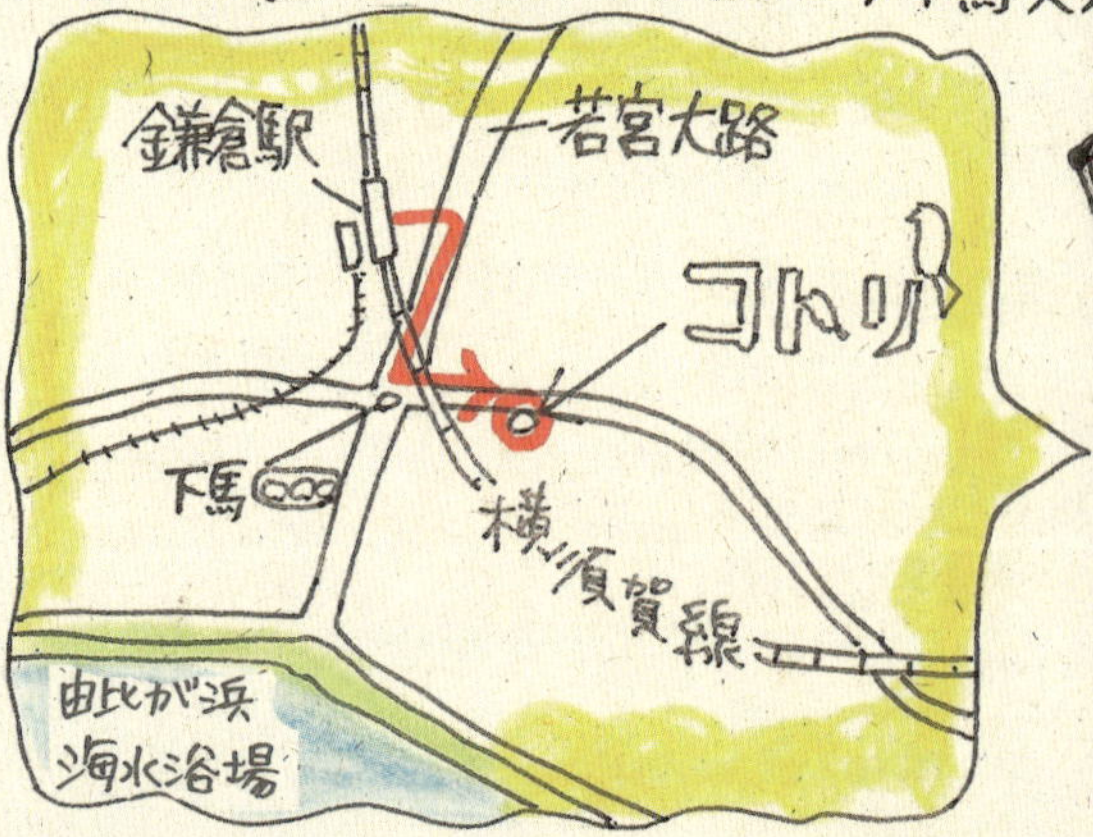

営業 11:00〜18:00
休み 月（不定休）
URL https://www.kamakura-kotori.com

住所 神奈川県鎌倉市大町2-1-11
電話 0467-40-4913
駅 JR湘南新宿ライン・横須賀線鎌倉駅東口から徒歩9分

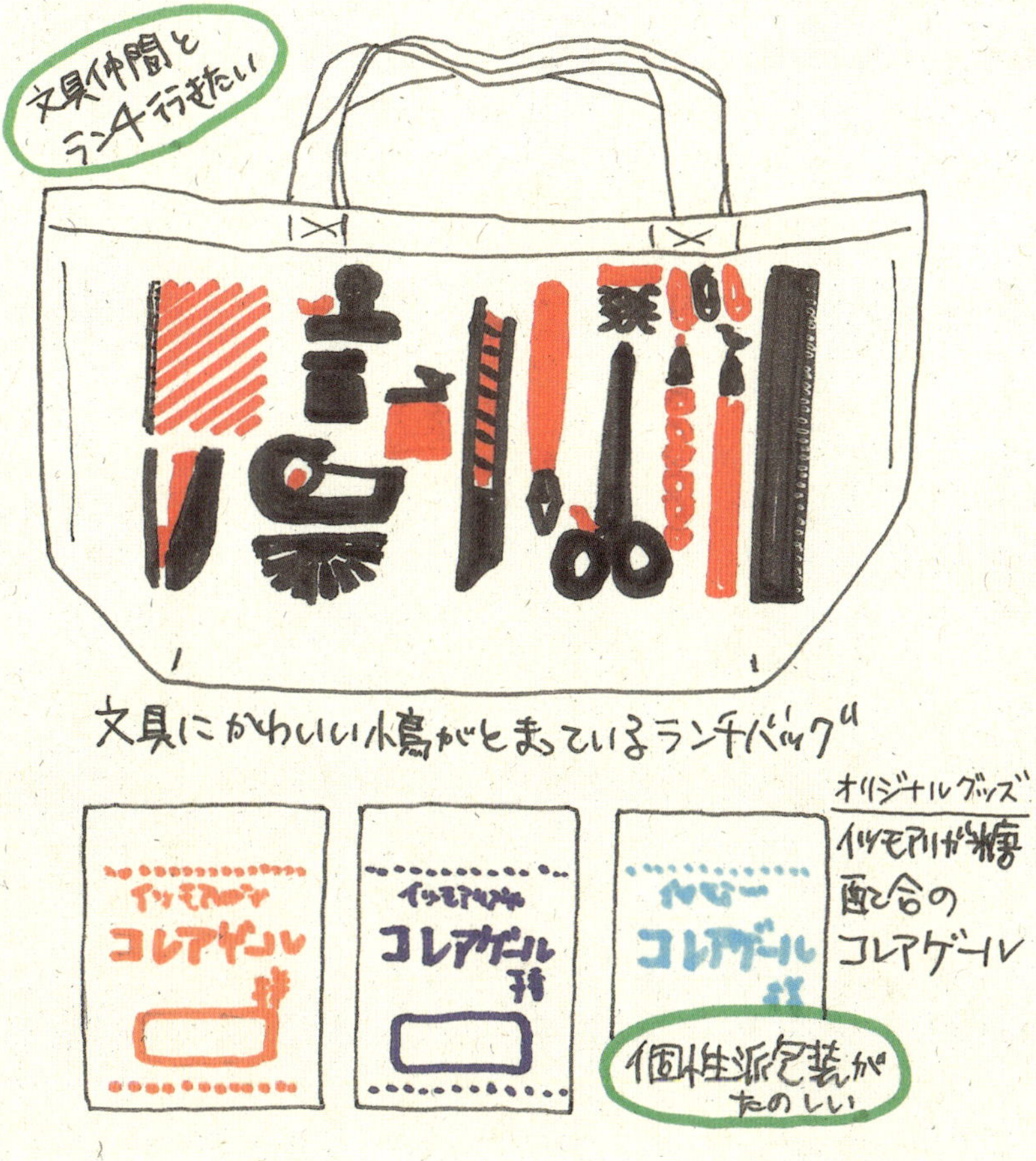
文具仲間とランチ行きたい
文具にかわいい小鳥がとまっているランチバッグ
オリジナルグッズ
イツモアリガ糖配合のコレアゲール
コレアゲール
個性派包装がたのしい

「コトリ＝幸せの青い鳥」というイメージがあり、楽しくて幸せな気分になるので鎌倉散策では必ず立ち寄る店だ。「鎌倉の商店街に、文具店があったらおもしろいと思っていた」と語る店主を中心に、絵本作家やカメラマン、建築家、元バイヤー、紙もの好き、ソーシャルメディアが得意な人など、８人のメンバーがそれぞれの強みを活かして共同運営。お客さんがワクワクする雰囲気作りにこだわり、地元商店街の盛り上がりにも貢献している。

商品は３割ほどがオリジナルグッズ。小人シリーズ、コトリＢＯＸ、コトリガチャなどをそろえている。「コトリの巣箱」というミニギャラリーでは、１か月ごとに作家を紹介。今まで20人が展示を行い、ここから人気作家も生まれている。

SHOP COMMENT 昔から変わらないものから進化したものまで、楽しい気分になれる文具や雑貨を取りそろえています。オリジナルの切手や鎌倉らしい大仏様のポストカードなどもおすすめです。

万年筆をここで買って
店内カウンターで手紙を綴る

TUZURU

ツズル

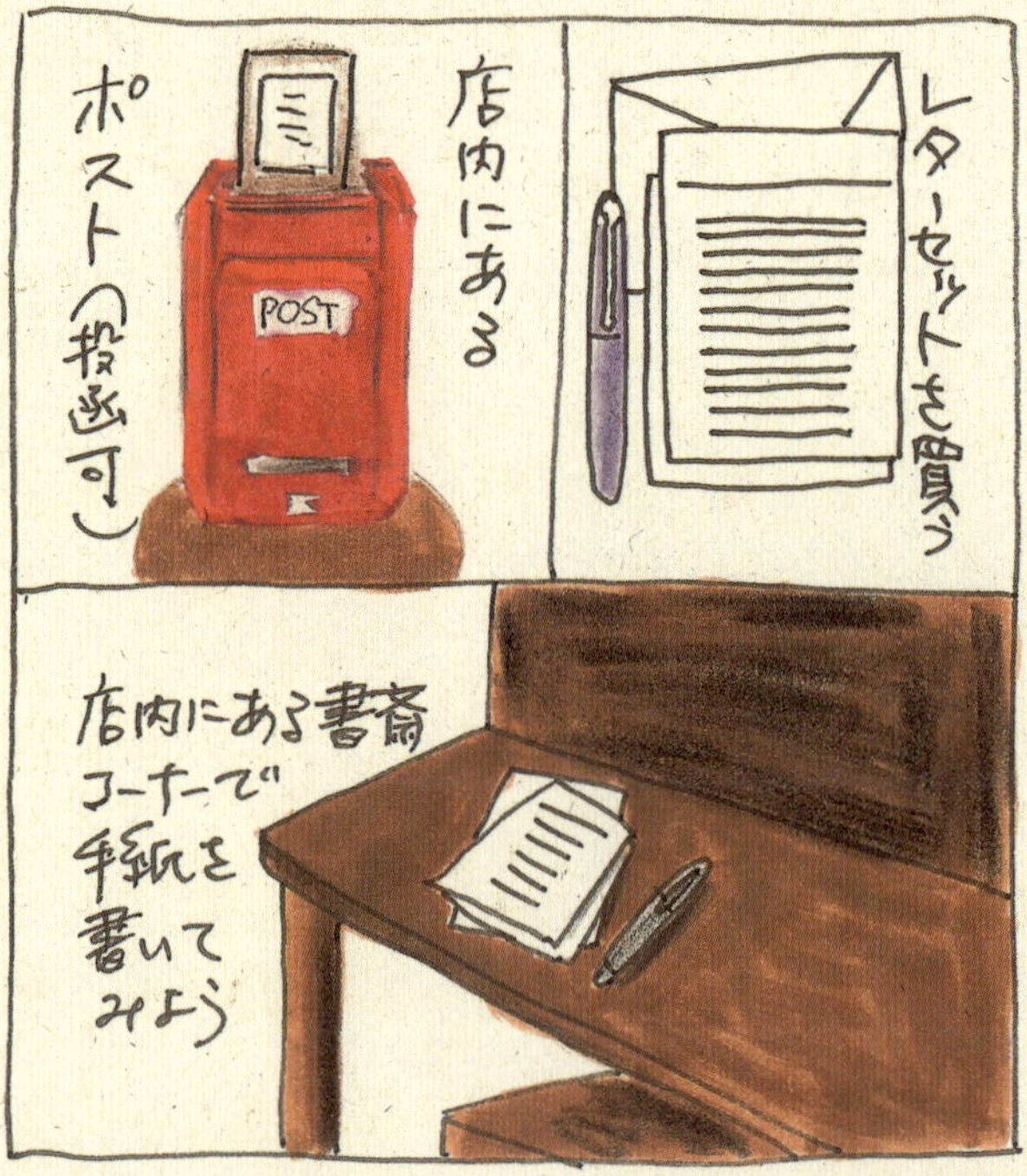

営業 11:00～18:00
休み 水
URL http://www.tuzuru-kamakura.com

住所 神奈川県鎌倉市扇ガ谷1-1-4
電話 0467-24-6569
駅 JR湘南新宿ライン・横須賀線鎌倉駅西口から徒歩5分

世界各地を旅する途中で、誰かに便りを送りたいという気持ちが芽生えた」。そんな店主が地元の鎌倉に開いたのは、手紙をテーマにした店だ。鎌倉観光にやって来たお客さんに、手紙を出す楽しさを伝えたいという。

店内の雰囲気は独特だ。店主が南米を旅した時に出会った「派手だけど落ち着く店」や、イギリスで見た「外観はクラシック・内観はポップな店」から影響を受けたというカラーで彩られている。

棚には、万年筆などの筆記具と紙文具が豊富に並べられている。奥にはカウンター席があり、そこで手紙を書くこともできる。鎌倉をモチーフにしたオリジナルトートバッグ、ポストカード、キーホルダーなども販売。旅のお土産として買いたい。

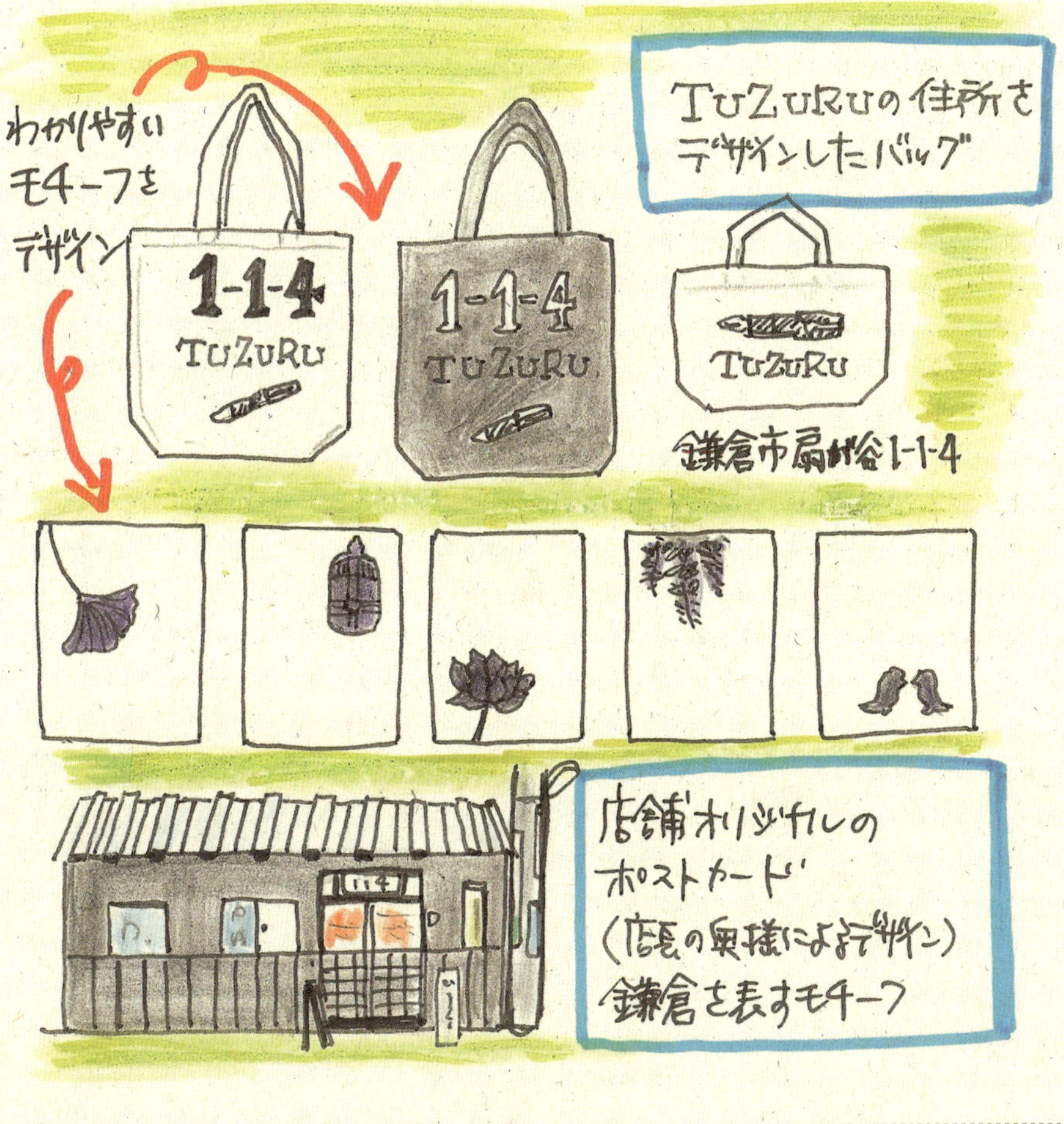

わかりやすいモチーフをデザイン
1-1-4
TUZURU
TUZURUの住所をデザインしたバッグ
鎌倉市扇ガ谷1-1-4
店舗オリジナルのポストカード（店長の奥様によるデザイン）鎌倉を表すモチーフ

SHOP COMMENT
銭洗弁財天《ぜにあらいべんざいてん》と佐助稲荷《さすけいなり》は、当店から徒歩20分の距離にあります。
周辺の道は緑・小川・トンネル・甘味処など、絵になる撮影スポットが豊富で鎌倉散策が楽しめます。

ニューファミリー層を豊富な文具で支援する

ink 港北 TOKYU S.C.店

インク コウホク トウキュウショッピングセンターテン

静岡の文具店がショッピングセンターに出店。「商品を出すことが情報提供」になるという経営方針で、量へのこだわりがすごい。

横浜市都筑区は人口が増加し、年度初めの学用品ニーズが高い。画用紙や原稿用紙、学童文具、コピックがよく売れるという。若い社会人や学生が勉強用にノートパックをまとめ買いしたり、シャープペン売り場で製図用品を買っていく。キッズコーナーで遊ぶ子どもたちが楽しそうだ。

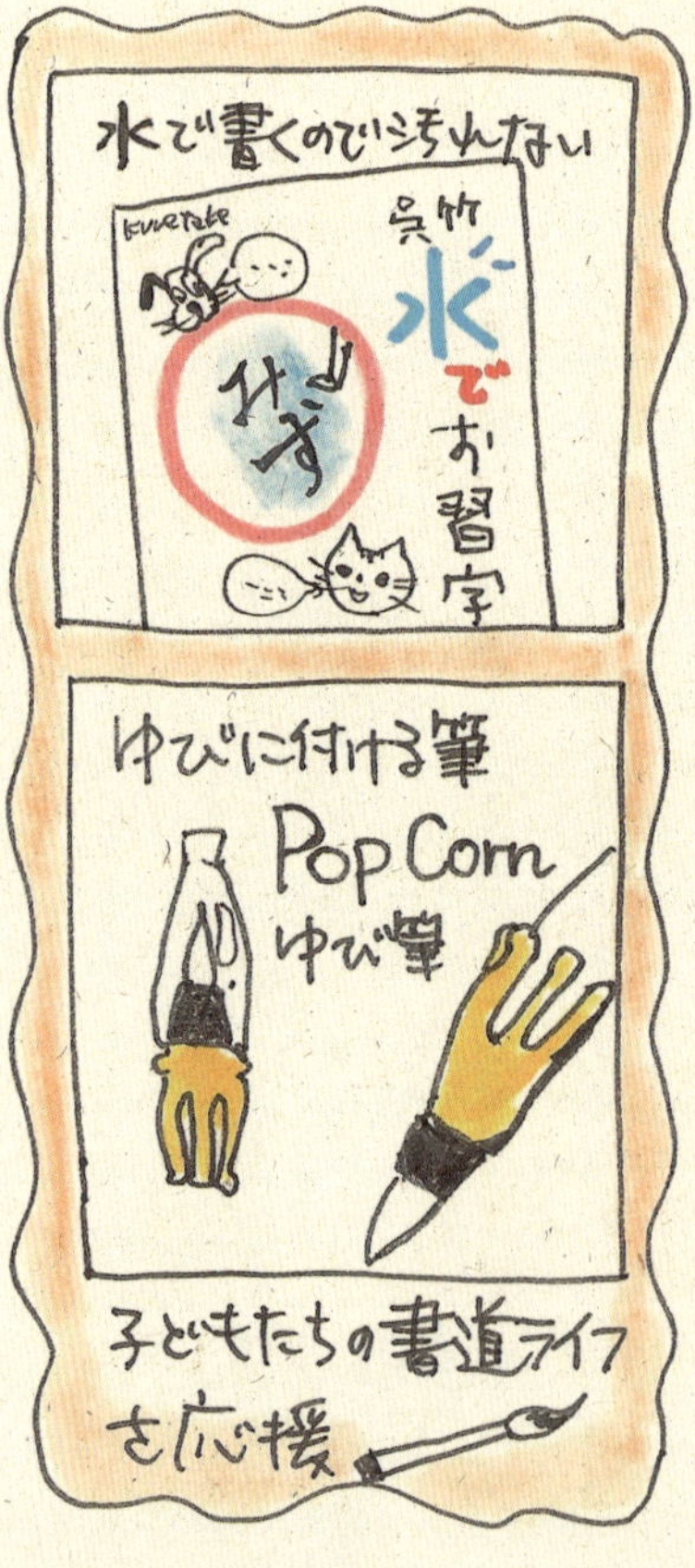

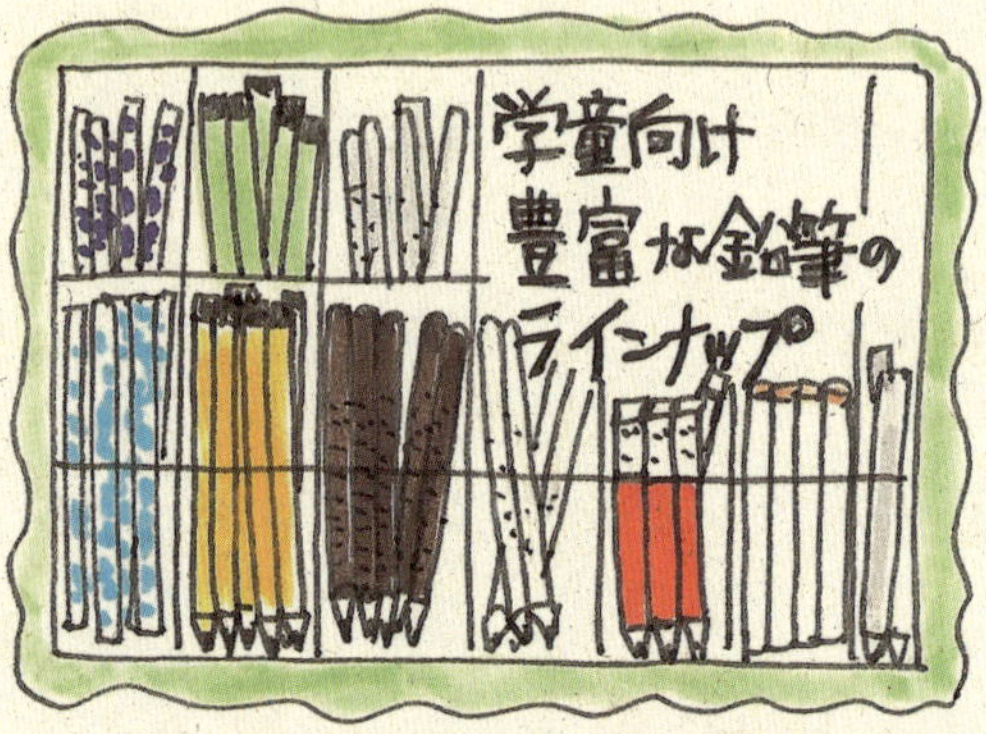

営業 10:00～20:00
休み 無休
URL http://www.kohokutokyu-sc.com

住所 神奈川県横浜市都筑区茅ケ崎中央5-1 港北TOKYU S.C. A館4F
電話 045-500-9919
駅 横浜市営地下鉄横浜市営ブルーライン・横浜市営グリーンライン センター南駅出入口1からすぐ

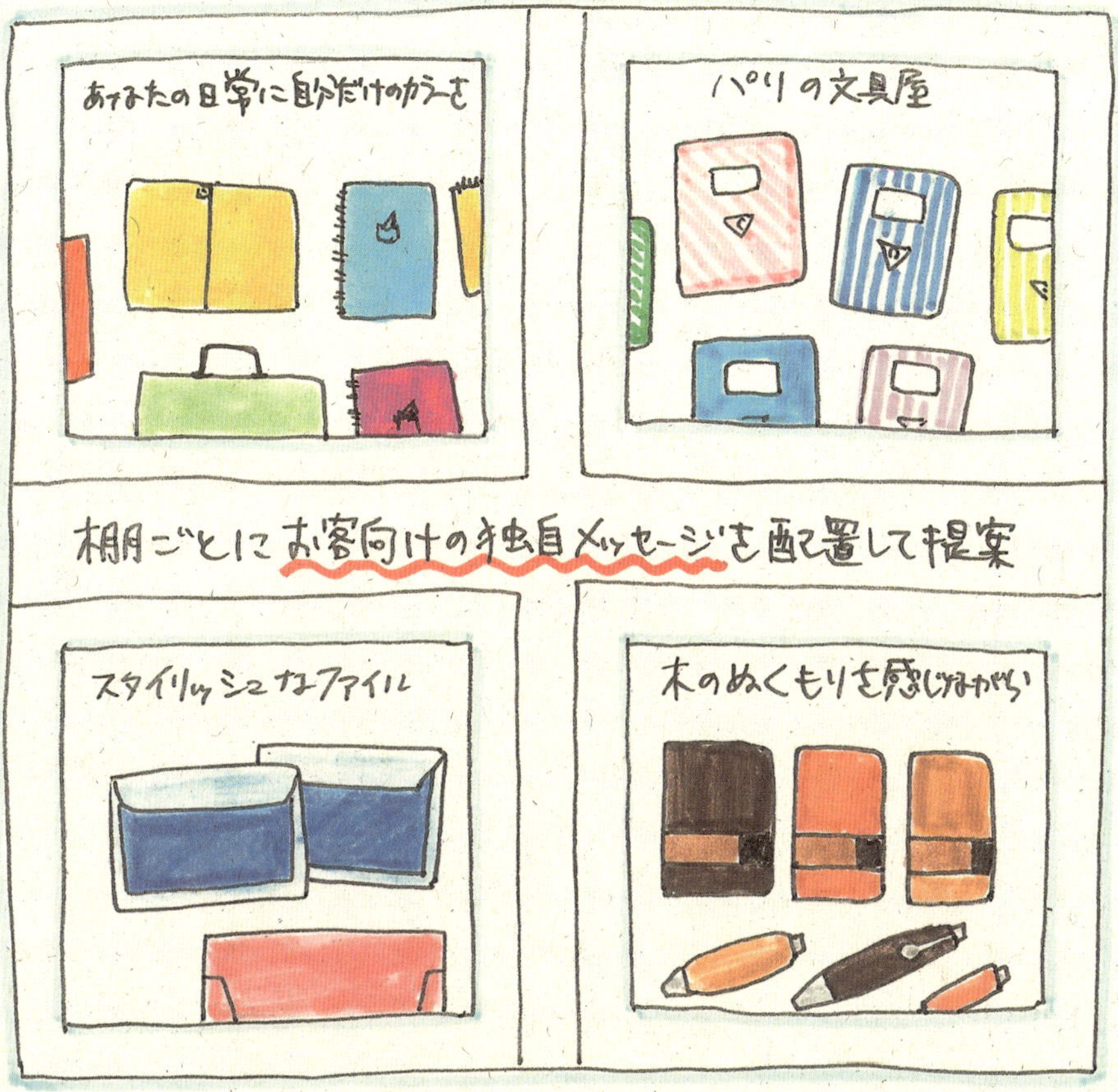
あなたの日常に自分だけのカラーを
パリの文具屋
棚ごとにお客向けの独自メッセージを配置して提案
スタイリッシュなファイル
木のぬくもりを感じながら

親子3代で1日中過ごせる
文具と本の店

コーチャンフォー若葉台店

コーチャンフォーワカバダイテン

とにかく広い店舗。書籍と文具、音楽・映像、カフェで構成された大型店だ。20万アイテムをそろえる文具の総合デパートを目指しているという。

文具フロアは、女性目線と男性目線のカテゴリーでエリアを二分。各エリア内で、ブランドやテーマごとにコーナーを作っている。それぞれにレジがあるので便利だ。広い店内で、わかりやすく陳列された豊富な文具に触れると、楽しくなっていつの間にか時間が経過しているだろう。

営業 9:00～23:00
休み 無休
URL http://www.coachandfour.ne.jp
住所 東京都稲城市若葉台2-9-2
電話 042-350-2800
駅 京王電鉄相模原線若葉台駅から徒歩5分

午後５時から開店
夫婦のアイデアが詰まる

ぷんぷく堂

プンプクドウ

営業 17:00〜22:00、第1日・祝／12:00〜19:00
休み 水・第2以降の日
URL http://www.punpukudo.jp

住所 千葉県市川市八幡5-6-29
電話 047-333-7669
駅 JR総武線・都営新宿線本八幡駅北口、
京成本線京成八幡駅出口３から徒歩８分

千葉県市川市にある文具店ぷんぷく堂は、店舗を持つことが長年の夢だったというご夫婦が運営している。

扱う商品は、８年間コツコツと集めた昭和の鉛筆からスタートした。店主は「使い方はお客さんが決める」という考えを持つ。その前提で、新製品のアイデアを常に考え続けているそう。日本文具大賞を受賞したオリジナル文具「あなたの小道具箱」は、小道具箱ブームの火付け役として人気を得た。

２０１８年には、私も愛用している軽くて小さいバインダーメモ「ミニッパチ」を発売。「スマートフォンの操作中にメモを取りたい」という店主自身の要望から生まれたものだ。耐用50年の素材を利用し、立った状態でも持ちやすい。留めゴムによってメモを水平に保てる構造も便利だ。

あなたの小道具箱
文具も収納したい
ぷんぷく堂

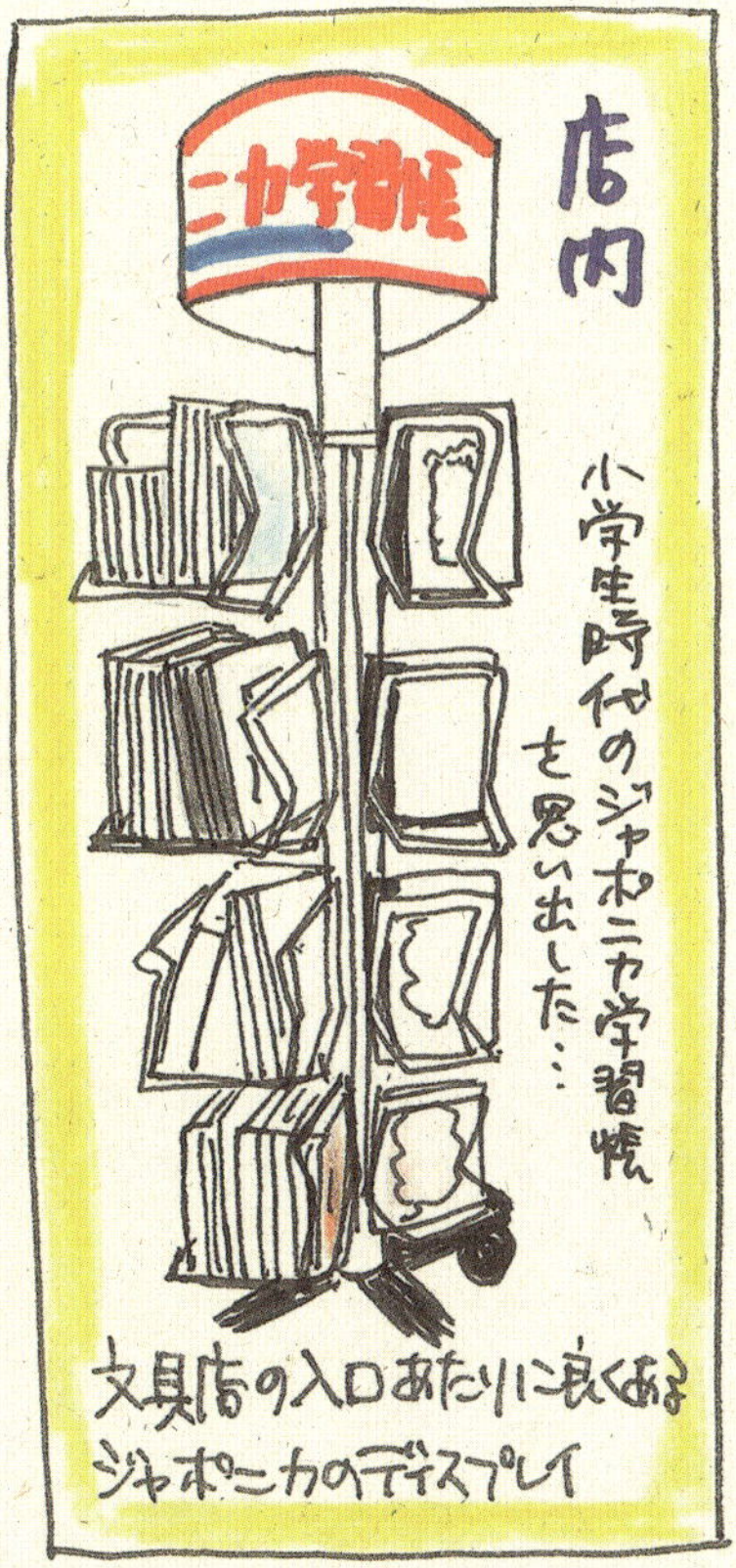
店内
小学生時代のジャポニカ学習帳を思い出した…
文具店の入口あたりに良くあるジャポニカのディスプレイ

鉛筆販売からスタートした
店内
三菱鉛筆

SHOP COMMENT
ぷんぷく堂に来たら、ぜひ引き出しを開けてみてください。
私がときめいた文具たちが引き出しの中で待っています。新たな文具との出会いがあるかもしれませんよ。

Chapter 10

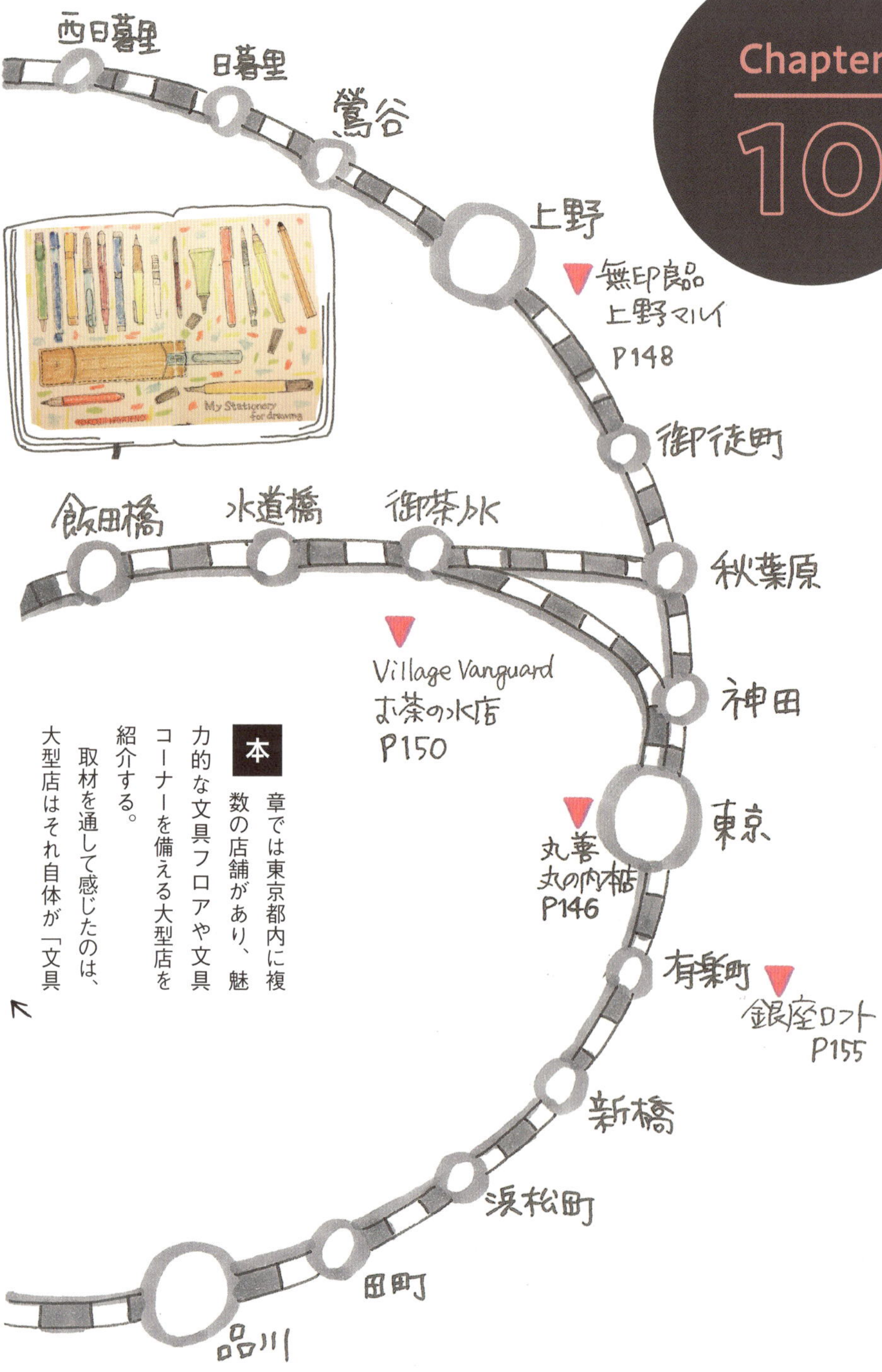

西日暮里
日暮里
鶯谷
上野
無印良品
上野マルイ
P148
御徒町
飯田橋
水道橋
御茶ノ水
秋葉原
Village Vanguard
お茶の水店
P150
神田
東京
丸善
丸の内本店
P146
有楽町
銀座ロフト
P155
新橋
浜松町
田町
品川
My Stationery for drawing

本章では東京都内に複数の店舗があり、魅力的な文具フロアや文具コーナーを備える大型店を紹介する。

取材を通して感じたのは、大型店はそれ自体が「文具

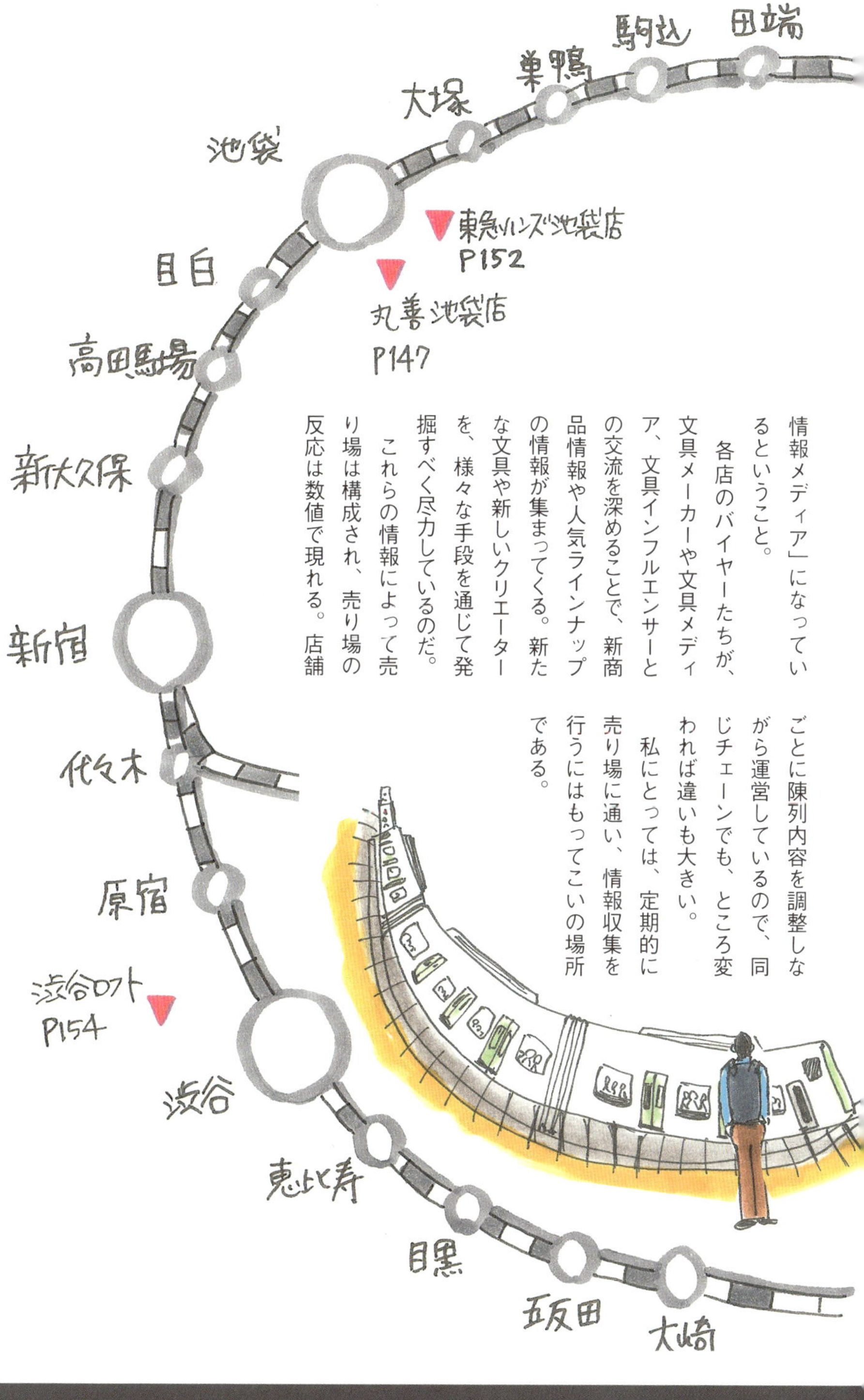

情報メディア」になっているということ。

各店のバイヤーたちが、文具メーカーや文具メディア、文具インフルエンサーとの交流を深めることで、新商品情報や人気ラインナップの情報が集まってくる。新たな文具や新しいクリエーターを、様々な手段を通じて発掘すべく尽力しているのだ。

これらの情報によって売り場は構成され、売り場の反応は数値で現れる。店舗ごとに陳列内容を調整しながら運営しているので、同じチェーンでも、ところ変われば違いも大きい。

私にとっては、定期的に売り場に通い、情報収集を行うにはもってこいの場所である。

たっぷりそろった商品棚と
じっくり向き合う〝文具の市場〟

丸善

マルゼン

(池袋)

東京駅すぐそばにある丸善丸の内本店。ここの文具フロアにある、東京駅に面した窓側から奥のギャラリーまでの通路を「ミュージアムゾーン」と呼ぶ。この通路に面して、高級万年筆や手帳が芸術作品のように並んでいるからだ。

　商品棚は毎月入れ替わるので飽きない。最近は出版社とのコラボレーション企画も増え、書籍と関連する文具も販売。働く人から観光客まで幅広い層が来店し、定番文具を調達している。

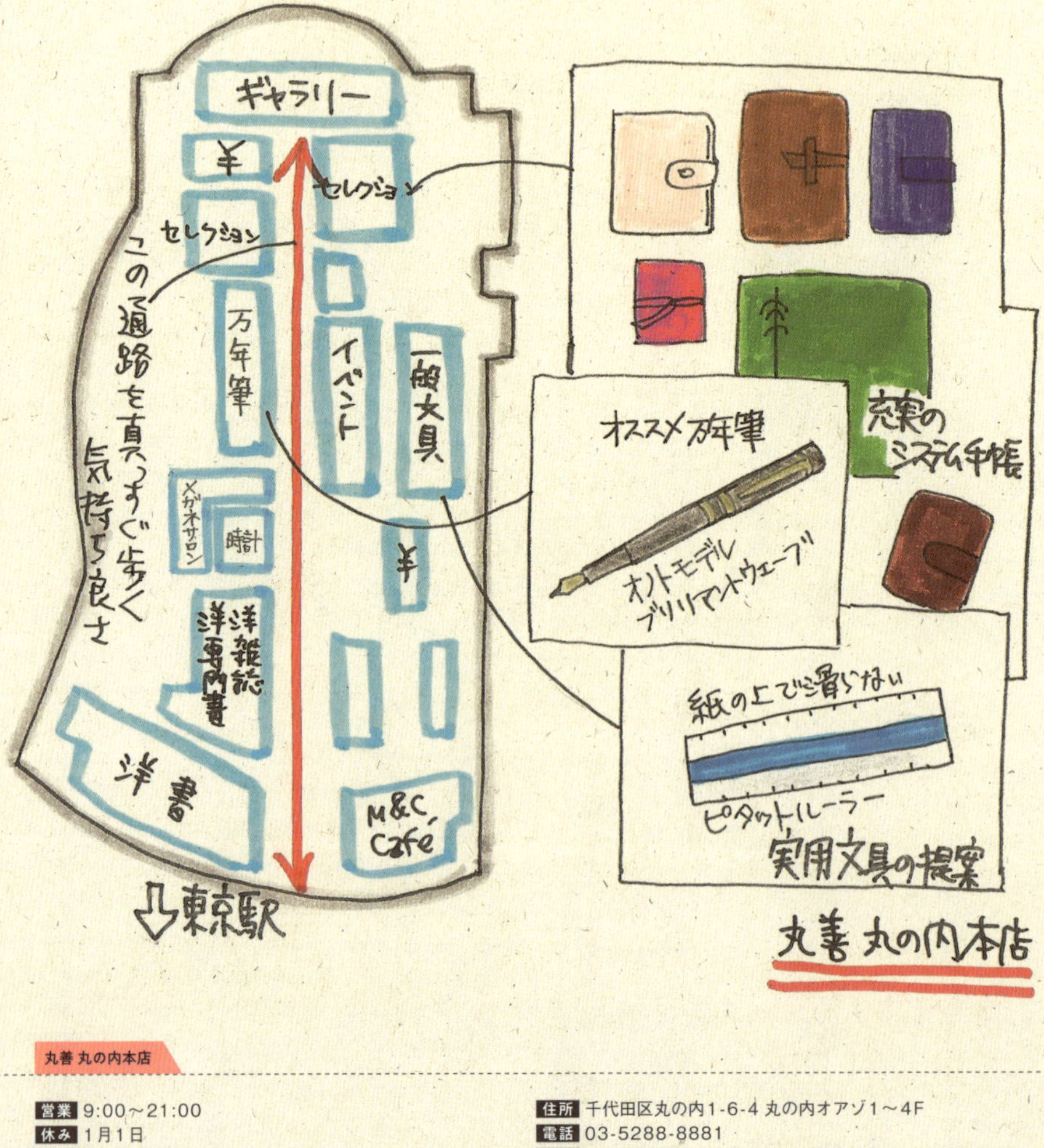

丸善 丸の内本店

営業 9:00〜21:00
休み 1月1日
URL https://honto.jp/store/detail_1572000_14HB310.html
住所 千代田区丸の内1-6-4 丸の内オアゾ1〜4F
電話 03-5288-8881
駅 JR各線東京駅丸の内北口から徒歩1分

2

017年、池袋に誕生した丸善池袋店は見どころがたくさんある。

まず、1階のカフェで文具トークに花を咲かせた後は2階の高級文具フロアに上がり、こだわりコーナーに並ぶ文具や丸善オリジナルグッズをチェック。

次にエレベーターで地下の実用文具フロアに移動して、明るくてゆとりのある通路を移動しながら文具を探す。気がつくと、軽く3時間は経過している。

贈り物や
お土産におすすめ
洋書のようなパッケージ
1冊で2人前

新厨房楽 ハヤシ&カレーセット
丸善といえば…ハヤシライス
1869年(明治2年)に丸善を創業した早矢仕有的(はやしゆうてき)が考案したとされる

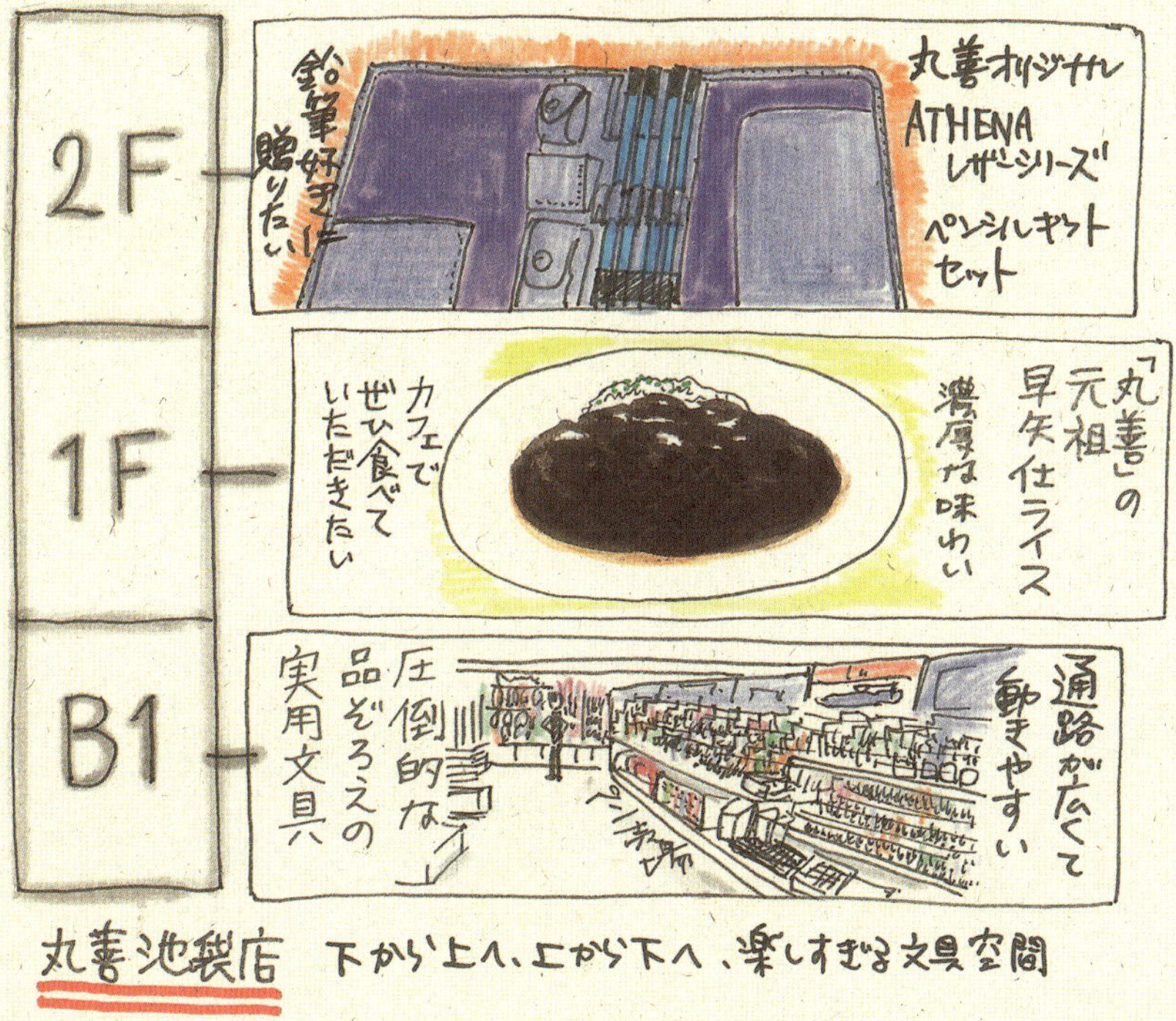
2F
鉛筆好きに贈りたい
丸善オリジナル ATHENA レザーシリーズ ペンシルギフトセット
1F
「丸善」の元祖早矢仕ライス
濃厚な味わい
カフェでぜひ食べていただきたい
B1
通路が広くて動きやすい
圧倒的な品ぞろえの実用文具
丸善池袋店
下から上へ、上から下へ、楽しすぎる文具空間

丸善 池袋店

営業 10:00～21:00
休み 1月1日
URL https://honto.jp/store/detail_1570187_14HB310.html

住所 豊島区南池袋2-25-5 藤久ビル東5号館B1～2F
電話 03-5962-0870
駅 JR各線池袋駅東口から徒歩5分、東京メトロ各線池袋駅39番出口から徒歩3分

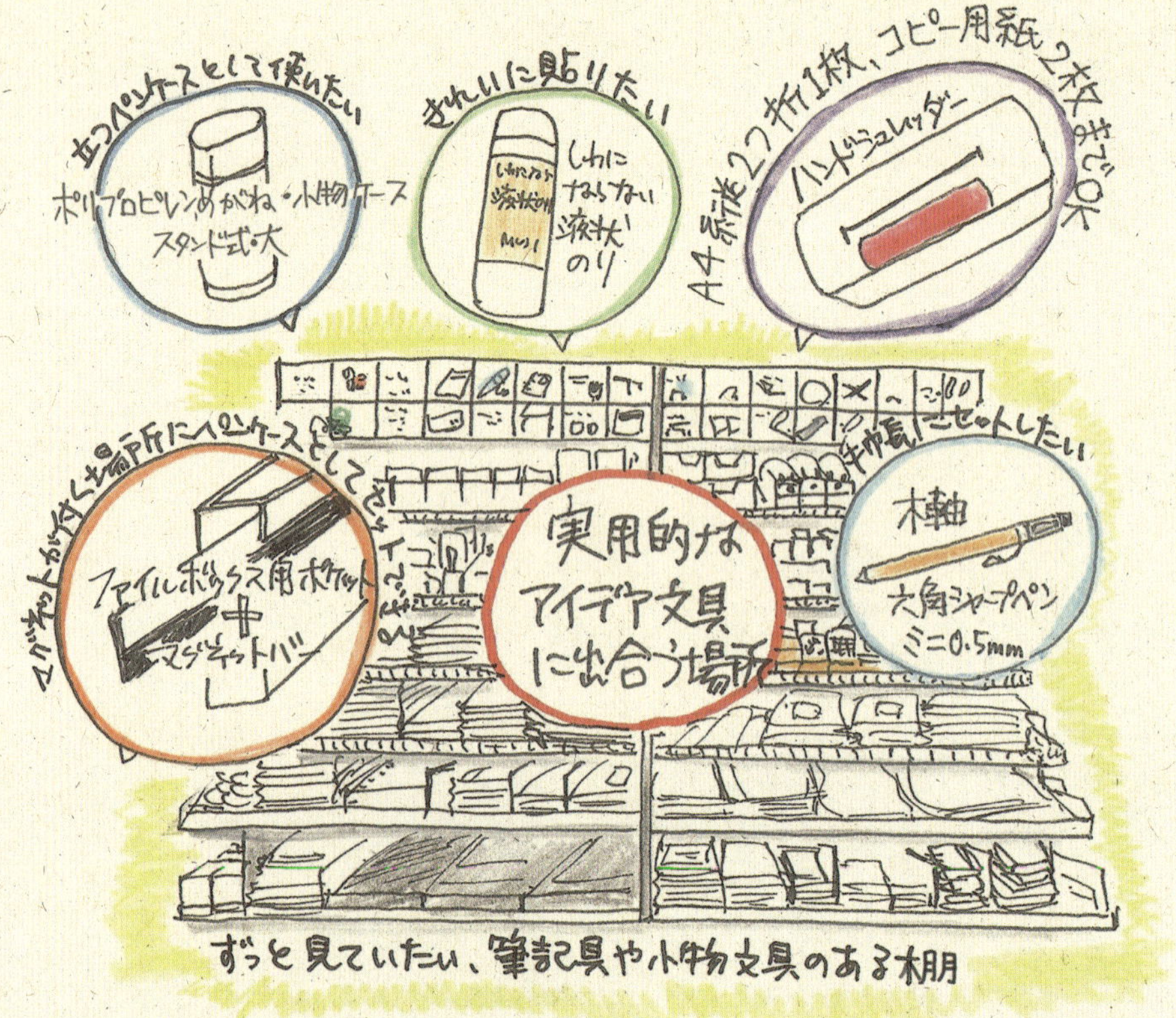

関連性とわかりやすさを徹底
文具収納のお手本

無印良品
上野マルイ

ムジルシリョウヒン ウエノマルイ

営業 11:00～20:30
休み 不定休
URL https://www.muji.com

住所 台東区上野6-15-1 上野マルイB2F
電話 03-3836-1414
駅 JR各線・東京メトロ日比谷線・銀座線上野駅広小路口からすぐ

上下使えるうれしさ
ABS樹脂トレー
文具収納のヒントが見つかる場所
組み合わせのありがたさ
MDF小物収納
キャリーケースの中を仕分けする
自立収納できるキャリーケース
ファイルボックスとペン類を同時に保管できる
ポリプロピレンファイルボックス用ポケット

JR

上野駅前にある上野マルイの地下2階、広々とした空間を持つ無印良品。ここでは、幅広い年代の買い物客のために商品の探しやすさが徹底的に考えられている。

文具売り場の事務用品の棚では、ペンのすぐ下にノート、その下にクリアファイルを配置。周辺には携帯用の小型文具を並べるなど、関連性を高める。収納ボックスなどは、遠くからでも陳列がわかるよう壁面に配置。これらはベビーカーを押した利用客が、片手で商品を取れるように配慮した並べ方になっているのだ。

ファイルボックスや小物収納用品は素材別に置かれ、商品とともに便利な使い方も提案。自宅にあふれている文具の収納方法のヒントになるので、ぜひ参考にしてほしい。

SHOP COMMENT
オリジナルデザインのボールペン本体（2種各3色）と、芯を組み合わせて自分の好みのボールペンがつくれるシリーズは人気商品です。店頭で、ぜひチェックしてみてください。

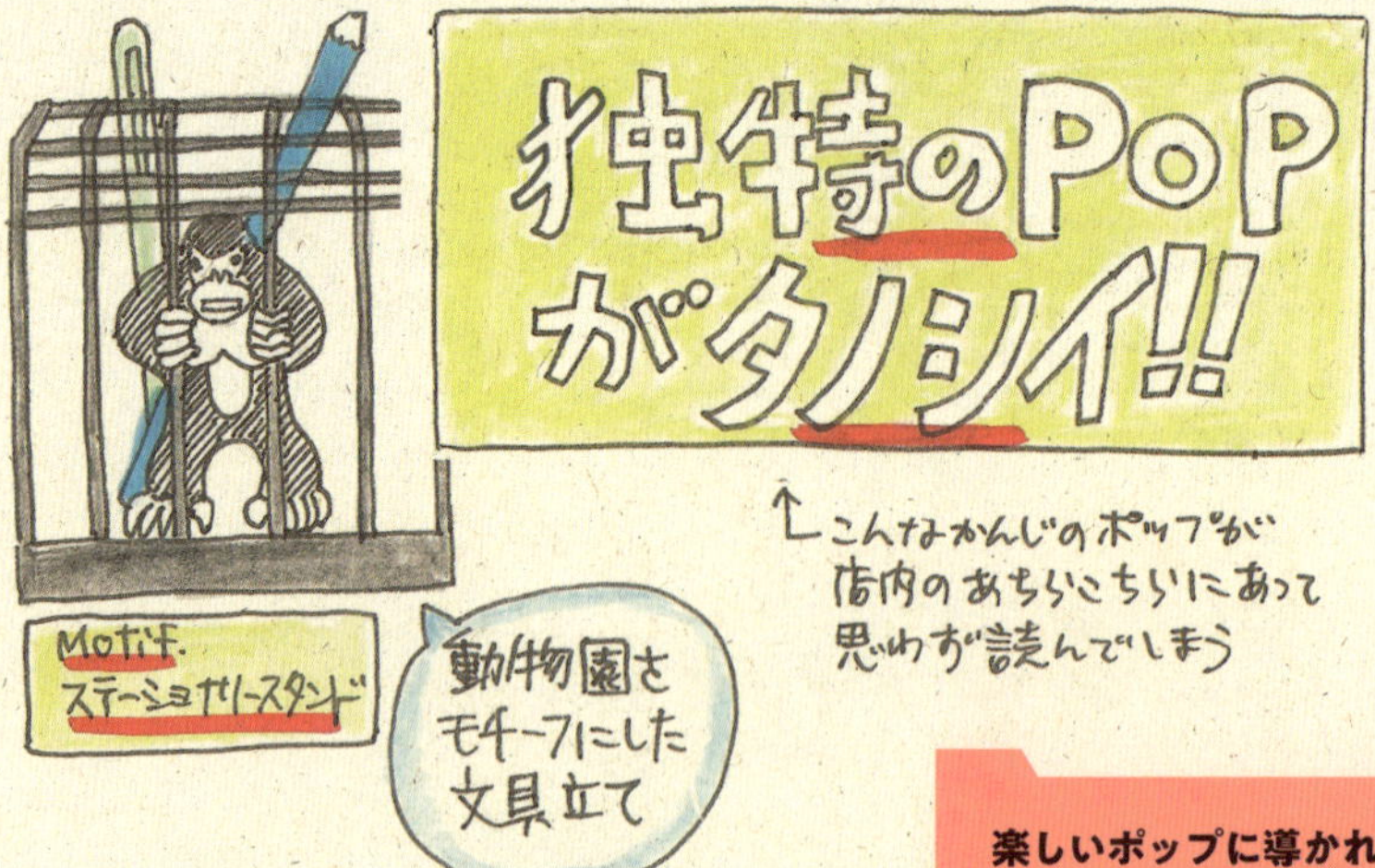
独特のPOPがタノシイ!!
こんなかんじのポップが
店内のあちらこちらにあって
思わず読んでしまう
Motif.
ステーショナリースタンド
動物園をモチーフにした文具立て

楽しいポップに導かれ
ユニークな文具に触れる

Village Vanguard お茶の水店

ヴィレッジヴァンガード オチャノミズテン

クリアファイル
アイドルの顔写真

23:00まで
やってるよ
カードや写真を立てる

アイルーラー
オモシロ定規
顔にかざして遊べる

営業 10:00〜23:00
休み 無休
URL https://www.village-v.co.jp
住所 千代田区神田小川町3-14-3 ILUSAビルB1F
電話 03-5281-5535
駅 東京メトロ半蔵門線、都営三田線・新宿線神保町駅A5出口から徒歩3分

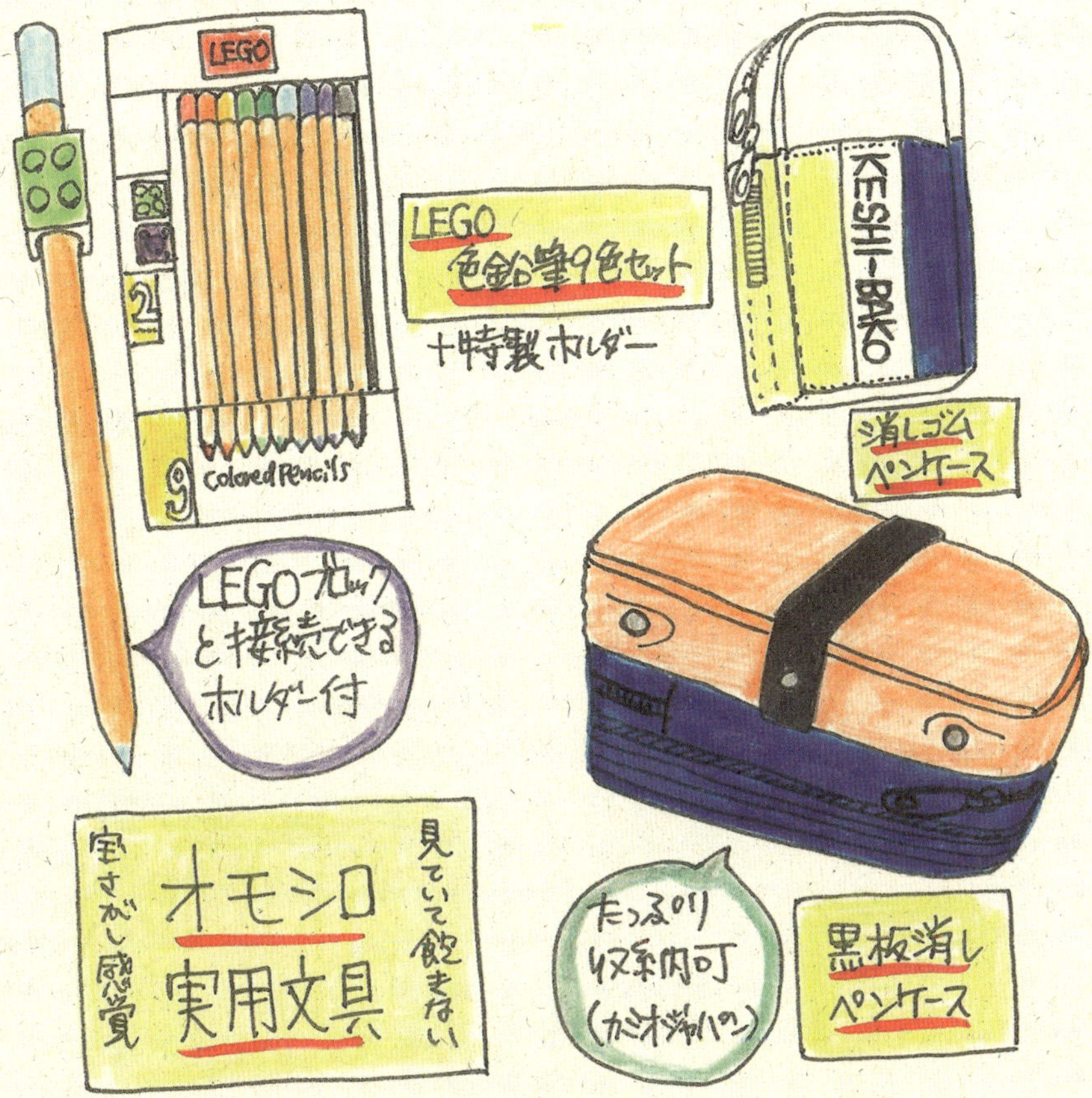

大学や書店がある文化の街・神保町。その地にあるヴィレッジヴァンガードお茶の水店は、23時まで開いている。夜遅くまで文具欲を満たせる貴重なスポットだ。

「遊べる本屋」のコンセプトで、個性的な雑貨と話題の本がワクワクする独特のレイアウトで陳列されている。文具に対しても「おもしろい、そしてちゃんと使える」という基準でセレクト。他店では見かけないようなオモシロ文具が多い。

文具はテーマごとに棚に分かれ、点在している。雑貨の森のような店内を、宝探し感覚で散策してほしい。途中で手帳やノート類、ユニークな文具、アイドルをモチーフにしたアイテムなど、めずらしいものを発見できるだろう。

SHOP COMMENT 「カルチャーの発信」をテーマに、オリジナルグッズ、書籍やコミック、CD、雑貨など
ヴィレッジヴァンガードならではのセレクトで多数展開中です！

アニメファンにとって
うれしい文具がたっぷり

東急ハンズ 池袋店

トウキュウハンズ イケブクロテン

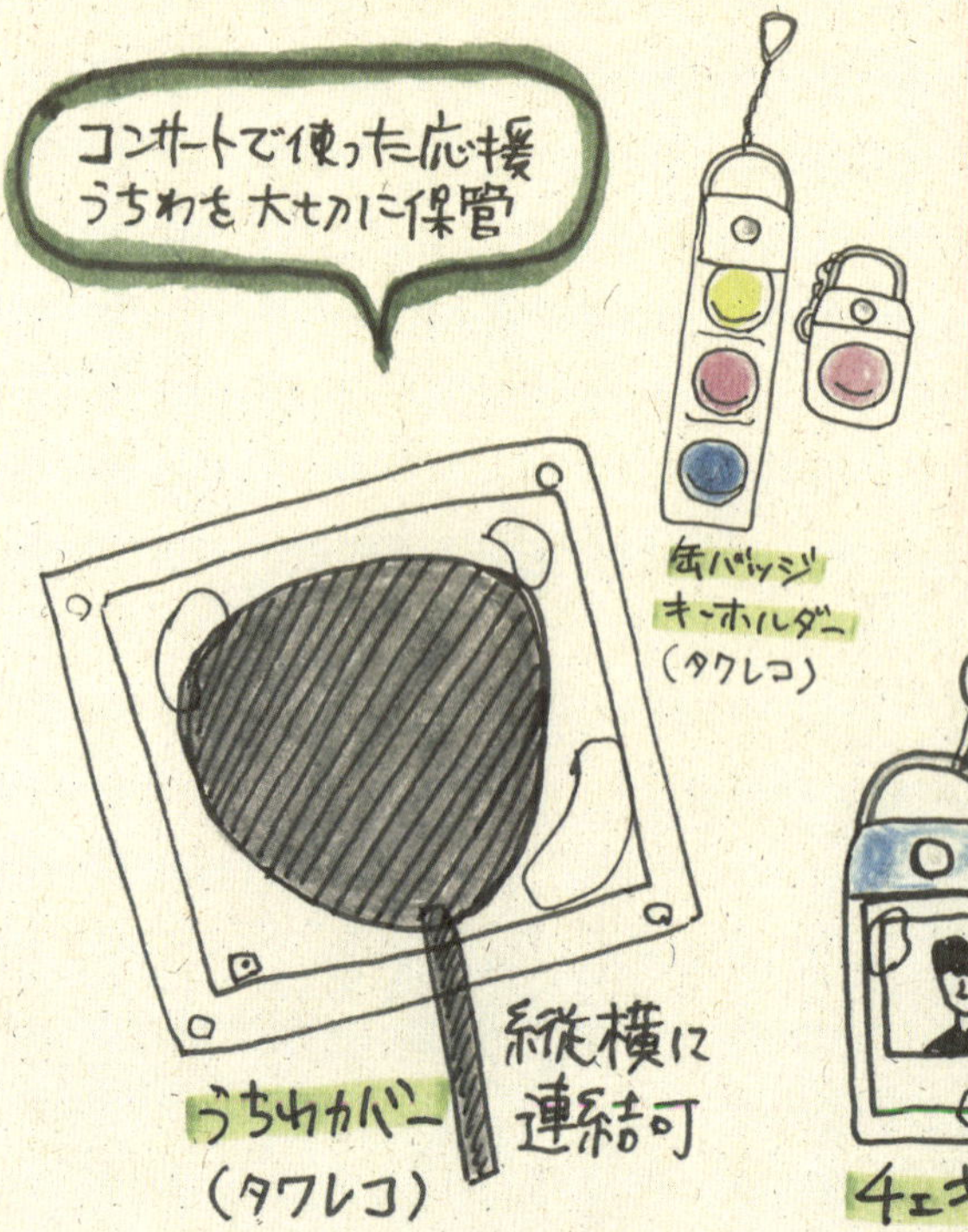

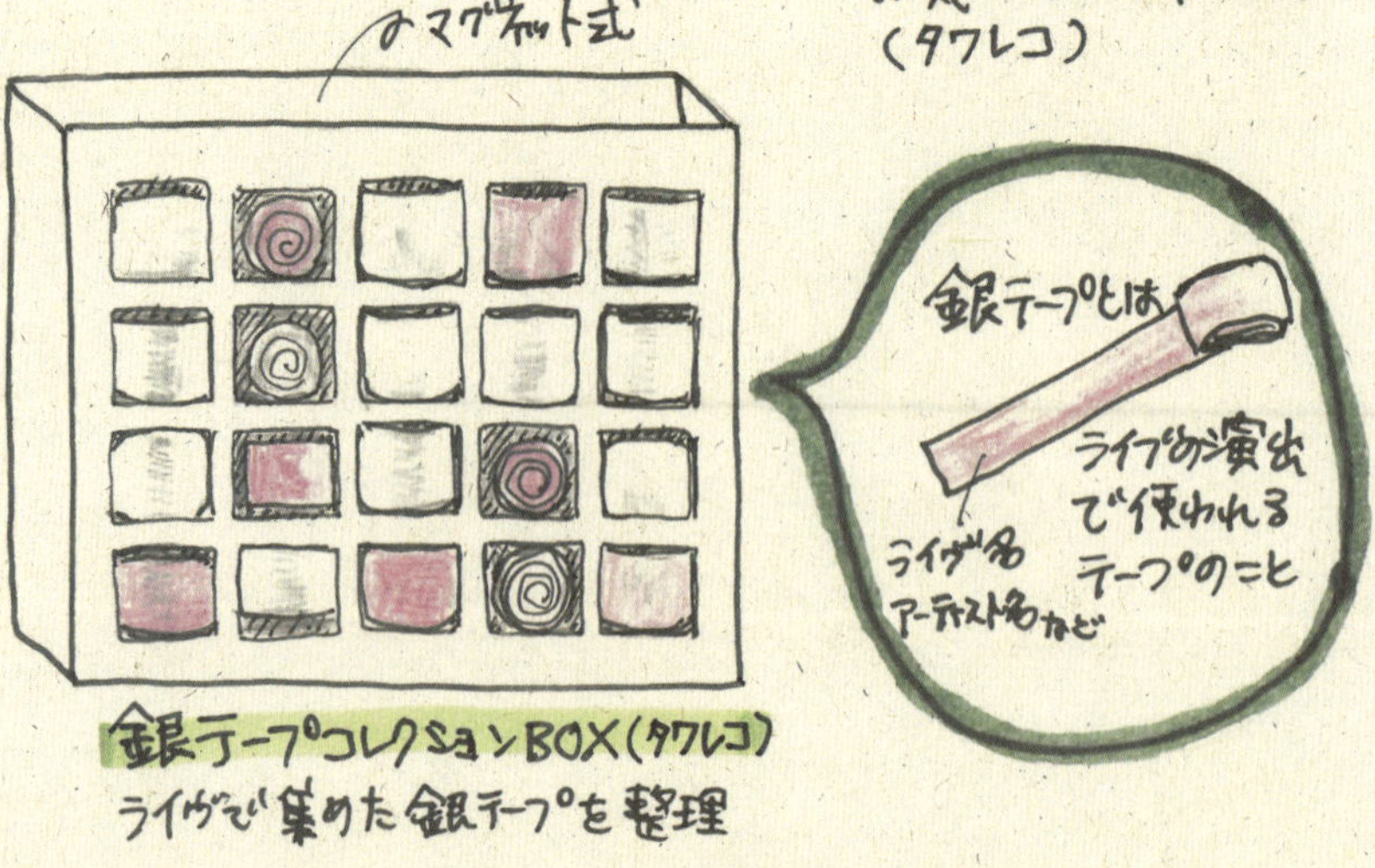

営業 10:00～21:00
休み 無休
URL https://www.tokyu-hands.co.jp

住所 豊島区東池袋1-28-10
電話 03-3980-6111
駅 JR各線池袋駅東口から徒歩8分、東京メトロ有楽町線東池袋駅2番出口から徒歩5分

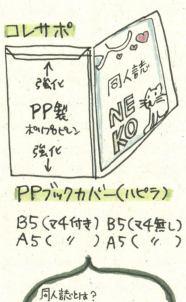

大学時代、私は池袋で暮らし始めてから東急ハンズに通うようになった。ハンズに向かって池袋駅の西側から東側へ何度も行き来した記憶がある。文具愛好家としての素地は、この時にでき上がったのだろう。

わかりやすく整理された売り場——新商品や売れる文具を、お客さんの目線に合わせて陳列したり、全体のカラーバリエーションに心掛けたり、いつ訪れても楽しめる文具フロアだ。

マンガとアニメの聖地でもある池袋。そんな場所にある同店には中学生や高校生もたくさん訪れ、彼らを対象にしたコーナーには毎度、圧倒される。推しキャラグッズを飾れる「痛ペンケース」、缶バッチ専用の収納ファイル「缶バッチファイル」など、お役立ちアイテムがそろう。

缶バッチ　コースター　リフィル
A4　A5　ポストカード　ポケット
表紙にお気に入りを入れる
リフィルの抜き差しがラクラク
コレ
ファイルイット
Colle-File-It

コレファイルイット（ハル・アド）
各種グッズを1冊のファイルにまとめることが可能

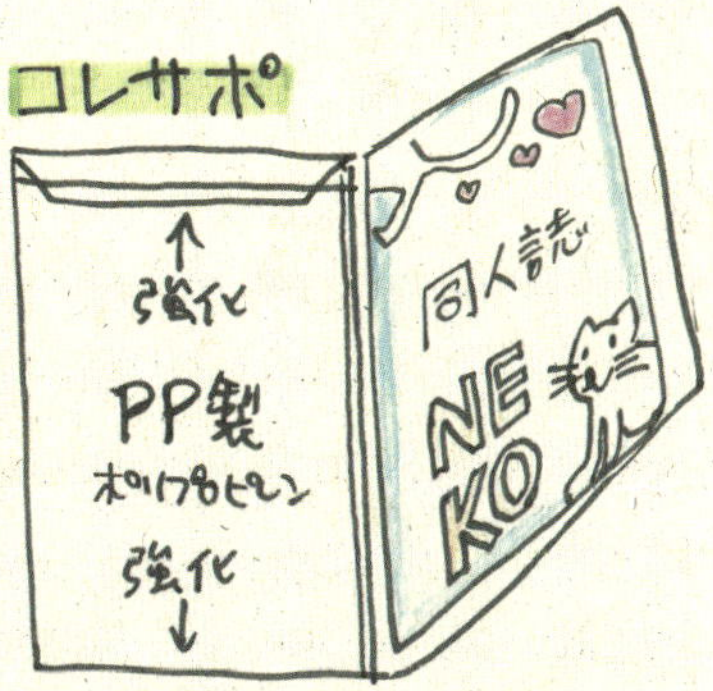
コレサポ
強化
PP製
ポリプロピレン
強化
同人誌
NE
KO

PPブックカバー（ハピラ）
B5（マチ付き）　B5（マチ無し）
A5（　〃　）　A5（　〃　）

同人誌とは？
同好の人たちが集まって作った冊子のこと。マンガから豆知識、日記、俳句など幅広い

好きなヒト、コト、モノをコレクションするアイテムが集まっている

SHOP COMMENT
池袋店ならではの「推しグッズ」コーナーはハンズ随一の品ぞろえ！
一部筆記具の無料お名入れを常時、実施しております。ギフトや記念品などに、ぜひご利用ください。

新しい提案と変化を楽しむ
こだわり抜いた文具売り場

ロフト

渋谷ロフトには、2万5千点の文具がそろう文具売り場がある。まずは入り口近くの特集をチェック。特定ブランドに特化した展示などが楽しめる。

通路には2週間ごとに入れ替わるコーナーがあり、めずらしい文具や初上陸ブランドなど新しい発見に出合える。情報をたっぷり入手できるロフトは、売り場でありながらメディアでもある。

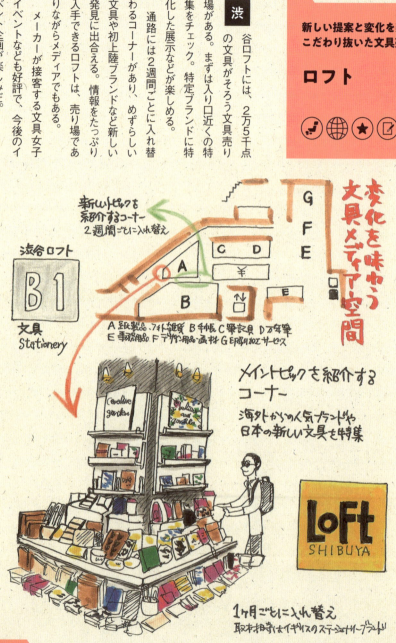

メーカーが接客する文具女子イベントなども好評で、今後のイベント企画が楽しみだ。

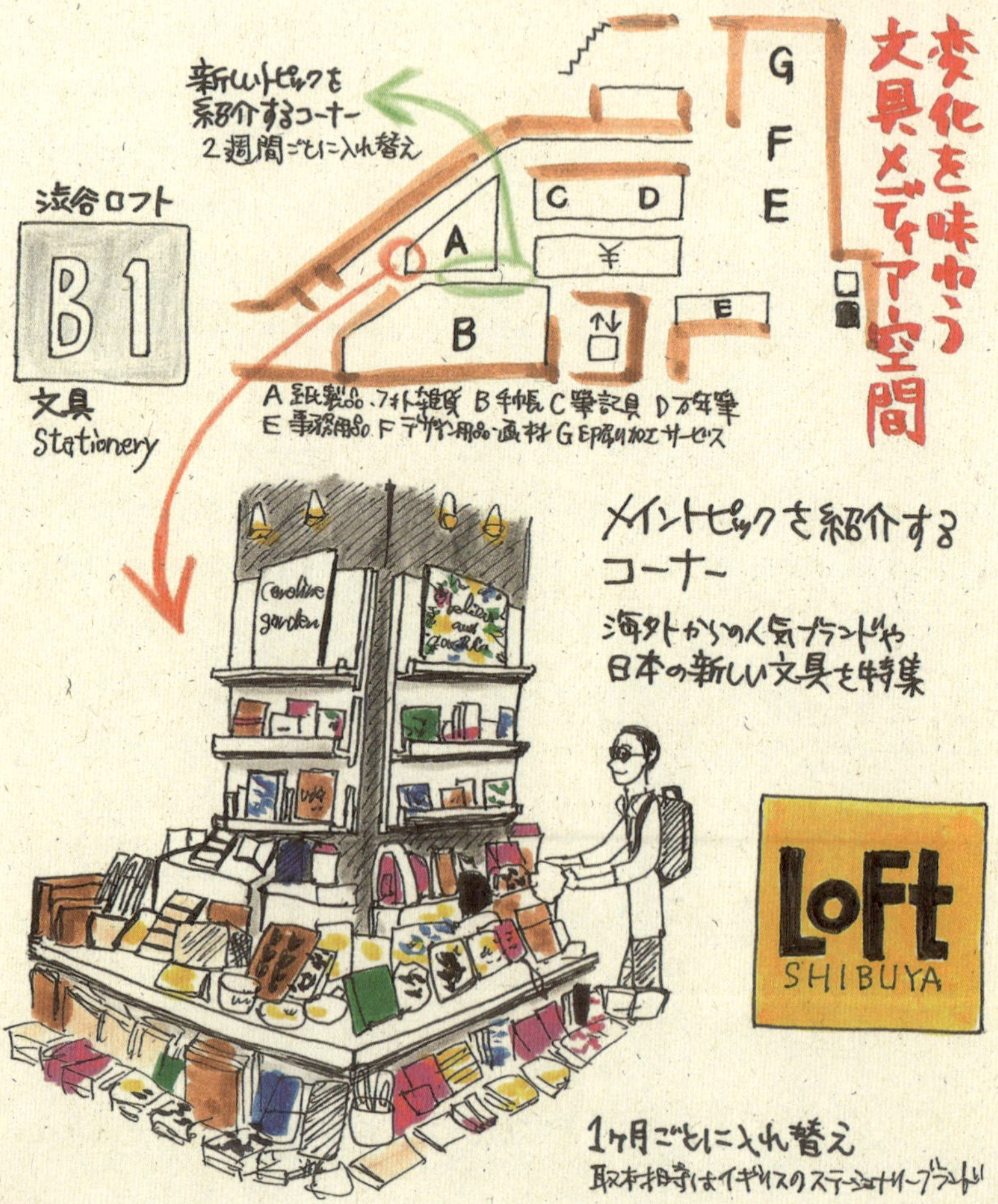

渋谷ロフト

営業 10:00～21:00
休み 無休
URL https://www.loft.co.jp

住所 渋谷区宇田川町21-1
電話 03-3462-3807
駅 東京メトロ各線渋谷駅3番出口から徒歩2分、JR各線渋谷駅ハチ公口から徒歩3分

LOFT
GINZA
BLACK WING
ペンシル
大人の鉛筆
Radar
SEED
PLASTIC ERASER
巨大なレーダー消しゴムもある
鉛筆好きがすすめる
消しゴム付のブラックウイング
アメリカ製のデザインを手に持って感じる
大人が楽しむ体験空間
鉛筆がたっぷりのコーナー
春と夏は店舗で遊べるワークショップを開催
PENCIL BAR
ペンシルバーにあった大きい鉛筆の商品を持ってくれた、文具売り場のマネージャーさん
TRIAL LAB
試し書きコーナー
小文具古文具
小さい文具とデッドストック文具のコーナー

以前は有楽町にあったロフトが銀座に移った。会社帰りのオフィスワーカーを中心に、夜のお客さんが増えているそうだ。

２０１９年の４月末には、１階と２階フロアを増床してリニューアル予定。文具売り場もさらにパワーアップして楽しめる。

もちろん、楽しいアイテムやイベントも満載。鉛筆がたっぷりそろったPENCIL BAR《ペンシルバー》で過ごしたり、ロフト最大量を誇る１０００種類のマスキングテープ選びに悩んだり。銀座で満喫する夜のロフト、帰宅前にぜひ。

WELCOME
LOFT
欢迎光临
☆店内の看板が良いかんじ

銀座ロフト

営業 11:00～21:00
休み 無休
URL https://www.loft.co.jp

住所 中央区銀座2-4-6 銀座ベルビア館3～6F
電話 03-3562-6210
駅 東京メトロ丸ノ内線銀座駅C8・C9出口から徒歩3分、東京メトロ有楽町線銀座一丁目駅5番出口から徒歩1分

おまけ 文具屋の思い出

小学生時代

家族が使う文具

実家が商店を営んでいて、事務机の上にある文具を触って遊んでいたのが最初の文具体験だった。仕事を終える時に祖父が机に向かう後姿を見て、なんだかカッコイイなと思っていた。

自分が使う文具

勉強するのが仕事なので筆箱はランドセルの中に入れる大切なアイテム。小学生の手の平より大きい文具がうれしくて、開けたり閉めたりを繰り返していた。いろいろな筆箱があったと思う。

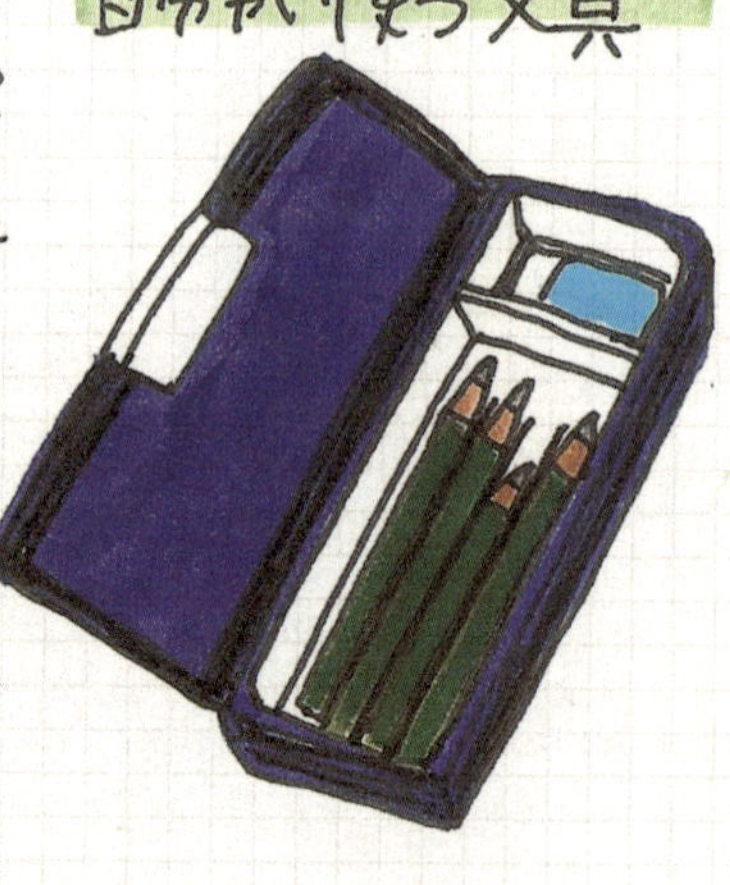

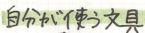

初めての文具屋さん

通っていた小学校の正門と
東門に文具屋があった。
子どもの道具として、自分で
買いに行くという行為が
とてもワクワクした。
(←店名は仮名です)

そして今日も文具屋に行く。

ハヤテノコウジ

全国めぐり

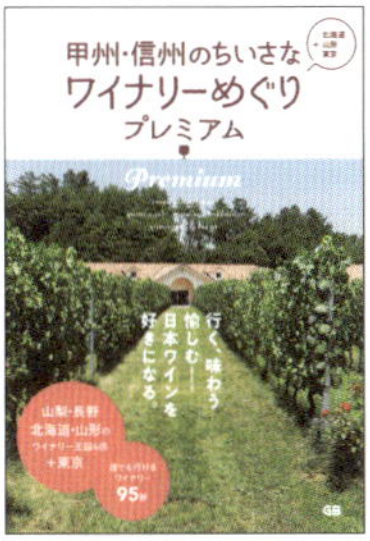

甲州・信州のちいさな ワイナリーめぐり プレミアム

飲める、買える、体験できる──
個性豊かな95ワイナリーを歩く。

本体 1600円+税

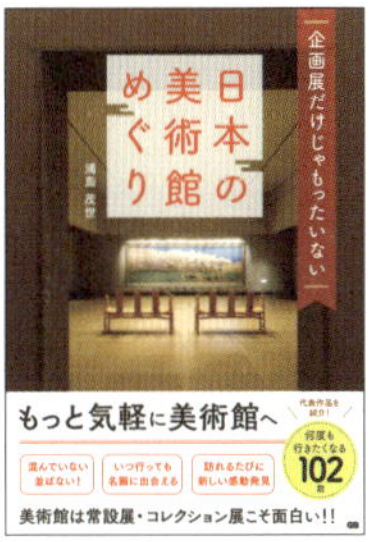

企画展だけじゃもったいない 日本の美術館めぐり

常設展にこそ個性が詰まっている。
もっと気軽に楽しみませんか。

著：浦島茂世
本体1600円+税

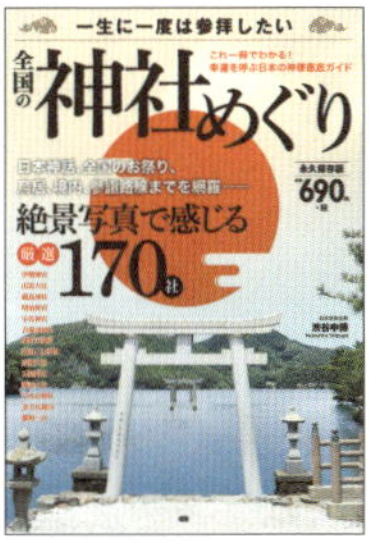

一生に一度は参拝したい 全国の神社めぐり

歴史と情緒あふれる神社を厳選。
絶景写真と合わせてご覧ください。

著：渋谷申博
本体 690円+税

東京めぐり

東京のちいさな 美術館めぐり

こだわりの106館を美しい写真と
ていねいな解説でご案内。

著：浦島茂世
本体 1600円+税

東京 わざわざ行きたい 地元の揚げもの屋さん

コロッケ・メンチ・から揚げetc.
東京の揚げもの屋さんを集めました。

本体1600円+税

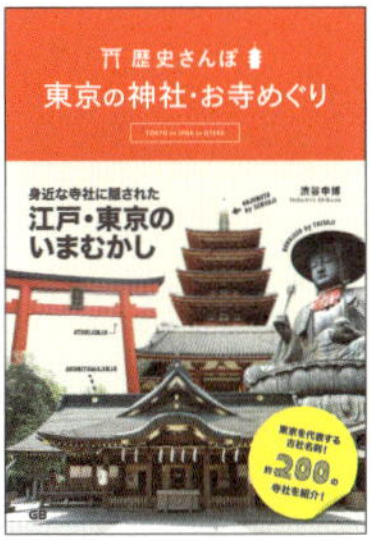

歴史さんぽ 東京の神社・お寺めぐり

身近な寺社に隠された江戸・東京の
いまむかし。古社名刹約200を歩く。

著：渋谷申博
本体 1600円+税

東京の夜の よりみち案内

実際に足を運び、寄り道の穴場スポット含め82スポットを掲載。

著：福井麻衣子
本体1600円+税

東京のほっとな お茶時間

日本茶のイメージが変わるお茶屋さんや隠れ家カフェを62店セレクト。

著：茂木雅世
本体1600円+税

フランス女子の 東京銭湯めぐり

銭湯大使として活躍するステファニーさんおすすめの銭湯をご案内。

著：ステファニー・コロイン
本体1600円+税

著：ハヤテノコウジ

栃木県生まれ、東京在住。

スケッチトラベラー（旅日記作家）、イラストレーター、自由大学「スケッチジャーナル学」講師、「毎日、文房具。」ライター。

独自のスケッチジャーナル（絵日記）手法で、ワークショップや作品展示、商品のデモンストレーションやディレクションを行い、多才に活躍中。ロフト各店や伊東屋、うめだ阪急、その他文具店など活動の場は幅広い。

『手帳で楽しむスケッチイラスト』シリーズ（エムディエヌコーポレーション）、『イラストノート』（誠文堂新光社）、『モレスキンのある素敵な毎日』（大和書房）、『OZ magazine』（スターツ出版）、『ゼブラ完全ガイドブック』（実務教育出版）などにも取材協力。

旅好き、文具好きとして知られている。

公式サイト：
https://koujihayateno.com

STAFF

企画・構成・編集	山田容子（G.B.）
営業	峯尾良久（G.B.）
デザイン	酒井由加里（Q.design）
DTP	くぬぎ太郎、野口暁絵 （株式会社 TARO WORKS）
校正	株式会社ヴェリタ

東京 わざわざ行きたい
街の文具屋さん

初版発行	2019年3月28日
著	ハヤテノコウジ
編集発行人	坂尾昌昭
発行所	株式会社G.B. 〒102-0072 東京都千代田区飯田橋4-1-5 電話 03-3221-8013（営業・編集） FAX 03-3221-8814（ご注文） http://www.gbnet.co.jp
印刷所	株式会社シナノパブリッシングプレス

ISBN 978-4-906993-67-3